企业投资与融资管理

王国生 ◎ 编著

首都经济贸易大学出版社

Capital University of Economics and Business Press

· 北 京 ·

图书在版编目（CIP）数据

企业投资与融资管理/王国生编著 . --北京：首
都经济贸易大学出版社，2024.1
ISBN 978-7-5638-3625-3

Ⅰ．①企… Ⅱ．①王… Ⅲ．①企业-投资管理-研究
②企业-融资-资金管理-研究 Ⅳ．①F275.1

中国国家版本馆 CIP 数据核字（2023）第 256459 号

企业投资与融资管理

王国生 编著

QIYE TOUZI YU RONGZI GUANLI

责任编辑	陈雪莲	
封面设计	砚祥志远·激光照排 TEL：010-65976003	
出版发行	首都经济贸易大学出版社	
地　　址	北京市朝阳区红庙（邮编 100026）	
电　　话	（010）65976483　65065761　65071505（传真）	
网　　址	http://www.sjmcb.com	
E - mail	publish@cueb.edu.cn	
经　　销	全国新华书店	
照　　排	北京砚祥志远激光照排技术有限公司	
印　　刷	唐山玺诚印务有限公司	
成品尺寸	170 毫米×240 毫米　1/16	
字　　数	389 千字	
印　　张	23	
版　　次	2024 年 1 月第 1 版　2024 年 1 月第 1 次印刷	
书　　号	ISBN 978-7-5638-3625-3	
定　　价	58.00 元	

前　言

众所周知，资金是企业生产经营的"润滑剂"，是决定企业命运的关键因素，管好、用好资金是企业持续经营与发展的基础与保障。在现代经济生活中，企业无论规模大小、性质如何，也无论其处在生命周期（发展、成长、成熟、衰退）的何种阶段，都以不同的方式直接或间接地参与了投融资活动。在企业生存、发展和获利过程中，投资与融资活动如同一对孪生兄弟，形影相随，如何合理融资、如何科学投资一直是企业经营管理的两大永恒主题。

本书就是基于上述认识而编写的适用于高等院校财经类与管理类专业投融资管理课程的教科书。本书以高等院校投资与融资管理课程思政教学大纲、财政部管理会计指引、企业财务通则等规范为依据，吸收国内外投融资管理理论研究成果，结合高等院校人才培养目标、投融资管理实践需要，主要阐述了企业投资与融资的基本概念、基本原理和基本方法，着重论述了在资本市场管理体系下，企业应如何构建投资与融资管理理论和方法。

在内容安排、写作方式方法上，本书特别关注以下几点：

1. 以教材为平台，将马克思主义立场、观点、方法贯穿教材始终，体现习近平新时代中国特色社会主义思想，全面落实教育部在全国高校推广课程思政的要求。教材每章明确思政目标，将专业培养目标与思政教育目标融为一体，通过梳理重构投融资管理课程的知识，巧妙地融入课程思政内容，实现专业课程教育与思想政治教育相辅相成、无缝对接，实现良好的协同育人效应。

2. 编写本教材的基本精神是全面和系统地反映现代投融资理论与实务。为此，教材以现代公司制企业为平台，以投融资管理目标为导向，以资本运动为对象，以投资与融资为主要内容，系统阐述了投融资的基本原理与方法，目的是帮助学生树立现代投融资观念、熟悉投融资管理技能，培养具备一定投融资理论和实际操作技能的理财专业人才，满足国家的需要。

3. 理论与实务兼备。投融资管理是一项融理论、实践和方法为一体的管理活动。本书做到了理论性与实用性的有机融合，集中介绍了企业投融资的渠道、方式方法和特点，重点讲解企业投融资管理的要点，主要研究如何拓展企业融资渠道、如何有效管理企业投融资风险以及如何进行科学的投资管理等内容。本书所涉及的内容均为企业投融资管理中一些基本的、重要的管理活动，做到涉及面广、深度适宜、重点突出。其理论知识的讲授以应用为目的，以必需、够用为度，遵循对理论的讲授要透彻、实用的原则。根据理论联系实际的原则，本教材着重分析企业投融资实践中存在的主要问题，探讨解决问题的手段和方法，其目的是提高学生解决投融资实际问题的能力以及投融资管理水平。

4. 结构设计合理。每章以框架图开始，让读者对本章内容有一个整体了解。本书的内容丰富，除了投融资内容介绍、论述以及每章后的思考题、练习题等传统内容外，每一章节都有相应的"讨论题""例题""实例"等。对难以理解的内容，本教材以流程图形式加以说明；有些章节的内容较多，且各章具有一定的对应关系，本教材以表格形式予以归纳，既适合教师讲授，也便于学生自学。

5. 适用范围广泛。本书除满足各类财经院校财务管理、理财专业开设投资与融资管理课程教学的需要，还可以为其他相关专业，如会计学、注册会计师、审计学、资产评估、金融学、保险学、财政学、行政管理、市场营销等专业开设投融资管理课程以及社会教育（如后续学历教育、非学历教育和职业培训等）提供系统学习投融资管理的材料。

本书共十章。第一、二章介绍了企业投融资的基本理论、基本活动及其管理程序和方法体系，使读者对企业的投融资运作有一个基本和整体的认识。第三章至第五章、第七章专门介绍了企业融资管理内容，其中第三章为吸收直接投资融资，第四章为内部融资和商业信用融资，第五章为银行借款融资，第七章为租赁融资。第六章介绍了证券投资与融资内容，第八章介绍了项目投资与融资内容，第九章介绍了资本成本、杠杆利益和资本结构内容，第十章介绍了投融资风险管理内容。

　　本书编写过程中参阅了国内外大量的文献，参考内容在书中已加注明，如有遗漏，敬请谅解。在此，向本教材编写过程中所参考的全部文献的作者致以最诚挚的谢意。另外，特别感谢首都经济贸易大学出版社陈雪莲编辑为本书出版所付出的心血和创造性劳动。

　　由于水平和能力有限，本书纰漏甚至错误在所难免，恳请读者批评指正。

作者

2023 年 7 月

目 录

第一章 总 论

【学习目的和要求】

本章主要介绍投融资管理的基本概念、投融资主体与客体、投融资环境、投融资渠道与方式等基本理论。通过学习本章，学生应了解投融资的概念和目的，熟悉投融资主体与客体的概念和内容、投融资种类、投融资环境，掌握投融资渠道与方式、投融资管理的基本内容。

【思政目标】

本章在使学生获得坚实的投融资基础知识、娴熟的操作技能基础上，帮助学生树立正确的投融资观。学习融资时，应培养学生树立"诚信守法，成本节约"的理念，坚持资金来源合理与合规、融资方式简便和经济原则，谨防非法集资和弄虚作假；学习投资时，要挖掘并提炼其中的核心思政元素，使学生坚守正确的投资观，能够做到投资有方、投资安全、投资获益。

【本章框图】

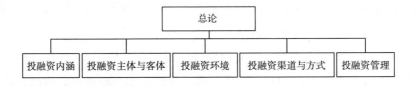

【框图说明】

投融资内涵概括了投融资活动的基本属性，如投融资概念、目的和分类等，熟悉投融资内涵是理解和掌握投融资管理知识的前提。任何投融资活动都是投融资主体与客体的统一，有投融资主体，必然存在投融资客体，反之也成立。在市场经济环境下，任何的投融资活动都不可能是封锁在某主体内

1

部的一个闭合空间，必然与外界发生一定联系，受到外界各种环境的影响。无论是融资还是投资，必然存在投融资渠道与方式。投融资管理就是根据国家相关法律法规，规范企业投融资行为，降低投融资成本，减少投融资风险，提高投融资效率的过程。

一个社会的投融资基础是企业，目前企业投融资主体中，公司制企业（有限责任公司和股份有限公司）的融资活动最为全面，本书主要介绍公司制企业的投融资管理。

第一节　投资与融资的内涵

【讨论题 1-1】 投资与融资是何种关系？

解答：投资与融资一直是企业财务活动面临的两大基本决策，两者如同一对孪生兄弟，形影相随，谁也离不开谁。"融资"既是企业"造血"理财机制的主要功能，又是企业维持正常运营活动的前提条件；融资的目的是投资，投资就是支出目前资金并期望将来获得高于支出的收益。融资和投资相互依存，没有融资就没有投资机会，没有投资就没有融资需求。

一、融资

（一）融资的含义

融资又称资金融通、资金筹措。它是企业为满足生产经营发展、对外投资以及调整资本结构的需要，利用融资渠道和资金市场，采用一定的融资方式，科学筹措资金的一种理财活动。

融资有广义和狭义之分，广义的融资是指资金在持有者之间的流动，表现为资金融入和资金融出的双向互动过程，目的是实现经济资源的以余补缺；狭义的融资是指资金单向融入某企业或某主体。

企业是社会经济发展中最活跃、最有创造力的核心要素，企业的成长与发展需要必要的融资支持。因为，企业生产规模扩大、技术改造以及产品研发等活动所需要的巨额资金，仅依靠企业自身的积累不可能满足其发展的需要，必须通过一定的渠道融资，实现资金由供给向需求的转移和调剂。例如，企业资金短缺时，以最小的代价筹措期限和额度适当的资金；当资金盈余时，以最低的风险、适当的期限将资金投放出去，谋求最大的收益，实现资金供求双方的平衡。本质上讲，融资活动是企业持续经营发展链条的第一个环节，没有资金的融通或筹措，资金的运用和分配也就无从谈起。总之，融资、发展、再融资、再发展是企业持续经营与发展的一个循环往复过程。

（二）融资的目的

融资的基本目的是为企业持续发展提供资金保障。但企业在不同的经营周期，其融资目的也不完全相同。一般来说，企业融资的目的可概括为以下四个方面。

1. 满足企业创建或重组的需要

根据我国相关法律的规定，有些企业设立时要求有最低的注册资本限额，新建时要核定与其生产经营规模相适应的长期资产和流动资金的需要量，并筹措相应数额的资金。企业重组（如改制、产权转让、合并、分立、托管、破产处置）因其资产结构、债务结构和资本结构发生调整与优化，也需要筹措大量资金，满足实现长远发展目标的需要。

2. 满足企业生产经营的需要

在竞争激烈的市场上，企业发展的前提是扩大收入。对此，企业必须增加销售数量，提高产品的质量，改进工艺，更新设备。这些增加收入的措施都离不开雄厚资金的支持，企业必须千方百计筹措资金，满足其不断发展壮大的需要。

3. 满足企业资本结构调整的需要

资本结构调整是企业为降低融资风险、减少资本成本而对资本与负债间的比例关系进行的调整。存量调整（如资本结构调整，不涉及资本量）、增量调整和减量调整是资本结构调整的三种方式。当增量调整追加融资量时，无论是增加权益资本还是追加负债，都对不同性质的资金产生新的需求，融资在所难免。

4. 满足企业偿还债务的需要

偿债融资通常有两种情况：一是调整性偿债融资，即企业有足够的能力支付到期债务，为了调整原有的资本结构新增融资；二是恶化性偿债融资，即企业现有支付能力不足以偿付到期旧债，被迫融资偿还旧债。

（三）融资的分类

【讨论题1-2】在图1-1中，为何负债是最为主要的融资形式？

解答：①自有资本（主权资本）融资的有限性，因为任何企业都不可能完全依靠主权资本的筹集来满足其全部的生产经营资金需要；②如果不依赖负债融资，而单纯通过主权资本及内部积累，企业很难扩大其生产经营规模；③负债融资对提高主权资本利润率具有积极意义；④负债融资具有灵活的规模弹性，它可以通过债务的取得与偿还来扩大或收缩企业的资产规模或调整资本结构。

企业融资按照不同分类标准可分为以下类别，如图1-1所示。

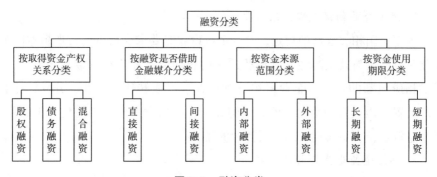

图1-1 融资分类

1. 股权融资、债务融资和混合融资

（1）股权融资是指企业向其股东（或投资者）筹集资金。股权融资形成企业的股权资本，也称"自有资本或主权资本"。股权资本是企业永久性资本来源，可供企业长期拥有并自主支配运用，它为企业从事经营活动和偿还债务提供了基本保证。在企业持续经营期间，股权资本所有者不得抽回资本。

股权融资是企业最基本的融资方式，包括吸收直接投资、发行股票和留存收益融资等形式。

（2）债务融资是指企业通过银行或非银行金融机构贷款、发行公司债等方式向债权人筹集的资金。债务融资形成企业债务资本，它具有使用期限确定、到期还本付息的特点。债务资本拥有者（债权人）对企业的经营状况不承担责任，但要承担财务风险。

（3）混合融资是指既有权益融资特征又具备债务特征的融资方式，包括发行可转债、认股权证、优先股等。

2. 直接融资和间接融资

（1）直接融资是指没有融资媒介体参与，融资企业直接与资金供应方协商融通资金的一种方式。具体方式主要包括股票、债券等证券融资，投资者对被投资单位的直接权益投资及其直接提供的各类股东贷款，以及商业信用中的预付和赊销商品等。

（2）间接融资是指有融资媒介体参与的一种资金融通方式。这种方式下，需要通过各种金融媒介体来实现资金由供应方向融资企业的转移。银行等金融机构发挥着中介作用，它们预先集聚资金，再向融资企业提供资金。主要方式有：银行通过吸收储户的存款筹集资金，保险公司通过对投保者提供保单筹集资金，各类基金组织、信托投资公司通过发行有关基金券等有价证券来筹集资金，然后这些金融媒介体将所筹集的资金用于拟建项目的权益投资和债务资金投入，满足融资企业的资金需求。

直接融资和间接融资方式如图 1-2 所示。

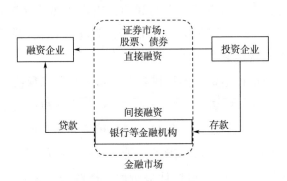

图 1-2　直接融资和间接融资方式

3. 内部融资和外部融资

（1）内部融资也称内源融资，是指企业依靠其内部积累进行的融资，具体包括折旧基金转化为重置投资和留存收益转化为新增投资。内源融资具有原始性、自主性、低成本性和抗风险性的特点。

（2）外部融资也称外源融资，是指企业向其外部筹措资金形成的融资来源。一般来说，企业仅依靠内部积累难以满足其全部资金的需求，必须利用金融媒介，从企业外部的其他经济主体以直接或间接方式实现融资，融资的性质可以是权益性（如发行股票）融资，也可以是债务融资（如发行债券、银行借款等），融资种类和规模主要取决于金融市场的发育程度和资金供给的数量。外源融资具有大量性和集中性的特点。

4.长期融资和短期融资

（1）长期融资是指企业筹集使用期限在1年以上的资金。长期融资的主要目的是形成或更新企业的经营能力（如购置设备）、扩大经营规模（如扩建厂房）、新产品和技术研发、对外投资等。长期融资包括吸收直接投资、发行股票和债券、长期借款、融资租赁等方式。

（2）短期融资是指企业筹集使用期限在1年以内的资金。短期资金主要用于满足流动资产和日常周转的需要，其形式主要包括商业信用、短期借款、保理业务等。

（四）融资渠道和方式

任何企业的融资活动都是通过一定的融资渠道、采用合理的融资方式完成的，两者缺一不可。

1.融资渠道

融资渠道是指资本来源的方向与通道，主要体现了资本的来源（源泉）与供应量（流量），其本质是解决向谁融资的问题。不同渠道筹措的资本相组合，形成了企业的特定资本结构。

融资渠道主要由社会资本的提供者及资本数量分布所决定，主要渠道包括：①政府财政资金；②银行信贷资金和非银行金融机构资金，其中非银行金融机构主要指信托投资公司、保险公司、租赁公司、证券公司、公司集团所属的财务公司等；③资本市场融资；④其他法人单位资金；⑤居民个人资金；⑥公司内部积累资金（包括计提折旧、提取公积金和未分配利润等）；⑦境外资金。

2.融资方式

企业筹措资金面临着融资方式的选择。融资方式是指企业筹集资本所采取的具体形式和工具，体现着资本的属性和期限。资本属性是指资本的权益或债务性质，即融资是权益性融资还是负债性融资；期限是指资金的使用期限即是短期融资还是长期融资。企业融资方式主要有：

（1）吸收直接投资。吸收直接投资是指企业以投资合同、协议等形式定向地吸收国家、法人单位、自然人等投资主体资金的融资方式。这种方式不以股票融资工具为载体，通过签订投资合同或投资协议规定双方的权利和义务，主要适用于非股份制企业筹集股权资本。

（2）发行股票。发行股票是指企业以发售股票的方式取得资金的一种融资方式。股票是股份有限公司发行的、表明股东按其持有的股份享有权益和承担义务的可转让的书面投资凭证。按股东的权利划分，股票一般分为普通股和优先股，发售的对象为社会公众或特定投资主体。这种方式只适用于股份有限公司，而且必须以股票作为载体。

（3）发行债券。发行债券是指以发售企业债券的方式取得资金的融资方式。按照我国相关法律法规，只有股份有限公司、国有独资公司、由两个以上的国有公司或者两个以上的国有投资主体投资设立的有限责任公司，才有资格发行公司债券。

（4）向金融机构借款。向金融机构借款是指企业根据借款合同从银行或非银行金融机构取得资金的融资方式。这种方式适用于企业筹集长期和短期资金。

（5）融资租赁。融资租赁也称为资本租赁或财务租赁，是指企业与租赁公司签订租赁合同，从租赁企业取得租赁物资产，通过对租赁物的占有、使用取得资金的融资方式。融资租赁不直接取得货币性资金，而是通过租赁信用关系直接取得实物资产，快速形成企业的生产经营能力，再通过向出租人分期交付租金方式偿还资产的价款。

（6）商业信用。商业信用是指企业之间在商品或劳务交易中，由于延期付款或延期交货所形成的借贷信用关系。商业信用源于商品供销活动，它是企业筹措短期资金的一种重要融资方式。

（7）留存收益。留存收益是指企业从税后净利润中提取的盈余公积以及留存的未分配利润。当企业出资者将留存收益追加为投资（即资本化）时，留存收益性质随之转化为股权投资。

上述融资方式（1）、（2）和（7）为股权融资，它们形成企业的股权资本；融资方式（3）至（6）为债权融资，它们形成企业的债务资本；融资方式（5）为混合性质融资。

3. 融资渠道与融资方式的关系

融资渠道与融资方式有着密切的联系，如表1-1所示。一定的融资方式可能仅适用于某一融资渠道；但同一融资渠道的资本可以采取不同的融资方式，而同一融资方式又可以适用于不同的融资渠道。企业在融资时，应当实现融资渠道和融资方式的合理配合，按照不同的融资渠道合理选择融资方式，筹措必要的资金，降低融资成本及融资风险。

表 1-1　融资渠道与融资方式

融资渠道		融资方式	
外部渠道	国家财政资金	吸收直接投资	所有者权益资金（股权融资）
	银行信贷资金	发行股票	
	非银行金融机构的资金	利用留存收益	
	其他企业资金	金融机构借款	负债资金（债务融资）
	居民资金	发行债券	
内部渠道	留存收益	租赁	
		商业信用	

【提醒您】对于不同渠道的资金，企业可以通过不同的融资方式取得。总体而言，外部融资和内部融资是企业的基本融资渠道，股权融资和债务融资是外部融资的主要方式：股权融资形成企业的股权资本，通过吸收直接投资、公开发行股票等方式取得；债务融资形成企业的债务资金，通过向银行借款、发行公司债券、利用商业信用借款等方式取得。

（五）企业生命周期、资金需求与融资动机

1. 企业生命周期与资金需求

按照生命周期理论，企业的生命周期一般包括初创期、发展期、成熟期和衰退期四个阶段，企业在每一阶段的资金需求具有不同的特点（如图 1-3 所示）。

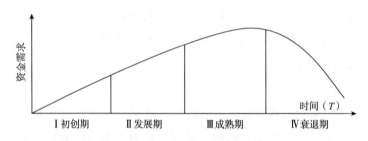

图 1-3　企业生命周期和资金需求

（1）初创期是指企业从产品研制开发到初步投放市场的时期。此期间，企业初始投资较大，新产品或新项目需要大量资金投入，经营活动和投资活动现金净流量多呈负数，融资活动是唯一的现金来源。[①] 由于企业规模小、社会信用程度低，资金来源主要是权益资金。

（2）发展期又称成长期，是指产品被市场快速接受和利润增长的时期。此期间，企业经营活动在正常波动中发展，市场份额逐步增加，销售收入快速增长，利润不断增加。为实现快速扩张的目的，企业需要大量地进行外部融资和投资，投融资需求量较大。

（3）成熟期是指销售量（额）的增长速度减缓乃至出现停滞甚至开始下降的时期。在此期间，企业进入成熟期，利润相对丰厚，投资活动净现金流量处于大致平衡状态，一般不需要向外界举债。

（4）衰退期是指企业产品销量急剧下降、利润跌落的时期。在此期间，经济环境恶化，企业销售数额、盈利能力大幅度下降，资金需求降低，内部积累少，缺乏权益融资渠道。

2. 融资动机

企业融资的基本目的是为企业的维持和发展提供资金保障，但每次融资行为都要受特定动机的驱动经营。例如：为产品研发而融资、为解决资金周转临时需要而融资、为购置新设备而融资，等等。企业的融资动机具体可分为五类，如图1-4所示。

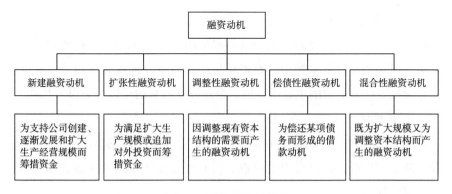

图1-4 融资动机的分类

---

① 余国杰，曹芳，王艳. 公司在生命周期各阶段的财务特征与财务战略 [J]. 商业时代, 2009 (25).

融资管理的核心问题就是通过怎样的融资方式，利用怎样的融资渠道，在怎样的融资时机下，及时地筹集到足额的资金来满足企业的资金需求。

【讨论题1-3】结合企业生命周期及其财务特征，试说明企业不同生命周期融资方式的选择。

解答：初创期融资方式主要包括天使投资（权益资本投资的一种形式）、政府投资、业主及所有者投资、风险投资[①]；发展期融资方式主要包括风险投资、留存收益投资、租赁融资、供应商融资、银行信用担保贷款、银行抵押贷款；成熟期融资方式主要包括银行抵押贷款、民间融资、债券融资、上市融资、资本经营；衰退期融资方式主要包括资产变现、并购重组等。

二、投资

（一）投资的含义

投资有广义和狭义之分，广义的投资包括企业内部的资金投放和使用，以及对外投出资金（简称"对外投资"）的行为；狭义的投资仅指对外投资，是指企业为增加财富或为谋求其他利益而将资产让渡给其他单位获得另一项资产的活动[②]。本书所说的投资是指广义的投资。

在现代经济生活中，无论是政府、公司、金融组织还是个人，都在不同程度上以不同的方式直接或间接地参与投资活动，通过不同的投资方式求生存、谋发展。

（二）投资的目的

总体而言，企业投资的目的是获得投资收益，实现企业价值或股东财富最大化。但在企业投资实践中，投资总是以相对独立的投资项目为基础实施的，每项投资业务的目的也有所区别。企业投资的目的可以分为以下几种。

1. 扩充规模

为扩充现有产品（或服务）或者现有市场，或者开发新产品、新市场，企业不断扩大投资，在取得规模效益的同时可能操纵市场甚至独占市场，以期获得超额利润。

---

① 目前较为流行的定义是：把资金投向蕴藏着较大失败可能的高新技术开发领域，以期在成功后获得高资本收益的一种商业投资行为。
② 财政部《企业会计准则——投资》（2001）。

2. 降低经营风险

企业通过多角化投资，使经营成功项目收益弥补失败项目损失，实现分散风险或以盈补亏的目的。即使在一个独立的投资项目中，也需要保持一定的流动性投资余额，用于防范经营风险。

3. 控制或影响相关公司或企业，配合自身的经营

为保障产品销路或者材料供应，企业购买并长期持有其客户发行的股票，通过参与客户的经营决策，控制其业务活动，服务于本企业的经营目标。

4. 维持现有规模效益

为维持现有规模效益水平，企业需要进行资产的更新投资，维持现有规模效益，谨防未投资而导致企业规模缩减、经济效益下滑。同时，在生产经营规模不变的前提下，企业可以通过更换旧设备，采用先进的设备和技术，提高产品（或服务）质量，降低单位成本，进而提高效益。

5. 承担社会义务

承担社会义务是商品经济社会中一切企业生存和发展的前提。一般来说，如果企业不能对社会发挥有益的作用，它就得不到社会的支持和回报，生产难以维持下去。因此，有时企业的投资是非自愿的一种强制性义务，属于单纯的义务性投资，投资的目的是履行社会责任，投资的结果也是非收入性的。

（三）投资的分类

企业应根据不同的标准，将投资进行科学的分类，以利于制定科学的投资决策，加强投资管理。依据不同的分类标准，企业投资的分类如图1-5所示。下面主要介绍按投资目的和按投资性质所作的分类。

1. 长期投资和短期投资

长期投资和短期投资的划分标准不在于投资期限的长短，而取决于投资目的。如果对被投资单位投资的目的为控制该单位或与其建立紧密的商业联系，这种投资一般为长期投资；如果对被投资单位的投资仅为谋取股利、利息收入或资本利得，则为短期投资。

2. 债权性投资和权益性投资

债权性投资是指为取得债权进行的投资，如购买政府债券或公司债券、委托银行向其他公司贷款等，主要目的是获得高于银行存款利率的利息，并可以按期收回本息；权益性投资是指为获得另一企业的权益或净资产所进行的投资，例如购买某公司普通股股票等，目的是获得该公司的控制权或对其

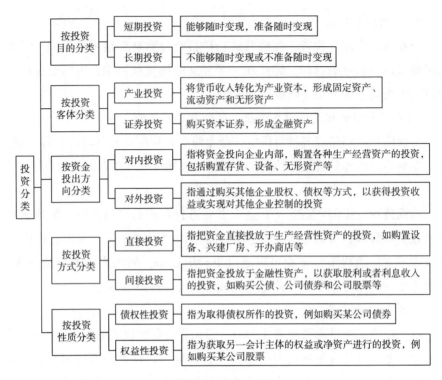

图1-5　投资分类

实施重大影响等。

三、投资与融资的关系

融资行为一般受投资的引导，动因是投资。资金是企业得以正常运行的"血液"，融资和投资如同企业机体的造血和输血功能，有效的融资能为企业的投资提供保证。效益好的投资能大大提高资本的增值能力，为企业有效融资开辟广阔的途径[①]。投资与融资的关系主要表现在以下四个方面。

（一）投资规模影响融资规模

在制约融资规模的所有经济因素中，投资规模是决定融资规模的主要依据。具体表现为：①投资总量决定融资总量，或者说，只有先确定投资规模，才能确定融资总额；②投资项目决定融资的期限，例如，固定资产项目融资资金占用期限长，流动资产项目资金占用期限短。因此，企业在融资时必须

---

① 周忠惠，张鸣，徐逸星.财务管理［M］.上海：上海财经大学出版社，1995：359.

以"投"定"融"。总之，投资规模要求融资规模与之相适应，如果投资规模小于融资规模，会导致大量资金闲置，资金收益低。反之，如果投资规模大于融资规模，必然影响投资进度和投资效益。

（二）投资方式影响融资方式

企业采用何种方式融资以及融资期限的长短、成本高低、资金使用和偿还的方式，必须考虑企业投资方案的特点和要求，例如，周期较长的投资项目可以采用筹集长期资金的融资方式，周期短、收益快、流动性强的投资项目可以采用短期融资方式。总之，投资方式影响融资方式。

（三）投资结构影响融资结构

投资结构是企业在一定时期的投资总量中，各项投资用途的构成及其数量比例关系。不同的投资结构（如投资的产品结构、项目工期与规模结构、技术结构等）对其融资结构（如内源融资还是外源融资、债务融资还是股权融资）也有不同的要求。同时，投资结构也决定了与其相匹配的融资额、融资期限和融资成本等。

（四）融资对投资的影响

"巧妇难为无米之炊。"企业投资有赖于企业融资能力，融资规模制约着投资规模。如果企业失去了融资能力，其结果：一是无法筹措资金；二是即使筹集了资金，也可能因融资能力弱而失去偿还能力。可见，融资规模直接制约投资方向和投资规模，融资成本的高低直接制约着投资效果。企业必须根据可行的融资方案确定具体的投资方案。

第二节　投融资主体和客体

一、投融资主体

投融资主体是指谁实施投融资活动。顾名思义，公司投融资的主体是公司。在我国，公司主要分为有限责任公司和股份有限公司。

（一）有限责任公司

有限责任公司是指依照《中华人民共和国公司法》（以下简称《公司法》）

设立，全部资本不区分为等额股份，股东以其认缴的出资额为限对公司承担责任，公司以其全部资产对公司的债务承担责任的公司。

有限责任公司的主要特点：①公司由五十个以下股东出资设立，允许设立一人有限责任公司（即一个自然人股东或一个法人股东可以设立有限责任公司）；②公司各股东都要出资，共同组成公司的自有资本，但其资本不需要划分为等额股份；③公司成立后向股东签发出资证明书，但不对外公开发行股票；④公司股权的股权转让受到限制，只能在股东之间相互转让，不能随意向股东以外的人转让。

国有独资公司是一种特殊形态的有限责任公司形式，其特征包括：①公司的股东仅有一人，即国家；②公司不设股东会，但须设立董事会，并且由国有资产监督管理机构和职工代表共同组成；③设立经理，实行聘任制，由董事会聘任和解聘；④经国有资产监督管理机构同意，董事会成员可以兼任经理。

（二）股份有限公司

股份有限公司是指依照《公司法》设立，全部资本划分为等额股份，股东以其认购的股份为限对公司承担有限责任，公司以其全部资产对公司的债务承担责任的公司。

在现代公司的各种组织形式中，股份有限公司是公司投融资最为有效的组织形式。在投融资活动方面，股份有限公司具有以下显著的特点：①公司的权益资本归股东所有，股东以其所持股份为限对公司承担责任，公司以其全部资产对公司的债务承担责任；②公司作为融资主体，可利用的融资渠道和融资方式最为广泛；③公司一般都是大型的融资主体，集聚了巨额的社会资本，其持有的总资本以及权益资本和债务资本的规模都很大；④公司的资本结构最为复杂，通常股东和债权人众多，且比较分散。

二、投融资客体

投融资客体，即投融资对象，是指投融资主体的投融资行为赖以运行的物质载体和价值承担者，在具体运行过程中主要表现为实物资产、无形资产和金融资产等各种形态的资产。无论何种形态的资产，都具有价值性和增值性，这是它们的共同点①。

---

① 杨晔. 投融资学 [M]. 3 版. 上海：上海财经大学出版社，2017：177.

（一）实物资产

实物资产是指以实物形态存在的资产，包括：①固定资产，如房屋、建筑物、机器、设备、设施、运输工具等资产；②存货，如材料、在产品、半成品、产成品或库存商品以及周转材料、委托加工物资等资产。

实物资产在企业资产总额中所占比重较大，在企业经营活动中发挥着基础作用，其中，存货是企业利润的主要来源。

（二）金融资产

除了从事日常生产经营活动外，金融性投资也是企业的重要投融资活动，例如以资金购买政府证券、公司债券或股票等金融证券。企业从事金融性投资活动形成的资产被称为金融资产，金融资产是金融工具的有机组成部分。

金融工具是指形成一方的金融资产并形成其他方的金融负债或权益工具的合同，包括金融资产、金融负债和权益工具。其中，金融资产通常是指企业的现金、银行存款、应收账款、应收票据、贷款、股权投资、债权投资等；金融负债通常是指企业的应付账款、应付票据、应付债券等；权益工具通常是指公司发行的普通股、认股权等①。

金融工具的内容如图 1-6 所示。

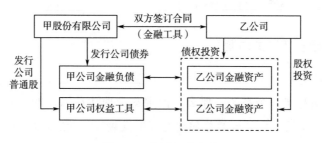

图 1-6　金融工具内容

金融资产的分类是确认和计量的基础，企业根据其管理金融资产的业务模式和金融资产的合同现金流量特征，可以将金融资产划分为以下三类：

（1）以摊余成本计量的金融资产；

（2）以公允价值计量且其变动计入其他综合收益的金融资产；

---

① 财政部会计司编写组．公司会计准则讲解（2010）［M］．北京：人民出版社，2010：361.

（3）以公允价值计量且其变动计入当期损益的金融资产。

由图1-6可知，金融资产是具有现实价格和未来估价且具有特定权利归属关系的金融工具。金融工具对其持有者而言属于金融资产，对其发行人来说不属于金融资产，而是金融负债或权益工具。

（三）无形资产

无形资产是指企业拥有或者控制的专利权、商标权、土地使用权、非专利技术等。这些资产是不具备物质形态、不占有空间、可以脱离其所有者而存在的无形资源，并且是企业获得利润乃至超额利润的必要源泉。一个企业拥有无形资产数量的多少、价值高低是其技术水平和竞争能力的标志。

第三节　投融资环境

【讨论题1-4】企业进行投融资活动为什么要考虑投融资环境？

解答：投融资管理工作是在一定环境条件下进行的实践活动，在市场经济条件下，财务管理环境具有构成复杂、变化快速等特点，投融资管理工作必须对环境进行认真的调查和分析，预测投融资管理环境的发展变化趋势，采取相应的财务策略，实现投融资目的。

一、投融资环境的内涵

投融资环境是指对企业投融资活动产生影响的企业外部条件。如果把投融资管理活动看作一个系统，那么，投融资管理活动以外的、对投融资管理系统有影响作用的一切系统的总和则构成了投融资管理的环境。

众所周知，无论是融资活动还是投资活动，都受一定的社会经济环境的影响和制约，这些外部环境是企业投融资活动赖以生存的土壤，是企业开展投融资活动的舞台。投融资环境的变化会对企业投融资活动产生直接或间接的影响，它既能给投资者提供机会，也造成了投资的风险和威胁。因此，对投融资环境的分析与认识是企业实施投融资活动的出发点和重要依据。

二、投融资环境的分类[①]

投融资环境可以按照不同的标准进行分类，例如：按照投融资环境涉及的范围，可以分为宏观投融资环境和微观投融资环境；按照投融资环境因素的稳定性，可以分为相对稳定的投融资环境和相对动态的投融资环境；按照投融资环境因素的可控性，可以分为企业可控的投融资环境因素和不可控的投融资环境因素。每种类别的具体内容如图1-7所示。

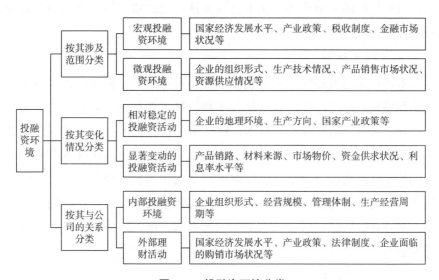

图 1-7 投融资环境分类

三、投融资环境因素分析

投融资环境是一个综合系统，它涉及自然、政治、经济、法律、社会文化等多种因素。对企业投融资活动产生主要影响的因素包括经济环境、金融市场环境、技术环境和法律环境。

（一）经济环境

经济环境是指影响企业投融资环境的各种经济因素。在影响投融资环境的所有环境因素中，经济因素是最主要的，它对投融资环境有着直接的影响，主要包括经济体制、经济周期、经济发展水平、宏观经济政策及社会通货膨

---

① 杨大楷．投融资学［M］．2 版．上海：上海财经大学出版社，2008：300．

胀水平等。

（二）金融市场环境

金融市场是资金筹集的场所，有广义和狭义之分。广义的金融市场是指一切资本（包括实物资本和货币资本）流动的场所，其交易对象包括货币借贷、票据承兑和贴现、有价证券的买卖、黄金和外汇买卖、办理国内外保险、生产资料的产权交换等。狭义的金融市场一般是指有价证券市场，即股票和债券的发行和买卖市场。现代企业的投融资活动与金融市场有着十分密切的关系，没有发达的金融市场，就不会有发达的投融资实践，也就不会有完善的投融资理论与方法。

（三）技术环境

技术环境是指投融资活动的技术手段和技术条件，它决定着投融资活动的效率和效果。广义的技术包括硬技术和软技术两部分，软技术主要是指组织、管理、决策、信息等无形技术；硬技术是整体技术中有形的部分，其价值一般通过该技术研究开发产品的实体得以体现。以计算机技术和互联网为代表的数字化革命成为当今社会投融资活动的主要技术环境。现代投融资活动越来越朝着数字化的方向发展，现代化的数据处理技术广泛应用于投融资领域，对企业的投融资活动产生了深远的影响，极大地促进了投融资方法的改进和创新。

（四）法律环境

法律环境是企业发生投融资经济关系时所应遵守的各种法律、法规和规章。法律是对企业投融资有着直接影响的因素，正如每一个国家都要建立一定的法律体系来维护国家的正常秩序一样，法律环境规定了投融资活动或过程中应遵循的原则、承担的责任等，它对投融资活动的影响和制约主要有：①当投资者的权利受到保护时，他们更愿意为融资企业提供资金，因为较好的保护可以保证融资企业的利润以利息或股利的方式返还给投资者，而不是被公司的实际控制者所攫取[①]；②在融资活动中，国家通过相关法规（如《公司法》等）规定了融资的最低规模和结构、融资的前提条件和基本程序；③在投资活动中，国家通过《中华人民共和国证券法》（以下简称《证券法》）等相关法律法规规定了投资的基本前提、投资的基本程序和应履行的

---

① 蒙克斯，拉杰科斯. 公司价值评估［M］. 北京：中国人民大学出版社，2015：201.

手续；④国家各项法律法规的变化也会引起投融资安排的调整和变动。

第四节　投融资管理的基本内容

一、融资管理

（一）融资管理的内涵

融资管理是指企业为实现既定的战略目标，在风险匹配的原则下，以信用为基础筹集资金的管理活动。融资管理的对象包括权益性融资和债务性融资[①]。

融资管理是企业理财管理的一项基本内容，它要解决的问题主要包括：企业为什么要融资，从何种渠道以什么方式融资，要融通多少资金，如何合理安排融资结构，等等。融资管理的目的是通过一定的融资管理模式，对企业筹措资本的目标、结构、渠道和方式以及资金的分配和使用等进行系统的规划，约束企业的融资行为，实现低成本、低风险和高效率的融资目标，为企业发展筹集资本，提供可靠的资金保证。

（二）融资管理的内容

1. 融资工作的组织机构管理

企业要做好融资管理工作，必须在企业内部建立一定的融资机构，配备能胜任融资工作的人员，并且按照融资法规和制度开展融资工作。企业应设置由业务、财务、法律及审计等相关人员组成的融资委员会或类似的决策机构，对重大融资事项和融资管理制度等进行审批。

2. 融资战略管理

融资战略管理就是根据企业融资战略的要求，结合企业内部和外部环境的发展变化，对融资战略的制定、实施、控制及实施效果进行评估的一系列管理活动，包括融资战略目标管理、融资战略环境分析、融资结构战略的类型、融资结构战略的选择、融资渠道和方式选择等，其目的是使企业资本结构在不断优化的过程中为企业战略实施提供可靠的资金保证。

---

① 财政部《管理会计应用指引第 500 号——投融资管理（2017）》。

3. 融资计划管理

(1) 融资计划制定的管理。企业对融资安排实行年度统筹、季度平衡、月度执行的管理方式，根据战略需要、业务计划和经营状况，预测现金流量，统筹各项融资，编制年度融资计划，并分解形成季度和月度融资计划。必要时可根据特定项目的需要编制专项融资计划。

(2) 融资方案（计划）执行过程的管理。融资方案经审批通过进入实施阶段，要由归口管理部门负责具体落实。如果融资活动受阻或者融资量无法达到融资需求目标，归口管理部门应及时对融资方案进行调整，数额较大时，应按照融资管理程序重新报请融资委员会或类似的决策机构审批。

(3) 融资方案（计划）定期分析。企业应定期进行融资方案（计划）管理分析，分析的内容主要包括还款计划、还款期限、资本成本、偿付能力、融资潜在风险和应对措施等。还款计划应纳入预算管理，以确保按期偿还所筹措的资金。

4. 融资决策管理

融资决策是指用科学方法拟定并评估各种融资方案，从中选出合理融资方案的过程，它直接决定了融资活动的方向、进程和结果。融资决策的内容一般是关于资本结构、资本成本、融资用途、融资规模和融资方式的选择等，以及偿付能力、融资潜在风险、应对措施、还款计划等问题的决策。融资决策管理主要是对融资方式、融资渠道的选择以及最佳融资方案制定和实施的管理。

5. 融资信息管理

现代企业的运营越来越依赖信息系统，融资也不例外。例如，向金融机构等贷款要依赖其资金实时结算系统；加强融资活动控制，要依赖企业内部财务信息系统等。没有信息系统的支撑，企业可能会失去生存的基础，日常经营活动举步维艰，融资难以维系，融资信息管理也就无从谈起。融资信息管理的内容包括融资信息系统开发的管理、融资信息系统运行与维护的管理等。

6. 融资报告管理

融资报告根据企业融资管理的执行结果编制，反映企业融资管理情况和执行结果。融资报告主要包括融资管理的情况说明和融资管理建议两部分内容。融资报告管理的主要内容包括信息质量管理、编制程序和方法管理、报送管理等。

7. 融资管理回顾和综合分析

企业应及时进行融资管理回顾和分析，检查和评估融资管理的实施效果，不断优化融资管理流程，改进融资管理工作。

二、投资管理

（一）投资管理的内涵

投资管理是指企业根据自身战略发展规划，以企业价值最大化为目标，对将资金投入运营进行的管理活动①。投资管理主要解决的是要不要投资以及如何投资等问题。例如，企业是否需要投资某种新产品、是否需要用新机器替代旧机器、是否需要扩大销售地区、众多的投资方案中哪个最好或哪几个最好等，这些都是投资管理需要回答的问题。投资管理的过程就是采取一系列的策略和行动对投资对象进行计划、组织、实施和控制，以实现投资目的的过程。

（二）投资管理的内容

投资管理的内容十分丰富，既有投资工作组织，也有投资战略与计划、投资过程，还有投资风险、投资报酬和投资报告等内容，如图 1-8 所示。

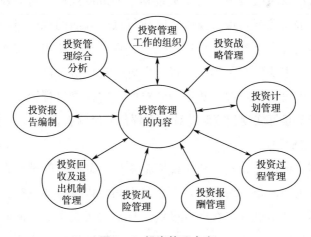

图 1-8　投资管理内容

_____

① 财政部《管理会计应用指引第 500 号——投融资管理（2017）》。

1. 投资管理工作的组织

企业应建立健全投资管理制度体系，根据企业组织架构特点设置投资委员会（由业务、财务、法律及审计等相关人员组成）或类似的决策机构，对重大投资事项和投资制度建设等进行审核，有条件的企业还可以单独设置投资管理机构，组织开展投资管理工作。

2. 投资战略管理

投资战略是在充分预测企业外部环境和掌握企业内部条件的基础上，对企业长期投资行为所作的整体规划和部署。投资战略管理的主要内容包括投资战略目标的确定、投资战略类型的选择、投资战略的制定和实施等。投资战略管理的核心是进行收益与风险的权衡。

3. 投资计划管理

投资管理机构应根据战略需要，定期编制中长期投资规划，并据此编制年度投资计划。投资计划管理内容包括投资计划编制与审批管理、投资计划实施管理、投资计划调整管理、投资控制计划管理、投资计划考核管理等。

4. 投资过程管理

企业应将投资管理贯穿于投资全过程，管理的内容主要包括：①投资前投资机会研究、区域选择、行业选择、伙伴选择、方式选择、投资可行性方案选优、可行性及风险分析。②投资过程中的进度控制、财务控制、变更控制等，其中，进度控制是指对投资实际执行进度方面的规范与控制，主要由投资执行部门负责；财务控制是指对投资过程中资金使用、成本控制等方面的规范与控制，主要由财务部门负责，变更控制是指对投资变更方面的规范与控制，主要由投资管理部门负责。③投资后的投资过程回顾、投资绩效和影响评价、投资目标实现程度和持续能力评价、经验教训和对策建议等。

5. 投资报酬管理

投资报酬也称投资收益，是指投资企业在一定期间内进行投资所获取的净收益。投资报酬的形式有股票红利、债券票息以及资本利得。其中：股票红利或者债券票息是投资者在持有投资工具期间所获得的分配收入，资本利得是企业处置投资与取得投资时的价差。投资报酬管理的内容包括：分析在同一投资项目、不同投资项目的决策中，应考虑哪些投资报酬（率），投资报酬的结构以及各构成要素的数量确定方法，不同投资报酬对投资决策会产生何种作用，应根据不同性质的投资方案如何选择不同的投资报酬率。

6. 投资风险管理

要投资就有风险。投资风险管理就是要采用多种管理方法、技术和工具，对投资活动所涉及的各种风险实施有效的控制和管理，使风险事件带来的不利影响降到最小，以最少的成本保证投资安全、可靠。

7. 投资回收及退出机制管理

投资回收及退出机制管理包括实现投资退出的效应、投资退出的时机、最佳的投资退出途径的选择。

8. 投资报告编制

投资报告根据投资管理的情况和执行结果编制，反映企业投资管理的实施情况。投资报告包括投资管理的情况说明和投资管理建议。企业可定期编制投资报告，反映一定期间内投资管理的总体情况，也可根据需要编制不定期投资报告。

9. 投资管理综合分析

企业应及时进行投资管理回顾和分析，检查和评估投资管理的实施效果，不断优化投资管理流程，改进投资管理工作。投资效果评价内容包括：明确经济效果评价的内容（盈利能力、清偿能力和抗风险能力的分析等）、激励与奖惩措施及内容等；确定经济效果评价方法（即定量评价方法和定性评价方法）。

三、投资与融资管理原则

投资与融资管理原则是人们对投资与融资活动的共同的、理性的认识，它是联系投融资理论与实务的纽带。企业进行投融资管理一般应遵循以下原则。

（一）价值创造原则

价值创造原则是指企业投融资管理应以持续创造企业价值为核心。企业价值是企业获利能力的货币表现，它是企业通过以价值为核心的管理，使企业利益相关者均能获得满意回报的能力。

投融资管理要遵循价值创造原则，就是指企业通过制定正确合理的投融资战略和实施科学精细的投融资计划，以获得高于资本成本的投资收益，或以低融资成本取得高额的融资收益，使企业真正创造价值，提升企业的获利能力。企业只有追求持续的价值创造，才能可持续发展，长盛不衰。

（二）战略导向原则

战略导向原则是指企业投融资管理应符合企业发展战略与规划，与企业战略布局和结构调整方向相一致。投资与融资是企业理财活动中两项最基本、最重要的财务活动，它们与企业发展战略存在密切的关系。企业融资活动遵循战略导向原则，就是以战略视野进行投融资活动，面向市场和未来，关注竞争环境，根据企业投融资环境状况和趋势，对企业投融资管理活动进行科学谋划，确定严谨的投融资计划，降低投融资成本和风险。

（三）风险匹配原则

风险匹配原则是指企业投融资管理应确保投融资对象的风险状况与企业的风险综合承受能力相匹配。具体表现为：①企业在投资时，能够在一定的风险下追求更高的收益，或者在一定的收益下实现投资风险最低；②企业在融资时，能够在一定的风险下追求更低的融资成本，或者在一定的融资成本下让融资的风险最低；③管理层能够根据投融资对象的风险状况，审慎确定可承受风险的程度，并积极采取分散和化解风险的措施，实现风险状况与风险承受能力相匹配。

四、投融资工作的组织

为了做好企业的投融资工作，顺利完成投融资任务，实现投融资目标，必须在企业中设立专门的投融资管理机构，配备专职的投融资管理人员，并且按照相关法律法规和制度进行投融资工作。

（一）投融资管理组织

建立健全的企业投融资管理组织是有效开展企业投融资活动的重要条件，也是有效地实施和控制投融资计划的组织保证。面对错综复杂的投融资环境，有条件的企业应该单独设立投融资组织机构，发挥其管理职能。

1. 融资工作管理机构

融资工作管理机构是企业管理机构的有机组成部分，以大型集团公司为例，整个组织架构分为集团总部和二级管理中心两个层级如图 1-9 所示：

集团董事会对重大融资活动作出决议，董事长在其权限范围内对融资事项作出决策。资本运营部负责人对融资活动进行审核，并提出专项意见。资金管理部（或财务部）是融资活动的具体部门，负责对外筹措资金的相关事宜。

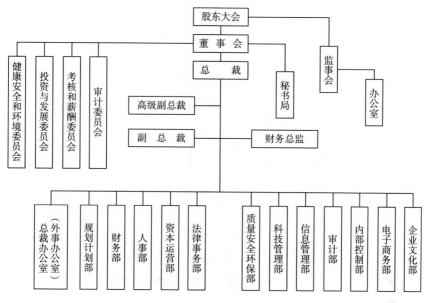

图1-9 融资工作管理机构

🔔【提醒您】从内部决策程序看，融资是企业财务活动的起点，融资方案必须由财务部门审核。一般情况下，企业融资方案是由财务部门和规划部门共同拟订的。经过财务审核之后，融资方案应当上报投资者批准。其中，公司制企业应上报董事会，由董事会决定后报请股东大会表决；国有企业要上报经理办公会，由经理办公会审定。

2. 投资工作管理机构

以公司整个组织架构分为集团总部和二级管理中心两个层级为例。集团总部的管理对象为各个二级管理中心，其组织架构再分为三个层级：一是股份公司治理结构下的董事会和总经理办公会，为投资管理的决策机构，对投资活动进行集中统一决策；二是八大专业委员会，其中，投资管理委员会为投资管理的专业委员会，在投资管理工作中为公司董事会和总经理办公会提供决策参考；三是20个职能部室，其中战略规划部是投资管理委员会的办事机构，负责投资管理的全面综合性工作，工程管理部负责工程建设项目相关工作。中化集团总部的投资管理组织架构如图1-10所示①。

---

① 中央公司管理提升活动领导小组. 公司投资决策管理辅导手册［M］. 北京：北京教育出版社，2012：11.

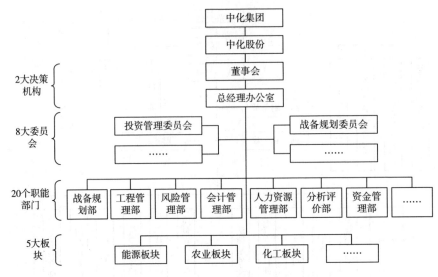

图1-10　中化集团总部投资管理组织架构

各二级管理中心在集团总部的统一管理下，对投资项目的具体申报、建设实施和生产运营负责，其内部的管理层级大致分为三层：①二级管理中心内部的决策层，对各中心自身的投资项目进行第一道决策把关；②各中心的职能管理部门，负责投资项目的开发和投产项目的运营管理；③各中心下设的经营实体，是整个投资管理体系的最前线，负责具体项目的建设实施和生产运营。二级管理中心的投资管理组织架构（以中化集团中种公司为例）如图1-11所示。[①]

无论投资管理机构如何设置，投资管理部门的工作内容主要包括：①负责公司制定或修改战略的具体事务；②调查与收集投资方面的相关信息；③负责投资立项、编制投资计划、投资执行、投资监督和处置中的具体事务；④负责投资项目资料的整理、保管和使用等。

（二）投融资管理人员

投融资管理人员包括银行、保险、证券、期货等金融机构以及大中型公司负责财务、投融资等相关工作的管理人员。

企业投融资活动是一项专业化较强的职能管理活动。投融资管理水平的高低取决于以下两个因素：一是投融资管理机构的保障；二是投融资管

---

① 中央公司管理提升活动领导小组. 公司投资决策管理辅导手册［M］. 北京：北京教育出版社，2012：12.

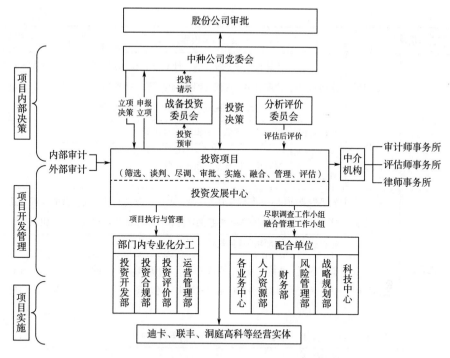

图 1-11 中化集团中种公司投资管理组织架构

理人员财务理论与财务管理素养的高低。在构建完善的投融资管理机构框架下，投融资管理人员素质直接影响着投融资决策质量。随着投融资环境的不断变化，企业经营活动所面临的投融资风险越来越大，投融资管理人员在企业投融资管理系统中的核心地位也越来越明显，现代市场经济的发展对投融资管理人员应具备的素质提出了越来越高的要求（如表 1-2 所示）。

表 1-2 投融资管理人员应具备的综合素质①

综合素质			具体内容
知识素质	专业知识	纵向知识	信息处理（核算）
			组织管理资金运动（设计、计划、控制、检查、考核）
			参与企业经营决策及向企业其他各职能管理领域渗透（分析、预测、决策）

---

① 根据《财务基本理论研究》（杨雄胜著，中国财政经济出版社，2000 年 7 月）相关章节改写。

续表

综合素质	具体内容		
知识素质	专业知识	横向知识	计算机技术、统计学、计划学、技术经济学（工程经济学）、管理数学、现代管理理论与方法、生产组织学、贸易学、价格学、财政学、税务学、市场学、管理心理学、外语等
	现代基础知识	基础知识	哲学、经济学、逻辑学、写作等
		现代科学知识	控制论、信息论、系统论等
技能素质	工作技能		熟悉专业知识，了解国家有关法令、制度、条例及其变化，及时发现和正确处理各种财会问题等；熟悉融资的具体工作流程和规范，熟悉银行等金融机构或中介机构的具体规章制度以及工作流程
	表达技能		能用简短、通俗、易懂、准确的语言来正确地把自己的一个观点、一种看法、发现的问题及分析的结论和解决问题的意见，用对方乐于接受的口吻告诉对方
	良好的人际交往技能、沟通协调能力；较强的商务谈判能力		
道德素质	事业心强，有责任感		
	把关守口严，廉洁奉公		
	坚韧不拔，不故步自封		
现代经济工作的新观念	多目标经营观念		
	竞争观念		
	时间观念		
	风险观念		
	不断吸收新知识、新观念		
	变革观念		
	效益观念		

（三）企业投融资管理制度体系

1. 融资管理制度体系

以集团公司为例，融资制度框架体系应包括三个层面：第一个层面是基本的融资制度，是集团融资的总纲；第二个层面是重要融资制度，包括会计核算、预算、资金等具体职能制度；第三个层面是融资财务处理操作规程，是集团日常财务工作的具体操作流程、方法和要求。

2. 投资管理制度体系①

企业的投资管理制度体系共包含四个层级：第一层是企业章程，它是在股东会、董事会、总经办之间对投资管理进行的职责分工；第二层是基本制度或规定，是保障企业投资管理的基本框架体系；第三层是专项制度或办法，从投资管理的某一方面作出专项规定或对基本制度难以涵盖的内容作出补充等；第四层是基本流程和细则，是专项制度之下就制度本身的实行所执行的细则、守则和标准等。

各二级单位必须承担本单位（包括下属三级公司）的投资管理职责，必须按照本单位发展实际和投资要求制定相应的投资管理制度。集团对二级单位的投资管理相关制度进行检查，督促其建立并完善自身的管理制度，要求其制度符合公司整体的管理思路。

3. 投融资内部控制制度

投融资内部控制制度包括内部控制制度目标、内部控制制度基本要求和内部控制制度基本内容。其中，内部控制制度的基本内容包括：①融资内部控制，包括岗位分工与授权批准、融资决策控制、融资执行控制、融资偿付控制；②投资内部控制，包括岗位分工与授权批准、对外投资可行性研究、评估与决策控制、对外投资执行控制、对外投资处置控制等。

4. 投融资财务风险管理制度

投融资财务风险管理制度包括：①投融资财务风险管理目标；②投融资财务风险管理原则；③投融资财务风险管理体制；④财务风险的识别、评估、控制、报告等程序和方法；⑤投融资财务风险管理策略；⑥风险管理内部监督；⑦风险管理绩效评估。

5. 投融资预算管理制度

投融资预算管理制度包括：①投融资预算管理内涵和目标；②投融资预算管理的内部组织结构；③投融资预算管理的一般流程；④投融资预算组织分工；⑤投融资预算的编制；⑥投融资预算的执行、控制与差异分析；⑦投融资预算的调整；⑧投融资预算的专评与激励。

6. 投融资决策管理制度

投融资决策管理制度包括投融资决策规则、程序、权限和责任等。

---

① 中央公司管理提升活动领导小组. 公司投资决策管理辅导手册 [M]. 北京：北京教育出版社，2012：9.

【关键词汇】

融资与投资	financing and investment	金融资产	financial assets
股权融资	equity financing	金融市场环境	financial market environment
债务融资	debt financing	投资报告	investment report
混合融资	hybrid financing	融资报告	financing report
内部融资	internal financing	价值创造原则	principle of value creation
外部融资	external financing	风险匹配原则	risk matching principle
证券投资	investment securities	融资渠道	financing channels
债权投资	debt investment	融资方式	way of financing
权益投资	equity investments	融资租赁	finance lease

【思考与练习】

一、思考题

1. 如何理解企业投资和融资的内涵？试说明企业投资与融资的关系。

2. 什么是企业投融资的目的？分别说明投资与融资目的的具体内容。

3. 企业投融资可以分为哪些类别？请指出不同类别划分的标准。

4. 什么是投融资主体和客体？请说明投融资主体和客体的具体内容。

5. 什么是金融资产？简述金融资产分类。

6. 什么是投融资环境？如何理解投融资环境的内涵？

7. 投融资环境主要包括哪些内容？

8. 试分别说明融资管理和投资管理的基本内容。

9. 企业进行投融资管理活动应遵循哪些原则？简述投融资管理各项原则的基本含义。

10. 为提高企业投融资管理水平，投融资管理人员应具备哪些基本素质？

二、单项选择题

1. 下列各项中，在股票市场上发行股票属于哪一种企业融资方式？（　　　）

A. 直接融资　　　　　　　　　B. 内部融资

C. 间接融资　　　　　　　　　　　D. 债务融资

2. 按照资金来源渠道的不同，可将企业融资分为（　　）。

A. 短期融资和长期融资　　　　　　B. 直接融资和间接融资

C. 权益性融资和负债性融资　　　　D. 内部融资和外部融资

3. 下列各项中，固定资产属于投资构成要素的哪一项？（　　）

A. 投资主体　　　　　　　　　　　B. 投资客体

C. 投资资源　　　　　　　　　　　D. 投资形式

4. 下列各项中，属于企业融资基础的是（　　）。

A. 投资需要　　　　　　　　　　　B. 融资方式

C. 融资谈判　　　　　　　　　　　D. 融资成本

5. 下列各项中，属于影响企业投融资环境最主要因素的是（　　）。

A. 技术环境　　　　　　　　　　　B. 经济环境

C. 法律环境　　　　　　　　　　　D. 金融市场环境

6. 为优化资本结构而筹集资金，这种融资的动机是（　　）。

A. 支付性融资动机　　　　　　　　B. 创立性融资动机

C. 调整性融资动机　　　　　　　　D. 扩张性融资动机

7. 关于直接融资和间接融资，下列表述不正确的是（　　）。

A. 直接融资仅可以筹集股权资金　　B. 直接融资的融资费用较高

C. 发行股票属于直接融资　　　　　D. 融资租赁属于间接融资

8. 下列融资方式中，既可以筹集长期资金，也可以融通短期资金的是（　　）。

A. 向金融机构借款　　　　　　　　B. 发行股票

C. 利用商业信用　　　　　　　　　D. 吸收直接投资

9. 按照融资过程中金融中介所起作用的不同，融资方式可分为（　　）。

A. 内部融资和外部融资　　　　　　B. 直接融资和间接融资

C. 股权融资和债务融资　　　　　　D. 短期融资与长期融资

三、多项选择题

1. 下列项目中，属于企业融资报告内容的有（　　）。

A. 融资渠道　　　　　　　　　　　B. 融资成本

C. 融资管理情况说明　　　　　　　D. 融资管理建议

2. 下列融资方式中，属于间接融资方式的有（　　）。

A. 优先股融资　　　　　　　　B. 融资租赁

C. 银行借款融资　　　　　　　D. 债券融资

3 下列各项中，属于融资借助金融媒介分类的有（　　）。

A. 直接融资　　　　　　　　　B. 间接融资

C. 权益性投资　　　　　　　　D. 债券融资

4. 下列各项中，按照投资性质分类的有（　　）。

A. 权益性投资　　　　　　　　B. 间接投资

C. 短期投资　　　　　　　　　D. 债权性投资

5. 下列融资方式中，属于筹集权益资本方式的有（　　）。

A. 吸收直接融资　　　　　　　B. 发行优先股

C. 发行普通股　　　　　　　　D. 发行债券

6. 下列各项中，属于融资管理应遵循的原则有（　　）。

A. 依法融资原则　　　　　　　B. 负债最低原则

C. 规模适度原则　　　　　　　D. 结构合理原则

7. 与股权融资相比，下列各项中，属于债务融资特点的有（　　）。

A. 财务风险较大　　　　　　　B. 融资成本较高

C. 不会影响企业的控制权　　　D. 流动性较大

四、计算与分析

资料：甲公司是一家在上海证券交易所上市的大型国有集团公司，主要从事 M 产品的生产与销售，是国内同行业中的龙头公司。2023 年初，甲公司召开经营与财务工作专题会议。部分参会人员发言要点摘录如下：

公司发展部经理：公司技术创新和管理能力较强，M 产品市场优势明显。鉴于国内市场日趋饱和，应加快开拓国际市场。我国政府提出的"一带一路"倡议得到了沿线国家的积极响应，一些沿线国家既是公司产品的原材料产地，也是公司产品的巨大潜在市场。沿线国家大多处于工业化中后期阶段，产品生产和技术水平有待提高。建议公司 2023 年从这些沿线国家中选择一些风险适度、业务互补性强的项目，开展相关的境外直接投资业务。

假定不考虑其他因素。

要求：请指出公司发展部经理建议所体现的开展境外直接投资的主要动机。

第二章 投融资管理的核心概念、程序和方法

【学习目的和要求】

本章主要介绍投融资管理的基本理念、程序和方法。通过本章的学习，应了解投融资管理的概念和内容，熟悉投融资管理的基本理念、贴现现金流法、项目管理方法等工具方法的概念、基本原理、各自优缺点和选择依据，掌握贴现现金流法、项目管理方法各自适用的范围，并能够运用这些方法进行投融资管理。

【思政目标】

本章学习要结合投融资管理核心概念、程序和方法，挖掘投融资管理知识框架中所蕴含的思政元素，培养学生的责任感、使命感、严谨求实的工作作风和按程序做事的意识，提高学生采用科学方法解决实际问题的能力，实现专业知识与课程思政的有效融合。

【本章框图】

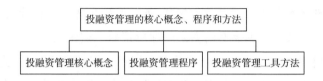

【框图说明】

任何学科都有其核心概念，投融资管理也不例外。投融资管理的核心概念是投融资管理基础知识的本源，蕴含丰富的投融资观念和思想，是解决所

企业投资与融资管理

有投融资管理问题的大前提。投融资管理程序是指公司开展投融资管理工作所履行的系统性工作步骤，分为融资管理程序和投资管理程序。投融资管理方法是为了实现投融资管理的目标、开展投融资理财活动所采取的各种技术和手段。

第一节 投融资管理的核心概念

一、货币的时间价值

（一）货币的时间价值的含义

货币的时间价值是资金周转使用中由于时间因素而形成的差额价值。差额价值包括两部分：一是时间延长、周转次数增带来的差额价值；二是上一次周转带来的增值（如利润）又被重新投入周转过程带来的差额价值，又称复利价值。

货币时间价值的表达方式分为绝对数（即利息额）和相对数（即利息率）。在投融资实务中，两者不作严格的区分，通常以利息率反映时间价值。利息率是指社会资金平均利润率，即金融市场上的贷款利率、债券利率、股利率等。

【提醒您】利息率除包括资金时间价值因素外，还包括风险价值和通货膨胀因素。

货币的时间价值一般采用利息形式，分别以单利和复利两种方式计息。单利方式计息是指本金计息而利息不计息；复利方式计息是指按本金计算的每期利息在期末加入本金，并在以后各期内再计利息，这种计息方法既要计算本金的利息，又要计算利息的利息，即所谓的"利滚利"。

【例2-1】将本金（P）100元钱存入银行，银行利率（i）为3%，期限（n）为5年，至第5年末，分别按单利和复利法计算的货币时间价值如表2-1所示。

表 2-1　货币时间价值对比表　　　　单位：元

年数	单利方式			复利方式			单利复利差额
	年初本金	年末利息	年末本利和累计	年初本金	年末利息	年末本利和累计	
1	100	3	103	100	3	103	0
2	100	3	106	103	3.09	106.09	0.09
3	100	3	109	106.09	3.18	109.27	0.27
4	100	3	112	109.27	3.28	112.55	0.55
5	100	3	115	112.55	3.38	115.93	0.93

由表 2-1 可见，存款期限为 1 年时，单利和复利方式计算的利息都是 3 元，但超过 1 年，复利方式计算的利息呈上升趋势。实务中，计算货币时间价值通常采用复利方式。

【讨论题 2-1】为什么在财务管理所有技术分析中，货币时间价值概念应用很广？

解答：货币的时间价值是客观存在的经济范畴，贯穿于企业财务管理过程的始终。企业的财务活动都是在特定的时间下进行的，离开了时间价值因素，就无法正确计算不同时期资金流入和流出的"真实"量，也无法正确评价财务活动所带来的收益，更无法正确评价企业的盈亏。具体来说，货币时间价值可用于设计偿还贷款的进度安排，也可以据此确定投资决策方案是否可行。

（二）货币时间价值的形式

货币运动在时间上有起点和终点之分，它的价值也相应地分为现值和终值两种形式。

1. 现值

现值，顾名思义，是资金的现在价值，是指未来收到或支付的某一特定金额的现在价值。把未来金额折算成现值的过程称为贴现。现值和贴现率（将未来的现金流折算为现在价值的利率）有密切的联系，贴现率越高，折算的现值就越小。企业作投资决策时，在已知未来价值、利率和时期的前提下，通过计算现值可以算出现在需要投资的金额。现值一般用 P 表示。

2. 终值

终值，也称将来值，是指现在一笔资金在若干期后的价值，包括本金和利息。

终值与现值的意义恰好相反，在已知现值、利率、时期的条件下，通过计算终值可以测算一定量本金将来的价值为多少。终值一般用 F 表示。

根据货币时间价值理论，可以将某一时点（现在或未来）的货币价值金额折算为其他时点（未来或现在）的价值金额。现值与终值的关系可用以下恒等式（即复利计息方式）表示：

$$终值 = 现值 \times (1+利率)^{时间}$$

上式关系用字母表示为：

$$F = P \times (1+i)^n$$

式中，P 代表本金，又称期初金额或现值；i 代表利率，通常是指每年利息与本金之比；n 代表时间，通常以年为单位。公式中 $(1+i)$ 称为复利终值系数或 1 元的复利终值，记作 $(F/P, i, n)$。例如，$(F/P, 6\%, 5)$ 表示利率为 6%、5 年期复利终值的系数为 1.338 2。该系数可以直接查阅"一元复利终值表（简表）"（如表 2-2 所示）。

表 2-2　1 元复利终值表（简表）

期数	……	5%	6%	7%	……
……	……	……	……	……	……
4	……	1.215 5	1.262 5	1.310 8	……
5	……	1.276 3	1.338 2	14 026	……
6	……	1.340 1	1.418 5	1.500 7	……
……	……	……	……	……	……

【例 2-2】2023 年初，某公司将本金 200 000 元存入银行，期限 5 年，年利率 6% 并按复利计息，5 年期满，该公司存入银行的本金和利息的计算方法如下：

$$F = 200\ 000 \times (1+6\%)^5$$

其中：$(1+6\%)^5$ 查一元复利终值系数表为 1.338 2。

$F = 200\ 000 \times 1.338\ 2 = 267\ 640$（元），其中本金为 200 000 元，利息为 67 640 元。

【例 2-3】某公司现有 783 500 元，拟在 5 年后使其达到 1 000 000 元，选择投资机会时最低可接受的报酬率确定方法如下：

$$783\ 500\times(1+i)^5 = 1\ 000\ 000$$

$$(1+i)^5 = 1.276\ 3$$

查表 2-2，在 $n=5$ 的行中寻找 1.276 3，对应的 i 值为 5%，即：（F/P，5%，5）= 1.276 3，所以 $i=5\%$，即投资机会的最低报酬率为 5%，才可使现有货币在 5 年后达到 1 000 000 元。

依照上面的理论，可以推论现值的计算公式如下：

$$现值 = \frac{终值}{(1+利率)^{时间}}$$

上式关系用字母表示为：$P = \dfrac{F}{(1+i)^n}$

公式中，$\dfrac{1}{(1+i)}$ 称为复利现值系数或 1 元的复利现值，记作（P/F，i，n）。例如，（P/F，6%，5）表示利率为 6%、5 年期复利现值的系数为 0.747 3。该系数可以直接查阅"1 元复利现值表"（简表）（如表 2-3 所示）。

表 2-3 1 元复利现值表（简表）

期数	5%	6%	7%	……
……	……	……	……	……
4	0.822 7	0.792 1	0.762 9	……
5	0.783 5	0.747 3	0.713 0	……
6	0.746 2	0.705 0	0.666 3	……
……	……	……	……	……

【例 2-4】某公司准备 5 年末有一笔资金 800 000 元用于设备改造，如果银行存款利率为 6%，公司为获得这笔设备款，现在应存入银行多少资金？

$$P = \frac{800\ 000}{(1+6\%)^5}$$

其中：$\dfrac{1}{(1+6\%)^5}$ 查一元复利现值系数表为 0.747 3。

$$P = 800\ 000\times0.747\ 3 = 597\ 840（元）$$

从计算方式和结果看，现值与终值互为逆运算关系。如果知道现值（P），按复利计算就可得到终值（F）；而如果知道 F，就可通过折现计算 P。

现值和终值之间的联系是贴现率，它是将未来若干期的一笔资金换算为现在价值所用的利息率，也就是将终值换算为现值所用的利率。贴现率可通过现值的公式求出。

（三）年金的现值和终值

年金是指在若干期内，按相等的间隔期收取或支付相等的金额。如定期支付的工资、租金、保险费、利息等都属于年金的范畴。年金按收取或支付时间的不同，分为普通年金、预付年金、递延年金和永续年金。其中，普通年金是指每期期末收取或支付的年金，又称后付年金。下面说明普通年金终值和现值的计算。

1. 普通年金终值

普通年金终值是指按复利计算的每期期末收取或支付等额资金的终值。

【例2-5】某公司计划在未来5年内每年末向银行借款500 000元，现金流量时间线如图2-1所示，借款年利率为8%。5年末，该公司应付银行本息的总额的计算过程如下：

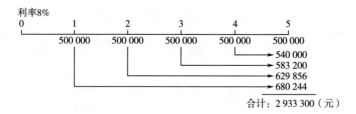

图2-1　普通年金终值

计算公式为：

$$F=A+A(1+i)^1+A(1+i)^2+\cdots+A(1+i)^{n-2}+A(1+i)^{n-1} \tag{2-1}$$

等式两边同乘（$1+i$）得式（2-2）：

$$(1+i)\ F=A\ (1+i)\ +A(1+i)^2+\cdots+A(1+i)^{n-1}+A(1+i)^n \tag{2-2}$$

用公式（2-2）减公式（2-1），经过整理得出普通年金终值计算公式：

$$F_n=A\times\left[\frac{(1+i)^n-1}{i}\right]。$$

公式中，A代表年金，方括号中的数值称作"年金终值系数"，记作（F/A，i，n），可直接查阅"1元年金终值表"（如表2-4所示）。

$F_n=A\times\left[\dfrac{(1+i)^n-1}{i}\right]$也可写成：$F_n=A\times$（$F/A$，$i$，$n$）。

表 2-4 1 元年金终值表

期数	……	6%	7%	8%	9%	……
……	……	……	……	……	……	……
4	……	4. 374 6	4. 439 9	4. 506 1	4. 573 1	……
5	……	5. 637 1	5. 750 7	5. 866 6	5. 984 7	……
6	……	6. 975 3	7. 153 3	7. 335 9	7. 523 3	……
7	……	8. 393 8	8. 654 0	8. 922 8	9. 200 4	……
……	……	……	……	……	……	……

按照普通年金终值计算公式计算，该公司应付银行本息总额的计算过程为：

$$F_5 = 500\,000 \times \left[\frac{(1+8\%)^5 - 1}{8\%} \right] = 500\,000 \times (F/A, 8\%, 5) = 500\,000 \times 5.866\,6$$

$$= 2\,933\,300 （元）$$

2. 普通年金现值

普通年金现值是指按复利计算的每期期末收取或支付等额资金的现值。它是以计算期期末为基准，在给定投资报酬率（即贴现率）前提下，按照货币时间价值计算的未来一段时间内每期期末收取或支付年金的折现值之和。

【例 2-6】某公司租入丙设备，每年年末需要支付租金 15 000 元，现金流量时间线如图 2-2 所示，年复利率为 8%。5 年内应支付的租金总额的现值计算方法如图 2-2 所示。

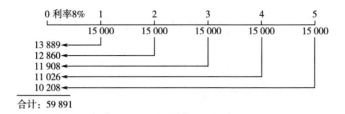

图 2-2 现金流量时间线

普通年金现值的一般公式为：

$$P = \frac{A}{(1+i)^1} + \frac{A}{(1+i)^2} + \cdots + \frac{A}{(1+i)^{n-1}} \qquad (2-3)$$

公式（2-3）两边同乘（1+i）得：

$$(1+i)\ P = \frac{A}{(1+i)^1} + \frac{A}{(1+i)^2} + \cdots + \frac{A}{(1+i)^{n-1}} \tag{2-4}$$

公式（2-3）、公式（2-4）两式相减，化简后得：$P = A \times \left[\dfrac{1-(1+i)^{-n}}{i} \right]$。

公式中，A 代表年金，方括号中的数值通常称作"年金现值系数"，记作 $(P/A,\ i,\ n)$，可直接查阅"1 元年金现值简表"（如表 2-5 所示）。

上式也可写成：$P = A \times (P/A,\ i,\ n)$。

表 2-5　1 元年金现值简表

期数	……	6%	7%	8%	9%	……
……	……	……	……	……	……	……
3	……	2.673 0	2.624 3	2.577 1	2.531 3	……
4	……	3.465 1	3.387 2	3.312 1	3.239 7	……
5	……	4.212 4	4.100 2	3.992 7	3.889 7	……
6	……	4.917 3	4.766 5	4.622 9	4.485 9	……
……	……	……	……	……	……	……

例 2-6 中，该公司根据现金流量时间线，5 年内应支付的租金总额的计算过程如下：

$$P = 15\ 000 \times \left[\frac{1-(1+8\%)^{-5}}{8\%} \right]$$

$$= 15\ 000 \times (P/A,\ 8\%,\ 10)$$

$$= 15\ 000 \times 3.992\ 7$$

$$\approx 59\ 891（元）$$

（四）货币时间价值的作用

资金时间价值与投融资活动密切相关，资金筹集、资金投放和使用等财务决策中都要考虑货币时间价值。货币时间价值的主要作用如下。

1. 可以客观评价投融资方案

在投融资管理的实践中，把不同时期（时点）投融资方案的现金流入和流出按一定折现率折算为同一时点上的现金流入和流出，实现不同时期（时点）投融资价值的比较，以评价投融资方案是否可行。同时，在进行投资方案评价时，不但要计算方案原始投资的数额，也要计算因货币时间价值因素产生的新增投资方案对经济效益的影响。

2. 促进企业提高资金的利用率

在投融资活动中引入货币时间价值概念，能够促使企业合理使用和科学投放资金，控制投资规模及资金的投放时间与投放方式，避免不必要的资金积压和浪费，提高资金利用效率。

🔔【提醒您】理论上，货币的时间价值率是没有风险和通货膨胀下的社会平均利润率。实务中，通常以利率、报酬率等来替代货币的时间价值率。

二、风险和报酬

一般认为，市场不会为参与者提供"免费的午餐"，获得收益必须承担风险。风险贯穿于投融资活动的全过程。例如：因原材料、动力供应不足，投资项目产生停产的风险；借款过多产生到期无法支付的风险；证券投资达不到预期效果的风险；等等。

企业风险是指未来的不确定性对企业实现其经营目标的影响。企业风险一般可分为战略风险、财务风险、市场风险、运营风险、法律风险等[①]。依照企业风险概念推论，投融资风险是指未来的不确定性对企业实现投融资目标的影响。例如，企业投资于某项目，经预测，该项目建成时，如果经济情况良好，投资收益率能达到15%；如果经济情况一般，投资收益率能达到10%；如果经济情况较差，则投资收益率只能达到5%。而且，每种情况发生的概率是可以确定的，我们就说该项目投资存在风险。

企业的投融资活动一般投入或筹措的资金数额较大，时间越长，不确定性因素就越多，投融资风险也就越大。根据风险与收益对等原则，风险大的项目可能带来较大的损失，也可能带来较高的收益（报酬）。投资报酬一般包括两部分：一是货币的时间价值；二是风险收益。其中，货币时间价值前已述及，它是指在没有风险和通货膨胀条件下的社会平均利润率；而风险收益则是指由于冒风险进行投资而取得的额外报酬，也就是超过货币时间价值的那部分额外报酬。风险收益在一般情况下用风险收益率（风险收益额与投资

---

① 《中央企业全面风险管理指引》（国资发改革〔2006〕108 号）。

41

总额的比率）表示。风险与收益的关系如图 2-3 所示。

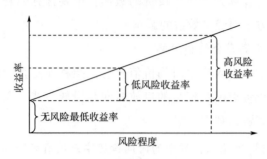

图 2-3　风险和收益关系

由图 2-3 可以看出，风险和收益关系十分密切，要取得收益就会有风险，期望的收益越高，风险也就越大。

三、资本成本

（一）资本成本的性质

在市场经济条件下，企业筹集和使用资金往往要付出代价。企业为筹措和使用资金而付出的代价称为资本成本，其中，资本特指由债权人和股东提供的长期资金来源，包括长期负债（即负债资本）与权益资本（或称主权资本）。资本成本由融资费用和使用费用组成，其中：融资费用是指企业在融资过程中为获得资金而付出的费用，如向银行借款支付的手续费、发行股票债券支付的发行费用等；使用费用是指企业因使用资金而支付的费用，如支付股东的股利、支付银行的借款利息、支付债券的债息等。

资本成本的性质着重从以下三个方面理解：①资本成本是资本使用者向其所有者支付的费用，构成资本所有者的一种投资收益（计入利息费用或作为利润分配项目，如股息）；②从资本成本的支付基础看，它与资金的使用有关，属于资金使用付费（会计上计入财务费用），不直接构成产品的生产成本；③从资本成本的计算目的看，企业通过资本成本计算及其数额大小的比较来规划投融资方案，因此它属于预测成本，是规划投融资方案的基础。

（二）资本成本的计算原理

资本成本有绝对数和相对数两种表达方式，通常用相对数即资本成本率表示资本成本。

$$资本成本 = \frac{使用费用}{融资总额 - 融资费用} \times 100\%$$

或：

$$资本成本 = \frac{使用费用}{融资总额 \times （1 - 融资费用率）} \times 100\%$$

式中，融资费用率是指融资费用与融资数额的比率。

【例 2-7】某公司从银行取得 200 万元的长期借款，年利息率为 6%，期限为 5 年，每年付息一次，到期一次还本。融资费用率为 0.3‰，不考虑所得税因素，该长期借款的资本成本可计算如下：

$$资本成本 = \frac{200 \times 6\%}{200 \times （1 - 3‰）} \times 100\%$$

$$= \frac{12}{199.4} \times 100\%$$

$$= 6\%$$

🔔【提醒您】在资本成本计算公式中，融资费用需要从融资总额中扣减的原因是：①融资时，融资费用已作为一次性费用列支，不属于资金使用期内的预计持续付现项目；②在资金使用中，可被企业利用的是融资净额而非融资总额，因此，分母为扣减融资费用后的融资净额；③从投资者看，资本成本是在投资期间获得的投资报酬（即收益额），显然，融资费用并非投资者收益，不宜作为分子计入其投资报酬率之中，而应在分母中扣除。

（三）资本成本的作用

资本成本是企业筹资、投资决策的主要依据，它在企业融资及投资方面发挥着重要作用。

1. 资本成本在融资决策中的作用

（1）资本成本是影响企业融资总额的重要因素。随着融资数额的增加，资本成本不断变化。当企业融资数额很大，融资的边际成本超过企业的承受能力时，企业便不能再增加融资数额。因此，资本成本是限制企业融资数额的一个重要因素。

（2）资本成本是企业比较融资方式、选择追加融资方案的依据。企业可以利用的筹资方式多种多样，不同的融资方式具有不同的资本成本，因此，资本成本是企业比较融资方式、选择融资渠道、拟定融资方案的依据。

（3）资本成本是进行资本结构决策的依据。不同的资本结构会给企业带来不同的风险和成本。在确定最优资本结构时，考虑的因素主要是资本成本，即最优的资本结构使企业整体资本成本水平最低。

2. 资本成本在投资决策中的作用

在企业分析投资项目可行性、选择投资方案时，资本成本发挥着重要作用，它是评价投资项目、比较投资方案和追加投资决策的主要经济标准。

一般而言，项目的投资收益率只有大于其资本成本率时才是经济合理的，否则投资项目不可行。这表明，资本成本率是企业用以确定投融资项目采纳与否的取舍率。也就是说，任何投融资项目的收益率只有大于其资本成本率才是经济合理可行的，否则投融资项目就不可行。

第二节　投融资管理程序

一、融资管理程序

为了实现融资管理的目标，必须有科学的融资管理程序。具体程序如图 2-4 所示。

（一）提出融资方案

一般由财务部门根据企业经营战略、预算情况与资金现状等因素提出融资方案，其内容包括融资金额、融资形式、利率、融资期限、资金用途等。财务部门通过与其他相关业务部门沟通协调，形成初始融资方案。

（二）融资方案论证

初始融资方案还应经过充分的可行性论证。企业应组织相关专家对融资项目进行可行性论证，论证的内容包括：①融资方案的战略评估；②融资方案的经济性评估；③融资方案的风险评估。

（三）融资方案审批

通过可行性论证的融资方案需要在企业内部按照分级授权审批的原则进行审批，重点关注融资用途的可行性。重大融资方案应当提交股东（大）会审议，融资方案需经有关管理部门批准的，应当履行相应的报批程序。

（四）融资数量预测

融资数量预测是指根据企业发展现状及其未来趋势，运用科学方法来预

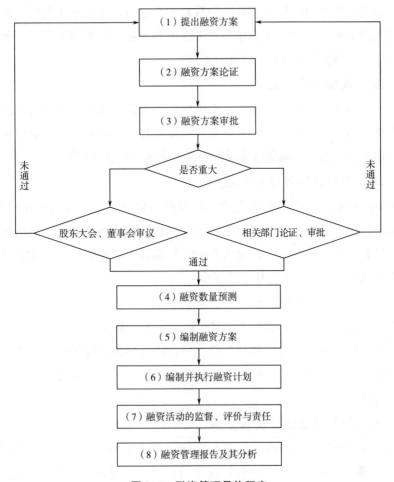

图 2-4　融资管理具体程序

计和推测企业资金需求数量的趋势和可能性。预测的方法有多种，具体可归纳为以下两类。

1. 非数量方法

非数量方法又称定性分析法，依靠人们的主观分析判断来确定未来的估计值。其做法是：主管人员、经办人员、有经验的技术和管理人员依据过去积累的资料进行分析判断，分别提出预测意见，这些意见经过整理形成综合性的预测意见。在资料缺乏或主要因素难以定量分析的情况下，可应用非数量方法。这类方法有经验分析法、直接调查法、集合意见法和集体思考法等。

2. 数量方法

数量方法又称定量分析法，是指根据过去比较完备的统计资料，应用一定的数学模型或数理统计方法对各种数量资料进行科学的加工处理，揭示有关变量之间的规律性的联系，作为对未来事物发展趋势预测的依据。数量方法又可分为趋势预测法和因果预测法两类。

（五）编制融资方案

企业应根据融资决策分析的结果编制融资方案。融资决策分析的内容一般包括资本结构、资本成本、融资用途、融资规模、融资方式、融资机构的选择依据、偿付能力、融资潜在风险和应对措施、还款计划等。

（六）编制并执行融资计划

企业应根据审核批准的融资方案以及战略需要、业务计划和经营状况，预测现金流量，统筹各项收支，编制年度融资计划，并据此分解至季度和月度融资计划。必要时可根据特定项目的需要编制专项融资计划，经过财务部门批准后，严格按照相关程序筹集资金。

（七）融资活动的监督、评价与责任

企业要加强融资活动的检查监督，严格按照融资方案确定的用途使用资金，确保款项的收支、股息和利息的支付、股票和债券的保管等符合有关规定。融资活动完成后，要按规定进行融资后评价，对存在违规现象的，严格追究其责任。

（八）融资管理报告及其分析

融资管理报告应根据融资管理的执行结果编制，反映企业融资管理的情况和执行结果。融资管理主要包括两部分内容：一是融资管理的情况说明，包括融资需求测算、融资渠道、融资方式、融资成本、融资程序、融资风险及应对措施、需要说明的重大事项等；二是融资管理建议，可以根据需要以附件形式提供支持性文档。

企业一般至少应在每个会计年度出具一份融资管理报告，反映一定期间内融资管理的总体情况；也可根据需要编制不定期报告，主要用于反映特殊事项和特定项目的融资管理情况。

企业应及时进行融资管理回顾和分析，检查和评估融资管理的实施效果，不断优化融资管理流程，改进融资管理工作

二、投资管理程序

企业的投资活动是其融资活动的延续，也是融资的重要目的之一，它对

于融资成本补偿和企业利润创造具有举足轻重的意义。投资管理具体程序如图 2-5 所示。

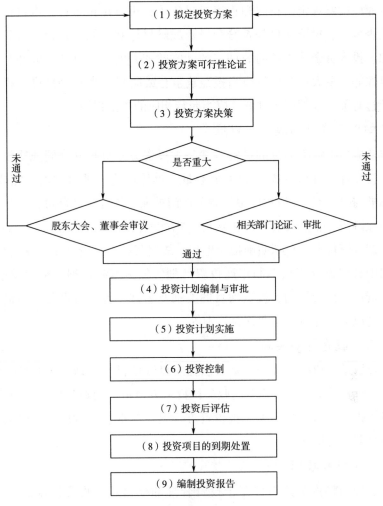

图 2-5　投资管理具体程序

（一）拟定投资方案

企业应根据其发展战略、宏观经济环境、市场状况等提出本企业的投资项目规划，在对规划进行筛选的基础上确定投资项目。

（二）投资方案可行性论证

企业应对投资项目进行严格的可行性研究与分析，分析的内容一般包括该投资在技术和经济上的可行性、可能产生的经济效益和社会效益、可以预测的投资风险、投资落实的各项保障条件等。

（三）投资方案决策

企业应按照规定的权限和程序对投资项目进行决策审批。重点审查投资方案是否可行、投资项目是否符合投资战略目标和规划、是否具有相应的资金能力、投入资金能否按时收回、预计收益能否实现，以及投资和并购风险是否可控等。重大投资项目应当报经董事会或股东（大）会批准。投资方案需要经过有关管理部门审批的，应当履行相应的报批程序。

（四）投资计划编制与审批

企业应根据审批通过的投资方案与被投资方签订投资合同或协议，编制详细的投资计划（包括投资的资金数量、具体内容、项目进度、完成时间、质量标准与要求等），按程序报经有关部门批准，签订投资合同。

在此阶段，企业投资管理机构应根据战略需要做好下列工作：①定期编制中长期投资规划，包括明确指导思想、战略目标、投资规模、投资结构等；②根据中长期投资规划编制年度投资计划，包括编制依据、年度投资任务、年度投资任务执行计划、投资项目的类别及名称、各项目投资额的估算及资金来源构成等，并纳入企业预算管理等。

（五）投资计划实施

在投资项目执行过程中，必须加强对投资项目的管理。在准确做好投资项目的会计核算的同时，应及时收集被投资方经审计的财务报告等相关资料，定期组织投资效益分析，关注被投资方的财务状况、经营成果、现金流量以及投资合同履行情况。

（六）投资控制

企业应当将投资控制贯穿于投资管理的全过程。投资控制的主要内容包括进度控制、财务控制、变更控制等。其中：进度控制是指对投资实际执行进度方面的规范与控制，主要由投资执行部门负责；财务控制是指对投资过程中资金使用、成本控制等方面的规范与控制，主要由财务部门负责；变更控制是指对投资变更方面的规范与控制，主要由投资管理部门负责。

（七）投资后评估

企业投资项目完成后，应组织开展投资后的评价工作。评价依据为项目可行性分析和投资计划，主要内容包括投资过程回顾、投资绩效和影响评价、投资目标实现程度和持续能力评价、经验教训和对策建议等。

（八）投资项目的到期处置

投资项目到期，企业应根据项目到期的相关规定做好投资本金的回收工作；转让投资前应当合理确定转让价格，报经相关部门批准，必要时聘请资产评估机构进行投资项目评估；核销投资前，应当取得核销的法律文书和相关证明文件。

（九）编制投资报告

投资报告应根据投资管理的情况和执行结果编制，反映企业投资管理的实施情况，为报告使用者提供满足决策需要的信息。投资报告主要包括以下两部分内容：一是投资管理的情况说明，包括投资对象、投资额度、投资结构、投资风险、投资进度、投资效益及需要说明的其他重大事项等；二是投资管理建议。

企业应至少每个会计年度编制一份投资报告，定期反映一定期间内投资管理的总体情况。企业根据需要可以编制不定期投资报告，主要用于反映重要项目节点、特殊事项和特定项目的投资管理情况。

第三节　投融资管理工具和方法

投融资管理领域应用的管理工具和方法包括贴现现金流法、项目管理方法等。

一、贴现现金流法

（一）贴现现金流法的定义

贴现现金流法是以明确的假设为基础，选择恰当的贴现率对预期的各期现金流入、流出进行贴现，通过贴现值的计算和比较，为财务合理性提供判断依据的价值评估方法[①]。该方法把企业未来特定期间内的预期现金流量还原为当期现值，以判断和评价投融资项目或方案的可行性。例如，某企业想投

---

① 财政部《管理会计应用指引第 501 号——贴现现金流法》。

资一个项目，该项目前3年共投资100万元，预计3年后每年可稳定获得净现金流为20万元，那么这个项目价值是多少，现在投资多少资金对企业有利？要回答这个问题，企业需要设定一个恰当的贴现率对该项目预计收益进行贴现，把未来的现金流折算为当前时点的现金流，然后作出投资判断。

"只有现金流不会说谎。"[1] 在众多的投融资管理工具方法中，贴现现金流法是投融资管理中最基础也最重要的工具之一，它在企业投融资活动中发挥了重要作用。

需要说明的是，贴现现金流法除应用于项目投融资决策外，还应用于企业价值评估、资产价值评估等方面。

（二）贴现现金流法程序

企业应用贴现现金流法，一般按以下程序进行：

1. 估计贴现现金流法中的贴现期、现金流和贴现率三个要素

（1）贴现期是指以未来现金流进行贴现计算的年限。企业应该充分考虑标的特点、所处市场因素波动的影响以及有关法律法规的规定等，合理确定贴现期限，确保贴现期与现金流发生期间相匹配。

（2）现金流是指各期现金流入量和现金流出量，估值时需要根据一定的假设前提和具体情况得到相应数据。现金流的预测与计算需要经过两个关键步骤：一是预测标的资产未来的收入、费用和资本性支出；二是根据内外部环境的可能变化，调整上述收入与费用，计算出未来的现金流入量和流出量。

（3）贴现率是指将未来现金流折算成现值的比率。在企业投融资方案评估中，贴现率通常反映的是投资者期望的回报率，包括反映当前市场货币时间价值的无风险报酬率和标的资产的风险回报率。

2. 在贴现期内，采用合理的贴现率对现金流进行贴现

贴现现金流法的核心内容是计算贴现值，通过贴现值的计算和比较，达到判断投融资方案或决策合理性的目的。

贴现值计算方法如下：

如果 P 代表贴现值，n 代表贴现期，r 代表贴现率，CF_n 代表各期预期现金流量，那么，贴现值的计算公式为：

$$P=\frac{CF_1}{(1+r)^1}+\frac{CF_2}{(1+r)^2}+\cdots+\frac{CF_n}{(1+r)^n}$$

---

[1]　温素彬，柴梦蝶. 贴现现金流法：解读与应用案例［J］. 会计之友，2021（9）.

$$P = \sum_{t=1}^{n} \frac{CF}{(1+r)^t}$$

3. 进行合理性判断

贴现现金流法作为一种以预测为核心内容的技术，其合理性评判的标准不在于其预测的现金流最终是否能够完全实现，而是未来现金流预测时的数据对贴现现金流预测的支持程度。

4. 形成分析报告

贴现现金流法分析报告的形式可以根据业务的性质、服务对象的需求等确定，也可以在资产报告中整体呈现。当企业需要单独提供贴现现金流法分析报告时，应当确保内容的客观与翔实。

贴现现金流法分析报告一般应该包括：贴现现金流法应用过程的所有假设条件，分析过程所使用的有关数据及其来源，贴现现金流法的实施程序（如合理选择评估方法），评估方法的运用和逻辑推理，主要参数的来源、分析、比较和测算评估结论，以及对评估结论的分析。

【例2-8】某公司在经营过程中购买了一台新机器，其成本为80 000元，机器的运输费和安装费共计20 000元，使用4年因故报废，取得残值为33 000元，采用直线法计提折旧。假设不需要额外的营运资本，该机器不存在机会成本，公司适用的所得税税率为25%，将初始期现金流出的时间作为第0年，处置期为第4年末，该设备现金流量情况如表2-6所示（表中括号代表资金流出）。

表2-6　设备现金流量　　　　　　　　单位：元

初始期		运营期				处置期	
0		1	2	3	4	4	
新机器成本	(80 000)	营运收入净额	40 000	42 000	50 000	38 000	处置残值	33 000
运输与安装成本	(20 000)	折旧费用	16 750	16 750	16 750	16 750	所得税	8 250
		扣除折旧费净增加收益	23 250	25 250	33 250	21 250		
		所得税	5 812.5	6 312.5	8 312.5	5 312.5		
现金流净额	(100 000)	现金流净额	17 437.5	18 937.5	24 937.5	15 937.5	现金流净额	24 750

从表2-6可知，贴现期为4期，现金流量情况：第1年初（0）支出100 000元，第1年至第4年末现金净流量依次为17 437.5元、18 937.5元、24 937.5元和40 687.5元（15 937.5+24 750）。如果贴现率为6%，设备贴现值计算过程为：

$$贴现值=-100\,000+\frac{17\,437.5}{(1+6\%)}+\frac{18\,937.5}{(1+6\%)^2}+\frac{24\,937.5}{(1+6\%)^3}+\frac{40\,687.5}{(1+6\%)^4}=-13\,528（元）$$

经计算，该设备贴现值为-13 528元，说明设备未来现金流入量现值大于现在购置设备支付的价值。

贴现现金流法在应用中分为净现值法（如例2-8）、现值指数法和内含报酬率法三种方法，具体内容详见第八章"项目投资与融资"。

二、项目管理方法

一般认为，项目是指具有一定时间、费用和技术性能目标的非日常性、非重复性、一次性的任务[1]。项目范围很广，核电站的建造、卫星的发射、大型水利工程的修建、新产品的开发、解决某个研究课题、举办各种类型的活动（如一次会议、一次晚宴、一次庆典、一次旅行）等，都属于项目范畴。当今社会，一切都是项目，一切也都将成为项目![2]

项目管理是指通过项目各参与方的合作，运用专门的知识、工具和方法，对各项资源进行计划、组织、协调、控制，使项目能够在规定的时间、预算和质量范围内实现或超过既定目标的管理活动。项目管理涉及围绕具体项目的任务和目的进行的绩效监督、人员配备、激励和组织实施的过程，主要包括三个方面的内容，即项目的时间控制、成本控制和质量控制。项目管理的工具方法一般包括挣值法、成本效益法等。

（一）挣值法

挣值是指项目实施过程中已完成工作的价值，用分配给实际已完成工作的预算来表示。其计算公式为：

$$挣值=已完成工程量\times预算成本单价$$

挣值法是一种通过分析项目实施与项目目标期望值之间的差异，判断项目实施的成本、进度绩效的方法。

---

① 沈建明. 项目风险管理［M］. 北京：机械工业出版社，2006：3
② 骆珣. 项目管理教程［M］. 2版. 北京：机械工业出版社，2021：1.

挣值法基本原理是通过"三个成本""两个偏差""两个绩效"等指标间的比较，对成本实施控制。其中："三个成本"是指已完工程的计划成本、拟完工程的计划成本和已完工程的实际成本；"两个偏差"是指成本偏差、进度偏差；"两个绩效"是指成本绩效指数、进度绩效指数。挣值法的基本原理如表2-7所示。

表2-7　挣值法基本原理

三个成本	已完工程的计划成本＝已完工程量×预算单价	
	拟完工程的计划成本＝计划工程量×预算单价	
	已完工程的实际成本＝已完工程量×实际单价	
两个偏差	成本偏差＝已完工程的计划成本－已完工程实际成本	成本偏差<0时：成本超支
		成本偏差>0时：成本节约
	进度偏差＝（已完工程量－计划工程量）×预算单价	进度偏差<0时：进度拖延
		进度偏差>0时：进度提前
两个绩效	成本绩效指数＝$\dfrac{已完工程量×预算单价}{已完工程量×实际单价}$	成本绩效指数<1时：成本超支
		成本绩效指数>1时：成本节约
		成本绩效指数＝1时：实际成本等于计划成本
	进度绩效指数＝$\dfrac{已完工程量×预算单价}{计划工程量×预算单价}$	成本绩效指数<1时：进度拖延
		成本绩效指数>1时：进度提前
		成本绩效指数＝1时：实际进度等于计划进度

挣值法广泛适用于项目管理中的项目实施、项目后评价等阶段。

挣值法的评价基准包括进度基准和成本基准，通常可以用于检测实际绩效与评价基准之间的偏差。

（1）进度偏差是指在某个给定时点上测量并反映项目提前或落后的进度绩效指标，分为绝对数和相对数指标。

①绝对数指标（偏差量）是指挣值与计划成本之差，计算公式为：

$$偏差量＝挣值－计划成本$$

②相对数指标（偏差率）是指挣值与计划成本之比，计算公式为：

$$偏差率＝挣值÷计划成本$$

企业应用挣值法开展项目管理时，既要监测挣值的增量以判断当前的绩效状态，又要监测挣值的累计值以判断长期的绩效趋势。计划成本是指根据批准的进度计划或预算，到某一时点应当完成的工作所需投入资金的累计值。企业应用挣值法进行项目管理，应当把项目预算分配至项目计划的各个时点。

（2）成本偏差是指在某个给定时点上测量并反映项目预算亏空或预算盈余的成本绩效指标，分为绝对数和相对数指标。

①绝对数指标（偏差量）是指挣值与实际成本之差，计算公式为：

$$偏差量 = 挣值 - 实际成本$$

②相对数指标（偏差率）是指挣值与实际成本之比，计算公式为：

$$偏差率 = 挣值 \div 实际成本$$

实际成本是指按实际进度完成的成本支出量。企业应用挣值法开展项目管理时，实际成本的计算口径必须与计划成本和挣值的计算口径保持一致。

【例2-9】2023年6月末，某项目经理部承接一项办公楼装修改造工程，合同总价为2 800万元，总工期为8个月。前6个月各月完成费用及挣值计算情况如表2-8所示。

表2-8　费用统计表

月份	计划完成工作预算费用（万元）	已完工作量（％）	实际发生费用（万元）	挣值（万元）
1	200	100	190	200
2	280	105	290	294
3	310	90	290	279
4	470	100	470	470
5	620	50	300	310
6	430	110	440	473
合计	2 310	—	1 980	2 026

挣值＝计划成本×已完成工程量，每月数额如表2-8所示。

前6个月的成本偏差＝挣值−实际成本＝2 026−1 980＝46（万元），成本偏差为正，说明成本节约。

前6个月的进度偏差＝挣值−计划成本＝2 026−2 310＝−284（万元），进度偏差为负，说明进度滞后。

成本绩效指数 $= \dfrac{2\ 026}{1\ 980} = 1.023\ 2$；成本绩效指数大于1，说明成本节约。

进度绩效指数 $=\dfrac{2\,026}{2\,310}=0.877\,1$，进度绩效指数小于 1，说明进度滞后。

（二）成本效益法

1. 成本效益法的含义

成本效益法是指通过比较项目不同实现方案的全部成本和效益，以寻求最优投资决策的一种项目管理工具方法。其中，成本指标包括项目的执行成本、社会成本等；效益指标包括项目的经济效益、社会效益等。成本效益分析的实质是将一项目（或方案）的经济代价与其经济效益进行比较，从而判断该项目（或方案）是否合算。

2. 成本效益法程序

成本效益法一般按照以下程序进行：①根据某项支出目标，提出若干实现该目标的方案，确定项目中的收入和成本；②确定项目不同实现方案的差额收入；③确定项目不同实现方案的差额费用；④制定项目不同实现方案的预期成本和预期收入的实现时间表；⑤评估难以量化的社会效益和成本。

3. 成本效益法评价

成本效益法属于事前控制方法，适用于项目可行性研究阶段。其主要优点为：①普适性较强，是衡量管理决策可行性的基本依据；②考虑了评估标的经济与社会、直接与间接、内在与外在、短期与长期等各个维度的成本和收益，具有较强的综合性。

成本效益法的主要缺点是：①属于事前评价，评价方法存在的不确定性因素较多；②综合考虑了项目的经济效益、社会效益等各方面，但除了经济效益以外，其他效益存在较大的量化难度。

【例 2-10】M 公司拟改变目前仅对坏账损失率小于 10% 的客户赊销的信用政策，因此制定甲、乙两个方案。

甲方案：只对坏账损失率小于 8% 的客户赊销，预计销售收入将减少 80 000 元，管理成本将减少 200 元，减少销售额的预计坏账损失率为 10%。

乙方案：只对预计坏账损失率小于 20% 的客户赊销，预计销售收入将增加 120 000 元，管理成本将增加 300 元，增加销售额的预计坏账损失率为 18%。公司贡献毛益率为 25% $\left(\dfrac{\text{收入}-\text{变动成本}}{\text{收入}}\right)$，公司投资报酬率为 20%。

甲、乙方案平均付款期均为 45 天。

采用成本效益法对该公司是否应改变信用政策以及应采用哪个方案作出决策（如表 2-9 所示）。

表 2-9　甲、乙方案成本收益比较表　　　　　单位：元

方案		甲方案	乙方案
收益增减		$-80\ 000×25\%=-20\ 000$	$120\ 000×25\%=30\ 000$
成本费用增减	机会成本	$-80\ 000×20\%×\dfrac{45}{360}×75\%=-1\ 500$	$120\ 000×20\%×\dfrac{45}{360}×75\%=2\ 250$
	管理成本	-200	300
	坏账成本	$-80\ 000×10\%=-8\ 000$	$120\ 000×18\%=21\ 600$
综合影响		$-10\ 300$	5 850

注：应收账款机会成本是指因将资金投放在应收账款上而丧失的其他收入。计算公式为：应收账款机会成本＝应收账款平均余额×$\dfrac{变动成本}{销售收入}$×资本成本率。

甲、乙两个方案逻辑一致，甲方案综合影响是用该方案新增收益减去新增成本的差额确定的。甲方案收益减少额减去成本节约额为-10 300 元［-20 000-（-1 500-200-8 000）］，该方案不可行；乙方案新增收益减去新增成本的差额为 5 850 元［30 000-（2 250+300+21 600）］，该方案可行。

根据表 2-9，该公司应改变信用政策，采用乙方案，使公司增加利润5 850 元。

【关键词汇】

货币时间价值	time value of money	投资管理程序	investment management program
现值	present value	贴现金流法	discounted cash flow method
终值	final value	项目管理	project management
风险和报酬	risk and reward	挣值法	earned value method
资本成本	cost of capital	成本效益法	cost-benefit method
融资管理程序	financing management program		

【思考与练习】

一、思考题

1. 什么是货币时间价值？举例说明货币时间价值的应用。

2. 货币时间价值一般采用利息形式，利息有哪两种计息方式？简述货币时间价值的作用。

3. 什么是企业风险？企业风险可分为哪些类别？风险与报酬存在何种关系？

4. 什么是资本成本？简述资本成本的作用。

5. 分别简述投资和融资基本程序的内容。

6. 什么是贴现现金流法？简述贴现现金流法的基本程序。

7. 什么是项目管理？项目管理的工具方法一般包括哪些？

8. 什么是成本效益法？简述成本效益法程序及其优缺点。

二、单项选择题

1. 某企业将现金 1 000 元存入银行，期限为 5 年，年利率为 10%，按单利计算，企业存款到期时将得到的本利和是（　　）元。

A. 1 000　　　　　　　　　　B. 1 500

C. 1 200　　　　　　　　　　D. 750

2. 某企业从本年度起每年年末存入银行一笔固定金额的款项，若按复利计，用最简便算法计算第 n 年末可从银行取出的本利和，则应选用的时间价值系数是（　　）。

A. 复利终值系数　　　　　　B. 复利现值系数

C. 普通年金终值系数　　　　D. 普通年金现值系数

3. 有一项年金，前 3 年无流入，后 5 年每年年初流入 500 万元，假设年利率为 10%，其现值为（　　）万元。

A. 1 994.59　　　　　　　　B. 1 565.68

C. 1 813.48　　　　　　　　D. 1 423.21

4. 下列各项中，可以用来表示资金时间价值的指标是（　　）。

A. 公司债券利率

B. 社会平均利润率

C. 通货膨胀率极低情况下的国债利率

D. 无风险报酬率

三、多项选择题

1. 下列各项中，属于影响资金时间价值大小的因素有（   ）。

A. 资金额　　　　　　　　B. 利率和期限

C. 计息方式　　　　　　　D. 风险

2. 下列关于投资者要求的投资报酬率的表述，正确的有（   ）。

A. 风险程度越高，要求的报酬率越低

B. 无风险报酬率越高，要求的报酬率越高

C. 无风险报酬率越低，要求的报酬率越高

D. 风险程度、无风险报酬率越高，要求的报酬率越高

3. 下列关于资本成本表述中，正确的有（   ）。

A. 它是比较融资方式、选择融资方案的依据

B. 它是衡量资本结构是否合理的依据

C. 它是评价投资项目可行性的主要标准

D. 它是评价企业整体业绩的重要依据

4. 下列各项中，属于资本成本的使用费用的有（   ）。

A. 向银行支付的借款手续费

B. 因发行股票而支付的发行费

C. 向银行等债权人支付的利息

D. 向股东支付的股利

四、计算与分析

1. 资料：某公司准备购买一台设备，有两种付款方式：①一次性支付 500 万元；②每年年初支付 200 万元，3 年付讫。由于资金不充裕，公司计划向银行借款用于支付设备款，银行借款年利率为 5%，复利计息。

要求：根据上述资料，说明公司应采用哪种付款方式。

2. 资料：MN 公司欲购置一台设备，设备供应商有三种销售方式：

(1) 从现在起，每年年初支付 20 000 元，连续支付 10 年。

(2) 从第 5 年开始，每年年末支付 25 000 元，连续支付 10 年。

（3）一次性付清设备款 150 000 元。

假定资金成本率为 10%。

要求：请帮助 MN 公司作出付款决策。

3. 资料：某项目经理部在投资施工项目进展到 11 周时对该项目前 10 周的工作进行了统计，统计结果如表 2-10 所示。

表 2-10　费用统计表　　　　单位：万元

工作	计划完成工作预算费用	已完成工作量（%）	实际发生费用	挣值
A	400	100	400	
B	450	100	460	
C	700	80	720	
D	150	100	150	
E	500	100	520	
F	800	50	400	
G	1 000	60	700	
H	300	100	300	
I	120	100	120	
J	1 200	40	600	
合计				

要求：

（1）计算前 10 周每项工作已完工作量的预算费用及 10 周末的已完工作量的预算成本。

（2）计算 10 周末的合计已完成工作量的实际费用、计划工作量的预算费用。

（3）分别计算 10 周末的费用偏差、进度偏差、进度绩效指数、成本绩效指数，并根据计算结果进行分析。

第三章 吸收直接投资融资

本章主要介绍吸收直接投资融资的理论和方法。通过本章学习，学生应了解融资数量预测的意义、吸收直接投资的概念和性质；熟悉融资数量预测的基本依据，融资数量预测的因素分析法，吸收直接投资的形式、程序及其优点和缺点；掌握融资数量预测的百分比法、资金习性法、线性回归分析法以及吸收直接投资管理内容等。

【思政目标】

本章在"立德树人"思政目标指导下，以学生为中心，在提升其专业素养（吸收直接投资）和能力的同时，实现价值塑造，构建正确的"投资观与交易观"，并在吸收直接融资内容的讲授中嵌入"诚信守法，成本节约"的观念，使学生深刻领会融资与诚信合规的意义，践行正确的交易之道，杜绝非法集资，谨防弄虚作假。

【本章框图】

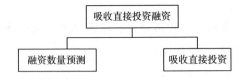

【框图说明】

融资是企业永恒的主题。初创企业、成长性企业、大型公司都需要融资，企业越发展，越需要资金。吸收直接投资是企业直接吸收国家、法人、个人和外商投入资金的一种融资方式，这种融资方式可以直接形成企业的生产经营能力。科学预测、分析和判断企业未来资金需要量是制定吸收投资决策的前提。吸收直接投资的形式包括现金、实物资产和无形资产。

第一节　融资数量预测

一、融资数量预测概述

（一）融资数量预测的意义

融资数量预测是指企业事先对未来经营资金需求量所进行的科学预计和测算，它是企业融资工作的基本环节。对企业资金需要量的科学预测和估计有助于合理确定融资数量，保证生产经营的需要，防止资金闲置。

1. 有助于企业减少经营风险

如果企业融资过多，多余资金无法产生收入且增加资本成本，极易产生盲目投资，引起投资风险；如果融资不足，无法满足日常经营和拓展经营规模的需要，甚至会使资金链断裂，产生财务风险。正确确定融资数量，有助于企业降低投融资风险。

2. 有助于保证企业生产经营顺利进行

通过融资数量的预测，企业可以获得与可筹措资金数量相关的信息，既能使筹集的资金满足经营和投资的需要，也不会出现资金闲置，保证企业的生产经营，实现可持续发展。

3. 有助于正确确定企业的经营业绩

融资是有成本的。融资数量多少与融资成本高低密切相关，并且直接影响着企业的经营业绩。债权融资需要付息，利息是影响企业收益水平的直接因素；股权融资不需要付息，但影响企业的资本结构（债务与股权的比例关系发生变化），使企业的偿债和再融资能力以及未来的盈利能力、经营业绩受到影响。

4. 有助于改善企业投资决策

预测融资数量未必能够满足企业的全部资金需求，但企业可以根据可能筹措到的资金来安排投资项目，使投资决策建立在可行的基础上。

5. 有助于制订合理的融资计划

融资计划是企业根据自身经营资金的需求所制订的筹集资金的方案。它建立在可支配的资金数量的基础之上，对资金需要量进行预测是企业制订融资计划的基础。

（二）融资数量预测的基本依据

融资数量预测的基本依据包括以下三个方面：

1. 投资规模

企业预测融资数量必须考虑投资规模因素。在制约融资规模的所有经济因素中，投资规模是确定融资规模的主要依据。投资规模包括固定资产投资规模和流动资产投资规模。

投资规模对融资的主要影响包括：一是投资总量决定融资总量；二是投资项目决定所融资金的期限和方式。总之，企业在融资时必须以"投资"定"融资"。

2. 融资成本的高低

企业融资是有代价并要付出成本的。融资时，既要确定企业的融资数量，又要重视融资成本，因为融资成本（例如融资费用和资金使用费等）直接影响企业融资效益。

3. 资金提供方综合状况

资金提供方综合状况，如企业信用等级、企业素质、经营水平、外部环境、财务状况、发展前景等，是融资数量预测的基本依据之一。在此基础上，要掌握所提供资金的性质，防范融资风险。

二、融资数量预测的方法

（一）定性预测法

定性预测法主要是利用直观的资料，依靠个人的经验、主观分析和判断能力，对未来资金的需要数量作出预测。在企业缺乏完备、准确的历史资料的情况下，一般采用定性预测法。

定性预测法的预测过程如下：首先，由熟悉财务情况和生产经营情况的专家，根据经验进行分析判断，提出预测的初步意见；其次，通过召开座谈会或发出各种表格等形式，对上述预测的初步意见进行修正补充；最后，通过对修正补充内容的归纳整理得出最终预测结果。

（二）定量预测法

定量预测法是指根据已经掌握的比较完备的历史统计数据，运用一定的数学方法进行科学的加工整理，借以揭示有关变量之间的规律性联系，用于预测和推测未来发展变化情况的一类预测方法，具体包括因素分析法、销售百分比法、资金习性预测法、线性回归分析法等方法。

1. 因素分析法

因素分析法是指以相关资金项目上年度实际平均需要量为基础，根据预测年度的生产经营任务和加速资金周转的要求，通过分析调整，预测资金需要量的一种方法。

采用因素分析法预测融资数量的步骤为：第一步，在上年度资金平均占用额基础上，剔除其中呆滞、积压、不合理的部分，确定上年度合理的资金占用额；第二步，根据预测期的生产经营任务和加速资金周转的要求进行测算，通过分析研究决定资金需要额的众多因素及其与资金需要额之间的关系，确定最终的资金需要额。

因素分析法的基本模型如下：

$$资金需要额=（上年资本实际平均占用额-不合理平均占用额）×$$
$$（1±预测程度销售增减的百分比）×（1±预测期资本周转速度变动率）$$

根据因素分析法的基本模型，收集和分析有关资料，就可以对融资数量进行预测。

【例3-1】某公司上年度资金实际平均额为2 000万元，其中不合理平均额为200万元，预计计划年度销售增长5%，资金周转速度加快2%。计划年度资金需要量的预测值为：

$$（2\,000-200）×（1+5\%）×（1-2\%）=1\,852.2（万元）$$

🔔【提醒您】因素分析法限于企业日常经营业务资金需要的预测，当企业存在新的投资项目时，应根据新投资项目的具体情况单独预测其资金需要额。

因素分析法计算简单，但结果不太准确。该方法通常用于品种繁多、规格复杂、用量较小、价格较低的资金占用项目的预测。

2. 销售百分比法

（1）销售百分比法的含义。销售百分比法是指根据资金各个项目与销售收入总额之间的依存关系，在假定这些关系在未来时期将保持不变的前提下，根据计划期销售额的增长情况来预测需要相应追加多少资金的一种方法。

在实际运用销售百分比法时，一般是借助预计利润表和预计资产负债表进行的，通过预计利润表预测企业留存收益（内部资金来源）的增加额，通过预计资产负债表预测企业资金需要总额和外部融资数额。

（2）销售百分比法的应用。

①编制预计利润表，预测留用利润。

预计利润表是指运用销售百分比法的原理预测留用利润的一种报表。预计利润表与实际利润表的内容格式相同。预计利润表可用于预测留用利润这种内部融资的数额，也可为预计资产负债表预测外部融资数额提供依据。

编制预计利润表的主要步骤包括：

第一步，收集基年利润表实际资料，计算确定利润表各项目与销售额的百分比。

第二步，根据预测期销售额与利润表各项目百分比计算各项目预计金额，并完成预计利润表。计算公式如下：

$$预计利润表各项目预计金额 = 预计销售额 \times \frac{基年各项目金额}{基年销售额}$$

第三步，利用预测年度税后利润预计数和预定的留用比例，测算留用利润的数额。

【例3-2】甲公司2023年实际利润及相关项目与销售的百分比如表3-1所示。

表3-1　甲公司2023年实际利润及相关项目与销售的百分比

项目	金额（万元）	占销售收入的百分比（%）
销售收入	1 500	100
减：销售成本	1 140	76
销售费用	6	0.4
管理费用	306	20.4
财务费用	3	0.2
税前利润	45	3
减：所得税	11.25	—
税后利润	33.75	—

若该公司 2024 年预计的销售收入为 1 800 万元，该公司编制 2024 年的预计利润表并预测留用利润如表 3-2 所示。

表 3-2　甲公司 2024 年实际利润及相关项目与销售的百分比

项目	金额（万元）	占销售收入的百分比（%）	2024 年预计数
销售收入	1 500	100	1 800
减：销售成本	1 140	76	1 368
销售费用	6	0.4	7.2
管理费用	306	20.4	367.2
财务费用	3	0.2	3.6
税前利润	45	3	54
减：所得税	11.25	—	13.5
税后利润	33.75	—	40.5

若公司税后利润留用比例为 50%，则 2024 年预计的留用利润为 20.25 万元。

②编制预计资产负债表，预测外部融资数额。

预计资产负债表是运用销售百分比法的原理预测外部融资额的一种报表。预计资产负债表与实际的资产负债表的内容、格式相同。预计资产负债表可用于预测资产和负债及留用利润有关项目的数额，进而预测企业需要外部融资的数额。

用销售百分比法来预测未来年度企业融资需要量的程序为：

首先，分析研究资产负债表上那些能随销售量变动而发生变化的项目，并将这些项目分别除以基年的销售量，以销售百分比的形式表示。在分析资产负债表项目与销售关系时，要注意区分敏感项目与非敏感项目。敏感项目是指直接随销售额变动的资产、负债项目，例如现金、应收账款、存货、固定资产净值、应付账款、应付费用等项目。非敏感项目是指不随销售额变动的资产、负债项目，如对外投资、短期借款、长期负债、实收资金、留存收益等项目。

其次，将资产以销售百分比表示的合计减去负债能随销售增长而增加的项目以销售量百分比表示的合计，求出未来年度每增加一元的销售量需要增加融资的百分比。

最后，以预测未来年份增加的销售量乘以每增加一元销售量需融资金额的百分比，然后扣除企业内部形成的资金来源（如未分配利润增加额等），即可得出未来年度需增加融资的预测值。

【例 3-3】某公司 2023 的销售额为 2 000 万元，这已是该公司最大的生产能力。假定税后净利润占销售额的 15%，即 300 万元，已分配利润为税后净利的 50%，即 150 万元。预计 2024 年已分配利润所占的比例仍为税后净利的 50%，2024 年预测销售量可达 3 000 万元。公司 2023 年 12 月 31 日的资产负债表如表 3-3 所示。

表 3-3　资产负债表

2023 年 12 月 31 日　　　　　　　　　　　　　　单位：万元

资产		负债及所有者权益	
银行存款	200	应付账款	300
应收账款	340	应付票据	545
存货	400	长期借款	40
固定资产（净额）	600	实收资金	700
无形资产	60	未分配利润	15
资产总计	1 600	负债及所有者权益总计	1 600

按照销售百分比法，该公司 2024 年融资需要量的计算过程如下：

（1）编制 2023 年度用销售百分比形式反映的资产负债表（按销售百分比形式反映），如表 3-4 所示。

表 3-4　资产负债表

2023 年 12 月 31 日　　　　　　　　　　　　　　单位：万元

资产		负债及所有者权益	
银行存款	$\left(\dfrac{200}{2\,000}\right)=10\%$	应付账款	$\left(\dfrac{300}{2\,000}\right)=15\%$
应收账款	$\left(\dfrac{340}{2\,000}\right)=17\%$	应付票据	（不适用）
存货	$\left(\dfrac{400}{2\,000}\right)=20\%$	长期借款	（不适用）
固定资产（净额）	$\left(\dfrac{600}{2\,000}\right)=30\%$	实收资金	（不适用）
无形资产	（不适用）	未分配利润	（不适用）
合计	77%	合计	15%

（2）计算未来年度每增加一元的销售量需要增加融资的百分比，即：

$$77\%-15\%=62\%$$

上述计算表明，销售每增加 1 元，全部资产将增加 0.77 元，负债将增加 0.15 元，因此，尚欠 0.62 元需要融资。

（3）预计 2024 年应增筹的资金为：

$$（3\ 000\ 000-2\ 000\ 000）\times62\%=1\ 000\ 000\times62\%=620\ 000（元）$$

上述计算表明，当销售额由 2 000 000 元增加到 3 000 000 元时，融资额预计为 620 000 元。

（4）估计新增利润，并考虑一部分的融资可以从未分配利润中取得。

本例中，2024 年销售收入为 3 000 000 元，按税后净利占销售额 4%计算，当年净利润为 120 000 元，已分配利润 60 000 元，尚留存 60 000 元，这部分未分配的利润可以抵充融资额。所以，预计的融资额应为：

$$620\ 000-60\ 000=560\ 000（元）$$

（三）资金习性预测法

1. 资金习性预测法原理

资金习性预测法是指根据资金习性预测未来资金需要量的一种方法。资金习性是指资金的变动与产销量（业务量）变动之间的依存关系。在现实经济活动中，当企业业务量发生变化后，资金呈现不同的状态。例如，有些资金保持不变，有些资金则随着业务量的变动成正比例变化，而有些资金的发生额虽然受业务量变动影响，但与业务量变动幅度并不保持严格的比例关系。这里所讲的业务量主要是指产品的产销数量。按照资金习性可把资金分为不变资金、变动资金和混合资金。

（1）不变资金。不变资金是指在一定产销量范围内不受产销量变动影响的资金，包括为维持营业而占有的最低数额的现金，原材料的保险储备，厂房、机器设备等固定资产占有的资金。这些资金每年支出水平基本相同。

（2）变动资金。变动资金是指随业务量变动而同比例变动的资金，例如直接构成产品实体的原材料、外购件等占用的资金。在最低储备以外的现金、存货、应收账款等也具有变动资金的性质。在一定技术条件下和一定时期内，变动资金总额会直接随着业务量的变化而成比例变动。

（3）混合资金。混合资金是指同时包含固定资金和变动资金两个因素的资金。这类资金的发生额虽然受业务量变动的影响，但其变动幅度并不同业务量的变动保持严格的比例关系。

🔔【提醒您】（1）混合资金可以分解为不变资金和变动资金，最终将资金总额分成不变资金和变动资金两部分，即：资金总额（y）=不变资金（a）+变动资金（bx）。

（2）根据资金总额（y）和产销量（x）的历史资料，利用回归分析法或高低点法可以估计出资金总额和产销量直线方程中的两个参数 a 和 b，用预计的产销量代入直线方程，就可以预测出资金需要量。

由于资金总额可按其性态分为不变资金和变动资金两类，总资金性态模型就可用下列公式表示：

$$资金总额=不变资金总额+变动资金总额$$
$$=不变资金总额+（单位变动资金×业务量）$$

设：产品总资金为 Y，固定资产总额为 a，单位变动资金为 b，业务量为 x。上述产品资金总额公式可改写为：

$$Y=a+bx$$

如果能求出公式中 a 值和 b 值，就可以利用这个直线方程进行资金预测、资金决策和其他相关短期决策的分析。

2. 混合资金分解

为了全面掌握资金与业务量之间的依存关系，对于混合资金应采用适当的方法进行分解，将其中的固定部分和变动部分分离出来，分别纳入前述一般意义上的固定资金和变动资金之中，以满足经营管理的需要。分解混合资金的方法一般有高低点法、散步图法和回归直线法。这里仅介绍高低点法。

高低点法就是将一定时期内最高业务量与最低业务量的混合资金之差除以最高业务量与最低业务量之差，据此推算固定资金总额和单位变动资金的一种混合资金分解方法。

设：b 为单位变动资金，a 为固定资金总额，y 为混合资金，x 为业务量。混合资金的数学模型可用直线方程表示为：

$$y=a+bx$$

上述公式中 a、b 计算方法如下：

$$单位变动资金（b）=\frac{最高业务量混合资金-最低业务量混合资金}{最高业务量-最低业务量}$$

$$不变资金总额（a）=最高业务量混合资金-单位变动资金×最高业务量$$

或

不变资金总额=最低业务量混合资金-单位变动资金×最低业务量

【例3-4】某公司2023年1—6月设备维修资金发生情况见如表3-5所示。

表3-5　设备维修资金发生情况

月份	1	2	3	4	5	6
业务量（机器小时）	160	140	180	200	240	300
维修资金（元）	840	800	940	1 040	1 420	1 400

该公司采用高低点法将维修费分解为固定资金和变动资金的过程如下：

（1）根据1月至6月维修费历史数据找出业务量的最高点和最低点的资金发生额：

	业务量	维修资金（元）
最高点	300	1 400
最低点	140	800

（2）分别确定单位变动资金和固定资金总额：

$$单位变动资金（b）=（1\,400-800）/（300-140）=3.75（元）$$
$$固定资金总额（a）=1\,400-300×3.75=275（元）$$

或

$$固定资金总额（a）=800-140×3.75=275（元）$$

最后，将上述计算结果归纳为混合资金公式：

$$y=275+3.75x$$

🔔【提醒您】选择高低点坐标应以业务量高低为标准，而不是按资金高低来选择。

高低点法既易于理解，运用也较为简便。但由于高低两点的资金和业务量未必具有代表性，其计算结果不准确。因此，高低点法仅适用于资金变化趋势比较稳定的企业。

（四）线性回归分析法

线性回归分析法是假定资金需要量与销售额之间存在线性关系，然后根据一系列历史资料，用回归直线方程确定参数，预测资金需要量的一种方法。

一般而言，在其他因素保持不变的情况下，当销售收入水平较高时，相应地，资金量（尤其是流动资金占有量）也较多，反之则较低，二者之间的关联是比较密切的。为此，确定并利用销售收入和资金之间相互关联的回归直线，即可推算销售收入处在某一特定水平上的资金需要量。采用线性回归分析法，资金需要量预测模型为：

$$y = a + bx$$

式中：y 代表资金需要量；a 代表资金中的固定部分（即不随销售额增加部分），其计算方法为：

$$a = \frac{\sum y - b \sum x}{n}$$

b 代表变动资金率（即每增加 1 元的销售额需要增加的资金），其计算方法为：

$$b = \frac{n \sum xy - \sum x \sum y}{n \sum x^2 - (\sum x)^2}$$

式中：x 代表销售额；n 代表期数。

在预测出资金总需求额后，扣除已有资金来源和留存收益增加额，即可计算外部融资需求。

【例 3-5】某公司 2019 年至 2023 年 5 年经营 M 产品收入和资金状况如表 3-6 所示。

表 3-6　产品收入和资金状况　　　　　　单位：万元

年度	销售收入	资金总额
2019	192.0	122.4
2020	208.0	129.6
2021	204.0	127.2
2022	216.0	132.0
2023	240.0	140.0

该公司预测 2024 年销售收入达到 350 万元，公司采用线性回归分析法预测 2024 年资金总量的过程如下：

（1）根据线性回归分析法原理，对已知数据进行加工、整理，其结果如表 3-7 所示。

表 3-7　销售收入与资金总额关系

年度	x	y	xy	x^2
2019	192.0	122.4	23 500.8	36 864.0
2020	208.0	129.6	26 956.8	43 264.0
2021	204.0	127.2	25 948.8	41 616.0
2022	216.0	132.0	28 512.0	46 656.0
2023	240.0	140.0	33 600.0	57 600.0
$n=5$	$\sum x = 1\,060.0$	$\sum y = 651.2$	$\sum xy = 138\,518.4$	$\sum X^2 = 226\,000.0$

（2）将表 3-7 中有关数据引入 a、b 值计算公式：

$$b = \frac{5 \times 138\,518.4 - 1\,060 \times 651.2}{5 \times 226\,000 - 1\,060 \times 1\,060}$$

$$= 0.362\,5$$

$$a = \frac{651.2 - 0.362\,5 \times 1\,060}{5}$$

$$= 53.39$$

故有：$y = 53.39 + 0.362\,5x$

（3）计算第 2024 年的资金总量预测值。

资金总量预测值 $= 53.39 + 0.362\,5 \times 350 = 180.27$（万元）

【提醒您】运用回归分析法需要注意的问题有：①资金需要额与营业业务量之间的线性关系应符合历史实际情况，预期未来这种关系将保持下去；②确定 a、b 两个参数的数值，应利用预测年度前连续若干年的历史资料，一般要有 3 年以上的资料，才能获得比较可靠的参数；③应当考虑价格等因素的变动情况，在预期原材料、设备的价格和人工成本发生变动时，相应调整有关预测参数，以取得比较准确的预测结果。

第二节　吸收直接投资融资概述

一、吸收直接投资融资的内涵、种类和作用

（一）吸收直接投资融资的内涵

吸收直接投资融资（以下简称"吸收直接投资"）是指企业按照"共同

投资、共同经营、共担风险、共享利润"的原则直接吸收国家、其他法人、个人等主体直接投入资金的一种融资方式。它与发行股票、留存收益融资共同构成了企业筹措自有资金的三种方式。

关于吸收直接投资概念的解释如下：

（1）吸收直接投资主体是指可以采用吸收直接投资方式融资的企业。众所周知，企业是以营利为目的的经济组织，独资企业、合伙企业、有限责任公司和股份有限公司是我国规定的法律形式。由于股份有限公司是资本按股份组成的公司，以股票为媒介融资是股份有限公司的显著特征。可见，采用吸收直接投资筹措资本的企业一般为非股份有限公司。

（2）吸收直接投资形成企业的自有资本。直接投资额是确认出资方参与企业经营管理的程度、利润分配多少以及承担风险程度的法律依据。在企业存续期间，出资人除依法转让其投资外，不得以任何方式抽回其投资。直接投资的经营权归企业依法享有，出资方不能直接支配投入的资本。

（3）吸收的资本不分为等额股份，也不公开发行股票。吸收直接投资的出资额中，注册资本部分形成实收资本；超过注册资本部分属于资本溢价，确认为资本公积。吸收直接投资的出资方式包括货币资产出资、实物资产出资、工业产权出资、土地使用权出资以及以特定债权出资等。

（二）吸收直接投资种类

1. 按投资者分类

按投资者分类，吸收直接投资可以分为：①吸收国家直接投资，形成国家权益资本；②吸收企业、事业单位等法人直接投资，形成法人权益资本；③吸收社会公众直接投资，形成个人权益资本；④吸收外商直接投资，形成外商权益资本。按投资者分类，吸收直接投资的特点如表 3-8 所示。

表 3-8　吸收直接投资的特点

种类	内涵	资本称谓	特点
吸收国家直接投资	指有权代表国家投资的政府部门或机构，以国有资产投入企业	国家权益资本	（1）融资的产权归属国家 （2）资金的运用和处置受国家约束较大

续表

种类	内涵	资本称谓	特点
吸收法人直接投资	指法人单位以其依法可支配的资产投入企业	法人权益资本	（1）融资行为发生在法人单位之间 （2）以参与企业利润分配或控制为目的 （3）出资方式灵活多样
吸收外商直接投资	通过合资经营或合作经营的方式吸收外商直接投资	外商权益资本	
吸收社会公众直接投资	指社会个人或本企业职工以个人合法财产投入企业	个人权益资本	（1）参加投资的人员较多 （2）每人投资的数额相对较少 （3）以参与企业利润分配为基本目的

2. 按投资者出资形式分类

按投资者出资形式分类，吸收直接投资可分为现金出资、实物出资和无形资产出资三种形式：①现金出资，是指投资者以库存现金、银行存款及其他货币资金投资；②实物出资，是指投资者以房屋、建筑物、设备、材料、产品等具有实物形态的资产作价出资；③无形资产出资，是指投资者以专利权、商标权、非专有技术、土地使用权等无形资产投资。

（三）吸收直接投资的作用

1. 有助于企业尽快形成生产能力，促进企业的技术进步

吸收直接投资不仅可以取得货币资金，还能够直接获得所需要的先进设备和技术，尽快形成生产经营能力。有些出资方在技术上具有一定的优势，甚至拥有多项技术专利，他们在注入资本的同时，将先进的技术、设备和经营管理方法运用到企业中，无疑能促进企业的技术进步，使投入的资本增值，提高企业的竞争力。

2. 有助于改善企业资产质量，提高企业经营管理水平

企业吸收直接投资在增加其资产总量同时，使优质资产注入企业。因为通过资产评估确定各方股权比例时，一定程度上挤掉了企业原有资产的水分，注入的优质资产与企业原有资产重新整合，大大改善了企业资产的质量，提高了企业的整体素质。

直接投资方大多经历了市场的磨炼，具有强烈的市场意识、竞争意识和风险意识，具有丰富的管理经验。吸收直接投资可以使企业有效地改变经营机制，转变经营理念，学习先进的管理方法和管理经验，迅速提高企业经营管理水平。

3. 有助于降低企业经营成本

企业直接吸收投资不存在制约性偿债责任，因此不形成债务，不会带来偿债的压力，可以减少融资费用，降低融资成本。

二、吸收直接投资的形式和程序

（一）吸收直接投资的出资形式

从投资者的出资形式看，吸收直接投资的具体形式如下。

1. 现金投资

吸收现金投资是企业吸收直接投资最为主要的形式之一。现金在使用上具有比其他出资方式更大的灵活性，有了现金便可获取其他物质资源，如用于购置资产或支付费用等。

吸收一定量的现金投资对企业十分有利，企业应尽量动员投资者采用现金方式出资。吸收投入现金的数额取决于投入的实物、工业产权之外尚需多少资金来满足建厂的开支和日常周转需要。现金投资占资本总额的比例需要在投资过程中由双方协商确定。

2. 实物投资

实物投资是指投资方以厂房、建筑物、设备等固定资产和原材料、商品等流动资产所进行的投资。这些资产具有实物形态，便于管理，在企业全部资产中占有较大比重，是企业经营活动的基础；有些资产如材料、产品等，是企业利润的主要来源。一般来说，吸收实物投资应符合以下条件：①确为企业科研、生产、经营所需；②技术性能良好；③作价公平合理。投资实物的具体作价可由双方按公平合理的原则协商确定，也可聘请各方同意的专业资产评估机构评定。

3. 无形资产投资

无形资产投资是指以专有技术、商标权、专利权、非专利技术、土地使用权等资产所进行的投资。无形资产出资的显著特征是资产没有实物形态、具有非流动性、为企业带来的超额收益具有不确定性。一般来说，企业吸收无形资产应符合以下条件：①有助于研究和开发出新的高科技产品；②有助于生产出适销对路的高科技产品；③有助于改进产品质量，提高生产效率；④有助于大幅度降低各种消耗；⑤作价比较合理。

🔔【提醒您】接受无形资产出资应注意两点：一是企业在吸收投资时应进行认真的可行性研究。因为部分无形资产投资实际上把有关技术资本化、技术价值固定化，而技术在不断发展，其价值在不断减少甚至完全丧失。二是企业吸收土地使用权投资应符合一定条件，例如，属于企业科研、生产、销售活动所需要的，交通、地理条件比较适宜，作价公平合理等。

（二）吸收直接投资的程序

吸收直接投资需要遵守一定程序，以确保融资的合法性，保证出资人的利益，符合企业的需要。

1. 确定融资数量

尽管企业融资的具体目的不尽相同，例如，有的企业是为了组建新的企业，有的企业是为了扩大生产经营规模或追加投资，有的企业则是为了改善资本结构。无论出于何种目的，吸收直接投资首先要确定筹集数量。因为融资太多会加大企业的资本成本，可能导致资源闲置和浪费；但如果融资量太少，会影响企业的正常经营。

2. 寻找投资单位并协商投资事项

吸收投资之前，企业需要开展必要的宣传，让出资者了解企业的经营状况和财务情况，使双方能在众多投资者中寻找最佳的投资合作伙伴。投资者确定之后，投融资双方应协商投资的数量和出资方式等事宜。在协商过程中，企业应优先吸收投资者的现金出资，再根据投资者拟出资作价固定资产的质量、无形资产技术的先进性等情况，本着合理、经济的原则吸收非现金资产投资。政府、企业法人、居民个人都是直接吸收投资渠道。究竟采用何种形式或渠道，企业应根据经营活动的需要与出资各方协商确定。

3. 履行内部决策程序和必要的报批手续

从内部决策程序看，企业选择吸收直接投资是企业财务活动的起点，融资方案必须由财务部门审核。一般情况下，企业融资方案是由财务部门和规划部门共同拟定的。财务部门审核后，融资方案应当上报董事会，由董事会决定后报请股东大会表决。

4. 签署合同或协议

选择吸收直接投资方式融资时，必须由出资各方签署投资协议或合同，以规范各方的权利和义务。

5. 取得资金来源

投融资协议签妥后，出资各方应按规定的出资形式和出资期限出资。出资形式主要包括现金、实物资产和无形资产。出资期限包括合同期限和法律期限，合同期限是在合同、章程中规定的出资期限，法律期限是国家有关法律、法规中规定的出资期限，合同期限必须符合法律期限的规定。

6. 验资

任何一方的出资都必须经过中国注册会计师验资，并有验资报告以保证出资的真实可信。对验资的要求是：依法委托法定的验资机构；验资机构要按照规定出具验资报告；验资机构依法承担提供验资虚假或重大遗漏报告的法律责任，因出具的验资证明不实给企业债权人造成损失的，应依法承担赔偿责任。

三、吸收直接投资管理的内容

（一）投资的需要量

吸收直接投资时，企业应正确处理融资规模与其生产经营相适应的关系问题，根据生产经营的具体情况，采用科学的方法对企业未来资金的流入量和流出量进行测算，确定一个合理的资金需要量，并据以确定融资方式和融资数量，做到吸收直接投资规模与资本融资规模相匹配。

融资管理部门在掌握本企业全年资金需要量的同时，应测定不同季度、不同月份的资金需要量，有计划地调度资金，使资金的筹集、投放和回收彼此相互衔接，避免因资金链断裂而承担财务风险。

（二）确定合理的吸收投资结构

企业应在吸收直接投资时确定较合理的结构关系，包括现金出资与非现金出资间的结构关系、实物资产与无形资产间的结构关系、流动资产与长期资产间的结构关系（包括流动资产与固定资产间的结构关系）等，以保证吸收直接出资资间的合理搭配，提高资产的运营能力和运营效率。

（三）投资者间的产权关系

不同投资者的投资金额不同，其享有的权益也不同。对此，企业在吸收直接投资时必须明确投资的产权关系，包括企业与投资者间的产权关系以及各投资者间的产权关系。一般来说，企业与投资者间的产权关系以企业拥有投资者资产产权时的情况为准；各投资者间的产权关系通常按照各投资主体间的投资比例，以合同、协议的方式正式确定。

（四）投资方的投资能力

企业吸收直接投资，从投资方角度看属于对外投资，无论投资企业出于何种目的进行投资，都必须审核其投资实力。倘若投资方不具备投资能力，势必对接受投资的企业的正常生产经营产生不利的影响；如果投资方盲目投资，也会影响其自身的生产经营。

四、吸收直接投资评价

（一）吸收直接投资的优点

吸收直接投资是企业最早采用的一种融资方式。其优点主要表现在以下方面：

1. 增强企业信誉

吸收直接投资所筹集的资本属于企业的自有资本，是企业从事生产经营的"本钱"，也是其承担民事责任的物质基础。与借入资本相比，吸收直接投资能提高企业的资信和借款能力。

2. 财务风险较低

吸收直接投资后可以根据企业的经营状况向投资者支付报酬：经营状况好，可多付报酬；经营状况不好，可不付或少付报酬。对于吸收的直接投资不需要还本付息，几乎不存在财务风险。

3. 能够尽快形成生产力，增强企业的市场竞争实力

吸收直接投资的形式为现金资产、先进技术和设备，有利于企业尽快形成生产能力并开拓市场，不断地提高企业的经营收益，企业的市场竞争实力得到大幅提升。

4. 容易进行信息沟通

吸收直接投资的投资者比较单一，股权没有社会化、分散化，有的投资者甚至直接担任企业管理层职务，投资者与企业之间易于沟通。

（二）吸收直接投资的局限性

吸收直接投资的局限性主要表现在以下方面：

1. 融资成本较高

与负债融资相比，吸收直接投资的资本成本较高。在企业利润率高于利息率的情况下，如果利润是以借入资本从事生产经营获得的，则还本付息后仍可以得到收益；如果利润是以自有资本从事生产经营获得的，则全部收益归出资人。

2. 不利于产权的交易和转让

吸收直接投资所筹集的资本由于没有证券作为中介，产权关系有时不够明确，不利于产权的交易和转让。

3. 容易导致企业控制权的变化

采用吸收直接投资方式筹集资金，投资者一般都要求获得与投资数量相适应的经营管理权，如果外部投资者的投资较多，则投资者会有相当大的管理权，甚至会对企业实行完全控制。

【关键词汇】

吸收直接投资	absorb direct investment	资金习性预测法	capital behavior forecasting method
定性预测法	qualitative forecasting method	混合资金	mixed funds
定量预测法	quantitative prediction method	高低点法	high and low point method
因素分析法	factor analysis	线性回归分析法	linear regression analysis
销售百分比法	percentage of sales method		

【思考与练习】

一、思考题

1. 什么是融资数量预测？说明融资数量预测的意义和基本依据。

2. 简述融资数量预测方法的种类。定量预测法包括哪些具体方法？

3. 什么是销售百分比法？说明销售百分比法的应用程序。

4. 什么是不变资金、变动资金和混合资金？说明三者各自的特点及其之间的关系。

5. 什么是吸收直接投资？简述吸收直接投资的性质。

6. 吸收直接投资是如何进行分类的？按投资者分类，吸收直接投资可分为哪些类别？

7. 简述吸收直接投资管理的内容。吸收无形资产投资应注意哪些问题？

8. 简述吸收直接投资的优点及其局限性。

二、单项选择题

1. 某公司本年资产平均占用额为 2 500 万元，经分析，其中不合理部分为 300 万元，因为市场行情变差，预计下一年度销售将下降 10%，但资金周转加速 4%。根据因素分析法预测下一年度资金需要量为（　　）万元。

 A. 2 160　　　　　　　　　　B. 2 059. 20

 C. 1 900. 80　　　　　　　　 D. 2 323. 30

2. 下列各项中，不属于吸收直接投资方式的是（　　）。

 A. 吸收国家投资　　　　　　 B. 吸收法人投资

 C. 吸收社会公众投资　　　　 D. 合作经营

3. 与发行公司债券相比，下列各项中，属于吸收直接投资优点的是（　　）。

 A. 资本成本较低　　　　　　 B. 融资速度较快

 C. 能够提升公司市场形象　　 D. 易于尽快形成生产能力

4. 下列各项中，不属于公司资金需要量预测方法的是（　　）。

 A. 因素分析法　　　　　　　 B. 资金习性预测法

 C. 连环替代法　　　　　　　 D. 销售百分比法

5. 采用销售百分比法预测资金需求量时，下列各项中，属于非敏感性项目的是（　　）。

 A. 现金　　　　　　　　　　 B. 存货

 C. 长期借款　　　　　　　　 D. 应付账款

6. 某公司 2023 年预计营业收入为 50 000 万元，预计销售净利率为 10%，股利支付率为 60%。据此可以测算出该公司 2023 年内部资金来源的金额为（　　）万元。

 A. 2 000　　　　　　　　　　B. 3 000

 C. 5 000　　　　　　　　　　D. 8 000

7. 某公司 2012—2016 年度销售收入和资金占用的历史数据（单位：万元）分别为（800, 18）、（760, 19）、（900, 20）、（1 000, 22）、（1 100, 21）。运用高低点法分离资金占用中的不变资金与变动资金时，应采用的两组数据是（　　）。

 A. （760, 19）和（1 000, 22）　　 B. （800, 18）和（1 100, 21）

C. （760, 19）和（1 100, 21）　　　D. （800, 18）和（1 000, 22）

8. 根据资金需要量预测的销售百分比法，下列负债项目中，通常会随销售额变动而呈正比例变动的是（　　）。

A. 短期融资券　　　　　　　　B. 短期借款

C. 长期负债　　　　　　　　　D. 应付票据

9. 与发行股票融资相比，吸收直接投资的优点是（　　）。

A. 易于进行产权交易　　　　　B. 资本成本较低

C. 有利于提高公司声誉　　　　D. 融资费用较低

三、多项选择题

1. 下列各项中，属于吸收直接投资优点的有（　　）。

A. 有利于降低公司资金成本　　B. 有利于加强对公司的控制

C. 有利于壮大公司经营实力　　D. 有利于降低公司财务风险

2. 下列各项中，能够作为吸收直接投资出资方式的有（　　）。

A. 特许经营权　　　　　　　　B. 土地使用权

C. 商誉　　　　　　　　　　　D. 非专利技术

3. 按照资金习性分类，下列属于不变资金的有（　　）。

A. 固定资产占用的资金　　　　B. 最低必要的储备以外的存货

C. 库存商品最低必要的储备资金　D. 辅助材料占用的资金

4. 运用线性回归法确定 a 和 b 时，必须注意的有（　　）。

A. 资金需要量与业务量之间线性关系的假定应符合实际情况

B. 应利用连续若干年的历史资料，一般要有 3 年以上的资料

C. 应考虑价格等因素的变动情况

D. 应采用高低点法来计算项目中不变资金和变动资金数额

5. 采用高低点法计算资金需要量，下列各项中，属于确定最高点和最低点依据的有（　　）。

A. 销售量　　　　　　　　　　B. 生产量

C. 资金占用量　　　　　　　　D. 资金需要量

四、计算与分析

1. 甲公司 2023 年实现销售收入为 10 000 万元，净利润为 5 000 万元，

利润留存率为20%。公司2023年12月31日的资产负债表（简表）如表3-9所示。

表3-9　资产负债表（简表）

2023年12月31日　　　　　　　　　　　单位：万元

资产	期末余额	负债与所有者权益	期末余额
货币资金	1 500	应付账款	3 000
应收账款	3 500	长期借款	4 000
存货	5 000	实收资本	8 000
固定资产	11 000	留存收益	6 000
资产合计	21 000	负债与所有者权益合计	21 000

公司预计2024年销售收入比上年增长20%，假定经营性流动资产和经营性负债与销售收入保持稳定的百分比关系，其他项目不随着销售收入的变化而变化，同时假设销售净利润率与利润留存率保持不变，公司采用销售百分比法预测资金需要量。

要求：

（1）计算2024年预计经营性流动资产增加额。

（2）计算2024年预计经营性负债增加额。

（3）计算2024年预计留存收益增加额。

（4）计算2024年预计外部融资需要量。

2. 某公司历年现金占用与销售额之间的关系如表3-10所示，需要根据两者的关系来计算现金占用项目中不变资金和变动资金的数额。

表3-10　现金占用与销售额变化情况表　　　　单位：元

年度	销售额（X_i）	现金占用（Y_i）
2015	2 000 000	110 000
2016	2 400 000	130 000
2017	2 600 000	140 000
2018	2 800 000	150 000
2019	3 000 000	160 000

要求：根据表3-10，采用高低点法来计算现金占用项目中不变资金和变

动资金的数额。

3. 某公司 2016—2019 年营业收入与资产情况如表 3-11 所示。

表 3-11　2020—2013 年营业收入与资产情况　　　　　　单位：元

时间	营业收入	现金	应收账款	存货	固定资产	经营负债
2020	600	1 400	2 100	3 500	6 500	1 080
2021	500	1 200	1 900	3 100	6 500	930
2022	680	1 620	2 560	4 000	6 500	1 200
2023	700	1 600	2 500	4 100	6 500	1 230

要求：

（1）采用高低点法分项建立资金预测模型。

（2）预测当 2024 年营业收入为 1 000 万元时：①公司的资金需要总量；②2024 年需要增加的资金；③预测若 2024 年营业净利率为 10%，股利支付率为 40%，2024 年对外融资数额。

第四章　内部融资与商业信用融资

　　本章主要介绍内部融资与商业信用管理的理论和方法。通过本章的学习，学生应了解内部融资、商业信用的内涵，熟悉内部融资和商业信用的内容，掌握内部融资和商业信用融资的方法。

【思政目标】

　　独立自主展现了中华民族的主体自信与自觉，本章通过内部融资学习，培养学生追求和实现独立自主及自强不息的精神，使他们懂得无论是国家、企业还是个人，一定要独立解决问题，人类历史上没有一个民族、一个国家或一个企业是依赖外部力量实现强大和振兴的。

　　现代市场经济的核心是信用，建立和遵守良好的信用管理制度是企业长远发展的关键，具备诚实守信品德也是个人健康发展的前提。在商业信用融资教学中，要培养学生的信用意识，使他们能将良好的信用视为获取资金、物资或服务的能力，可以凭借良好的信用立足社会。

【本章框图】

【框图说明】

　　内部融资主要由留存收益和计提折旧构成。内部融资具有原始性、自主性、低成本和抗风险的特点，是企业生存与发展不可或缺的组成部分。随着经济的发展，内部融资是企业首选的融资渠道，是企业持续发展的重要资金来源。

在现代商业社会，各个经济主体之间的依赖、合作关系日益加强，企业之间以商品形式提供的借贷活动，如存货、应收账款、应付账款、预收账款、预付账款等信用形式，已成为企业发展壮大的重要途径。商业信用融资具有弹性强、限制少、融资成本低（有时甚至免费）的特点。

第一节　内部融资

一、存货融资

（一）存货融资的内涵

存货融资是指融资（借款）企业以存货作为抵押或质押品融通资金的一种贷款活动。关于存货融资概念，可进一步解释如下：

（1）库存融资对象是借款企业的原材料、半成品或产成品等。这些存货只有具备一定的基本条件，例如，借款企业必须拥有抵押物的完全所有权、抵押物必须有足够的价值来担保贷款等。

（2）质押品或抵押品是存货融资的两种基本方式。

①存货质押融资是指融资企业（借款企业）将其拥有的存货作为担保，向资金提供方（一般为金融机构）出质（将其所有的存货或权利交付山去作为抵押），同时将质物转交给具有合法保管动产资格的中介企业（物流公司）进行保管，以获得资金提供方贷款的业务活动。

在存货质押中，由于银行一般不具备储存质物的仓库和专业技能，融资企业往往委托物流公司储存和监督作为质物的存货，采用物流公司参与的三方契约模式，即仓单质押（如图4-1所示）。

②存货抵押融资是指借款人将存货作为抵押物向银行或其他金融机构借款，存货抵押不需要转移存货占有方式，以登记为公示方式向社会公开，减少了银行或其他金融机构占有存货的风险和费用，且不影响公司正常的物流活动。抵押是以抵押人所有的存货形态为抵押主体，以不转移所有权和使用权的方式作为债务担保的一种法律保障行为。

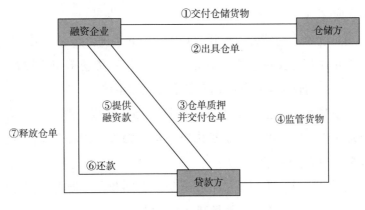

图 4-1　存货质押融资

（3）存货融资业务以质押物的销售作为还款来源，弥补借款企业信用等级较低的局限性。

（二）质押存货的条件

质押存货应具备的条件主要包括：货物的产权必须明确；质押物的物理、化学性质稳定，在债权的诉讼时效及诉讼期间，质押物不会发生物理、化学变化；该货物必须具有活跃的交易市场，价格稳定（一年内价格波动幅度不得超过20%），易于折价变现；货物规格明确，便于计量，符合国家有关标准；货物必须有确定实际价值的明确依据，包括增值税发票、进口报关单、商检证明等，否则必须由银行认可的权威机构对其进行评估，所需费用由出质人承担。

（三）存货融资的成本

与其他融资方法一样，存货融资也有成本，虽然成本相对较低，但会对企业财务状况、经营成果产生负面影响。

存货融资成本主要包括发起费、评估费、利息、提前还款费用、逾期付款费等。

（四）存货质押程序

存货质押贷款业务涉及仓储公司、融资公司和银行等金融机构（简称"银行"）三方的利益，因此要有一套严谨、完善的操作程序（如图4-1所示）。通常由融资公司向银行提出贷款申请，双方签订银企合作、账户监管等协议；仓储公司、融资公司和银行三方签订仓储协议；仓储公司与银行签订《不可撤销的协助行使质押权保证书》。存货质押具体程序如下：

（1）存货移库，即交付仓储货物，融资公司按照约定数量将存货出库移送到指定仓库。

（2）出具仓单。仓储公司接到通知后，经验货确认开立专用存货仓单。

（3）仓单质押并交付仓单。融资公司对专用存货仓单作质押背书，由仓库签章后，持存货仓单向银行提出存货质押贷款申请。

（4）监管货物，是指贷款人把质押物寄存在物流企业（仓储方），凭物流企业开具的仓单就可以向金融机构申请贷款融资，物流企业作为公正的第三方，对客户的货物进行监管。

（5）提供融资款。银行审核后签署贷款合同和存货质押合同，按照存货价值的一定比例放款至货主在银行开立的监管账户。

（6）还款。贷款期内，融资公司实现的销售收入款全额划入监管账户，银行按约定根据到账金额开具分提单给融资公司，仓储公司按约定要求核实后发货；贷款到期归还后，余款可由融资公司支配。

（7）释放仓单。客户归还融资款项、赎回标准仓单，或与银行协商处置标准仓单，将处置资金用于归还融资款项。

（五）存货融资的优点

1. 提高流动性

存货融资实现了融资量与存货量、库存资产与货币资产直接对接，将企业的库存资产变成现金流，加速了资产的周转，满足了企业对经营资金的需求，提高了企业资产的流动性。

2. 降低融资成本

相比其他融资方式，库存融资的融资成本相对较低，因为企业将库存资产作为抵押物，降低了金融机构的风险，从而降低了融资成本。

3. 提高经营效率

库存融资在不转移存货所有权也不影响正常经营周转的前提下，减少了存货管理费、保险费及失窃损失，帮助企业盘活存货资产，提高了库存资产的周转率和经营效率。

二、利用留存收益融资

【讨论题 4-1】有人讲：企业的留存收益是一种没有成本的融资来源，你认为正确吗？

解答：不正确！人们很容易认为留存收益对企业来说是一种没有成本的资金。事实并非如此。因为留存收益所有权属于普通股股东，如果企业不把利润以现金股利形式分配给股东，而用其进行再投资，那么股东们就无法将现金股利进行其他形式的投资，失去了再投资获利的机会。丧失的再投资收益就是留存收益成本，它是一种机会成本。

（一）利用留存收益融资的内涵

企业将税后利润的一部分以保留盈余的方式留下来使用，增加了企业可运用资金总量，实际上是企业的一种融资活动，这种融资活动被我们称为内源融资。

从性质上看，企业通过合法经营实现的税后净利润属于企业的所有者。属于所有者的利润包括分配给所有者的利润和尚未分配留存于企业的利润。企业将本年度的部分或全部利润予以留存的主要原因包括：①法律法规从保护债权人利益和要求企业可持续发展等角度出发，限制企业将利润全部分配出去，例如，《公司法》规定，公司每年的税后利润，必须提取10%的法定盈余公积金；②企业基于自身的扩大再生产和融资需求，会将一部分利润留存下来。

（二）留存收益融资的途径

1. 提取盈余公积

盈余公积是指有指定用途的留存净利润，其提取基数是抵减年初累计亏损后的本年度净利润。盈余公积主要用于企业未来的经营发展，经投资者审议后用于转增股本或实收资本，增强自身财力，满足扩充资本、扩大经营范围的需求。盈余公积可用于弥补以前年度经营亏损，但不得用于以后年度的对外利润分配。

盈余公积按取得方式和用途的不同，可分为法定盈余公积和任意盈余公积。

（1）法定盈余公积是指企业按照规定比例从净利润中提取的盈余公积。《公司法》明确规定，所有公司必须计提盈余公积，当公司计提的盈余公积累计达到注册资本的50%时，可以不再提取。按照《公司法》的规定，公司制企业应当按照净利润（减弥补以前年度亏损，下同）的10%提取法定盈余公积。非公司制企业法定盈余公积的提取比例可超过净利润的10%。值得注意的是，在计算提取法定盈余公积的基数时，不应包括企业年初未分配利润。

（2）任意盈余公积。公司制企业可根据股东大会的决议提取任意盈余公积。非公司制企业经类似权力机构批准，也可提取任意盈余公积。提取的目的是在获利较多的年度多积累，积蓄财力，满足企业正常生产经营、弥补亏损或股利发放的需要。

法定盈余公积和任意盈余公积的区别在于：法定盈余公积的计提是按照国家有关法律、法规进行的，计提的标准也要符合有关规定；任意盈余公积是否计提、计提多少完全由公司股东大会决定。

2. 未分配利润

未分配利润是指未限定用途的留存净利润。未分配利润有两层含义：①这部分净利润本年没有分配给公司的股东；②这部分净利润未指定用途。

（三）留存收益的管理

1. 盈余公积的管理

（1）盈余公积来源的管理。①提取法定公积的基数不是累计盈利，也不一定是本年的税后利润。只有在年初没有未弥补亏损的情况下，才能按本年净利润计算提取。②法定盈余公积是以国家的法律或行政规章为依据计提的，计提比例为10%；对于任意盈余公积，计提标准由股东大会确定。企业实现的净利润在以前年度亏损未弥补完之前，不得提取法定盈余公积。

（2）盈余公积使用的管理。提取的盈余公积主要用途有：①弥补亏损。通常在企业发生的亏损以税后净利润弥补不足时，可以用提取的盈余公积予以弥补。但以盈余公积弥补亏损必须由股东大会或类似机构批准。②转增资本（股本）。提取的盈余公积充裕时，可将其转增资本。转增时，必须经股东大会或类似机构批准，按股东原有股份（或投资）比例结转，用盈余公积转增资本后，留存的盈余公积不得少于注册资本的25%。③发放现金股利或利润。企业无利润，原则上不得分配现金股利或利润。累积的盈余公积较多而未分配利润较少时，为维护企业形象，给予投资者合理的回报，符合条件的公司可用盈余公积分派现金股利或利润。

2. 未分配利润的管理

未分配利润可用于企业未来经营发展、转增股本（实收资本）、弥补以前年度经营亏损、以后年度利润分配。

（四）留存收益融资的特点

与其他融资方式相比，留存收益融资主要特点有：

1. 融资手续简便

企业将当年实现的净利润留存的决定是由公司董事会作出的，与发行新股相比，以留存收益方式融资要比发行新股的程序、手续更为简便。

2. 不会产生融资费用，节约现金支出成本

企业从外界筹集长期资本是要支付费用、付出代价的。例如，负债融资需要支付定期利息费用，普通股融资需要支付股利。但留存收益融资不需要发生融资费用，资本成本低，还免去了与负债、权益筹资相关的手续费、发行费等开支，有助于提高企业收益水平，节省现金流出。

🔔【提醒您】留存收益融资节省现金流出，但存在机会成本，即股东将资金投放于其他项目上的必要报酬率。

3. 维持企业的控制权结构

有些融资方式会导致原有股东控制权的变化。例如，发行股票融资，可能分散原股东的控制权；发行债券或增加负债，债权人可能对企业施加限制性条件。而采用留存收益融资则不存在此类问题，例如，留存收益融资不需要对外发行新股或吸收新的投资者，由此增加的权益资本不会改变企业的股权结构，不会稀释原有股东的控制权。

4. 融资数额确定但有限

留存收益融资不会产生发行费用，只要企业存在利润，融资额一般是确定的。由于留存收益融资额是企业当期净利润与以前年度未分配利润之和，采用这种方式融资不如外部融资一次性可以融资大量资金，如果企业当年发生亏损，可能没有利润用于留存。另外，为满足投资获利的欲望，一般每年要向投资者发放一定股利。总之，利用留存收益融资的数额有限。

第二节　商业信用融资

一、商业信用融资概述

（一）商业信用的内涵

商业信用有广义和狭义之分，广义的商业信用是指市场经济中一切交换

活动所涉及的信用，如银行信用、消费信用等；狭义的商业信用是指商业交易中因延期付款或预收货款而形成的借贷关系（如图4-2所示）。

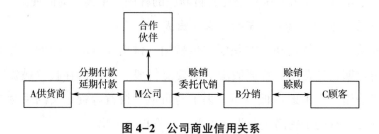

图4-2 公司商业信用关系

商业信用来自日常的商业交易活动中，是企业短期融通资金的一种重要方式。由图4-2可见，M公司向A供货商赊购商品时，A供货商将其存货赊销给M公司。由于存货中沉积着A供货商在生产过程中消耗的各种资金，因此，A供货商赊销存货资金随之让渡给了M公司，M公司取得商业信用就是获得某种资金的暂时使用权。所以商业信用的实质就是一种融资。

（二）商业信用的特点

商业信用作为一种融资方式具有以下特点。

1. 直接融资

商业信用是企业之间以商品资金为对象的一种直接融资活动，是商品交易中货与钱在时间与空间上的分离而形成的。赊购、赊销交易的普遍性和信用关系的连续性使众多债权债务关系形成密切结合的信用循环链。

2. 自然融资

商业信用活动实际上包含商品买卖和借贷两种行为，商业信用与商品买卖同时进行，是在商品购销过程中一种自发性的资金来源，因而被称为自然融资。

3. 融资简便

在经济活动中，与企业经营活动相关的信用形式有商业信用和银行信用两种。企业采用商业信用融资不像银行借款融资需要正式协商，签订规范借款合同，有时需要提供一定担保，资金使用受严格限制。商业信用融资一般没有非常正规的程序，无须另外办理正式筹资手续，不受众多条件制约，资金提供方一般也不会对融资企业的经营状况和经营风险作严格的考量，比银行信用融资操作更为简单灵活。

4. 商业信用是企业间相互提供的，其发生与商品交割时间一致

商业信用是价值（资金）交换延迟而暂时让渡商品的赊销活动，其实质是资金借贷行为。它同商品物资运动紧密结合，当交易双方直接成交时，商品让渡（交割），商业信用形成，借贷关系确立。

（三）商业信用的类型

1. 应付账款

应付账款是由赊购商品形成的、以记账方法表达的商业信用形式。在这种形式下，账款的支付主要依赖卖方的信用，卖方为促使买方及时承付货款，一般会给对方一定的现金折扣，在这种形式下，买方通过商业信用融资的数量与是否享有折扣有关。一般认为，企业存在三种可能性：①享有现金折扣，从而在现金折扣期内付款，其占用卖方货款的时间短，信用融资数量少；②不享有现金折扣，而在信用期内付款，其融资量大小取决于对方提供的信用期长短；③逾期付款（即拖欠），其融资量最大，但它对企业信用的影响最大，成本也最高，企业一般不宜以拖欠货款来融资。

2. 应付票据

应付票据是买方根据购销合同，向卖方开出或承兑的商业票据，利用商业票据融资。应付票据的付款期限一般为 6 个月，应付票据分为带息与不带息两种。带息票据要加计利息，不属于免费资金，而不带息票据则不收利息，与应付账款一样，属于免费资金。

3. 预收货款

预收货款是指卖方按合同或协议规定，在交付商品之前向买方预收部分或全部货款的信用方式。通常买方对于紧俏商品乐意采用这种结算方式办理结算，同时，对于生产周期长、售价高的商品，生产者（供货商）经常要向订货者分次预收货款，以缓和本企业经营收支不平的矛盾。

4. 应收账款融资

应收账款融资是指企业为了获得流动资金，将其所拥有的应收账款作为担保，通过代理的金融机构对应收账款进行管理，并以此融通资金的一种形式。

此外，企业在生产经营活动中往往还形成一些应付费用，如应付职工薪酬、应交税费、应付利息、应付水电费等，这些费用项目的发生受益在先、支付在后，支付期晚于发生期，因此它们也属于"自然融资"的范围。由于

这些应付项目的支付具有时间规定性，其负债额度较为稳定，因此，企业习惯上称之为"定额负债"或"视同自有资金"。

二、应收账款融资

（一）应收账款融资的动机

应收账款融资是指需要融资的企业将其赊销形成的应收账款有条件地转让给专门的融资机构，由其为企业提供融通资金、债款回收、销售账款管理、信用销售控制以及坏账担保等单项或多项金融服务，从而使以赊销为主要方式的企业得到所需资金，提升支付能力，加强资金的周转。

企业一般出于以下原因利用应收账款进行融资：

（1）随着销售的扩大，应收账款增多，资金周转出现困难。当需要向银行借款时，银行出于贷款的安全性，要求企业以资产（例如应收账款或存货）作抵押获取银行借款。

（2）有时企业虽无财务压力，但希望加快收账速度，减少信用风险，将应收账款转让给银行或金融企业，取得立即可支用的现金。

（二）应收账款融资方式

1. 应收账款质押融资

应收账款质押融资申请企业必须向银行提交质押融资申请，并提供销售合同原件、发货单、收货单、付款方的确认证明与承诺书等主要资料。应收账款质押业务流程如图4-3所示。

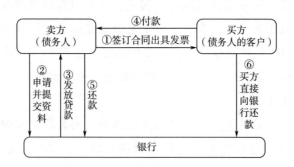

图4-3　应收账款质押融资流程

图4-3说明如下：

①卖方（即银行的债务人）与买方（债务人的客户）签订销售合同，出

具发票，形成应收账款。

②卖方以应收账款质押的方式向银行申请贷款，并向银行提供相关资料。

③银行审核后发放贷款。

④买方向卖方支付应收账款。

⑤卖方向银行还款。

⑥卖方通知买方，在债务到期后将款项直接解入卖方在银行开设的结算账户。

2. 应收账款保理

应收账款保理是指企业（债权人）将其与债务人订立的货物销售或服务合同所产生的应收账款转让给保理商（提供保理服务的金融机构，如商业银行等），由保理商向其提供资金，以融通资金的一种方式。应收账款保理实质上是一种将未到期的应收账款等流动资产作为抵押物，在银行获得短期贷款的融资方式。保理业务的基本操作流程如图4-4所示。

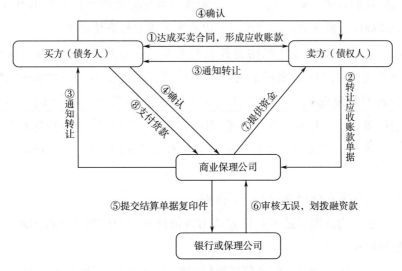

图4-4　保理业务的基本操作流程

图4-4说明如下：

①某项交易双方达成买卖合同，形成应收账款。

②债权人（卖方）与保理商签订一项保理协议，一般债权人（卖方）需将通过赊销（期限一般在90天以内，最长可达180天）而产生的合格应收账款出售给保理商。

③债权人通知债务人已将债权转让给保理商。

④债务人与保理商确认此业务。

⑤商业保理公司向银行或保理公司提交结算单据复印件。

⑥银行或保理公司审核无误，向商业保理公司划拨融资款。

⑦商业保理公司向债权人（卖方）支付货款。

在应收账款保理方式下，销售商或卖方企业（债权人）有进行保理业务的能力，会对采购商的付款期限作出让步，有助于成功签订销售合同，拓宽企业的销售渠道。同时，保理业务的成本要明显低于短期银行借款的利息成本，银行只收取相应的手续费，有效地实现了融资的目的。

3. 应收账款证券化

应收账款证券化是指将应收账款直接出售给专门从事资产证券化的机构（special purpose vehicle，SPV，亦称发行人或服务人），经过重新整合与包装，SPV 以应收账款为基础向国内外资本市场发行有价证券，使应收账款的出售方实现融资的目的。概括地讲，应收账款证券化是指把欠流动性但有未来现金流的应收账款放入资产池重组，并以此为基础发行有价证券。

（1）应收账款证券化机构及其相互关系。证券化的实质是融资者将被证券化的金融资产的未来现金流量收益权转让给投资者。应收账款支持证券发行离不开发起人（应收款出售人）、发行人/服务人（SPV）、投资银行、信托机构、信用评级机构、信用增级机构、资产评估机构和投资者等主要参与者，这些机构在证券化市场中有不同的作用，其一般结构如图 4-5 所示[1]。

应收账款证券化活动涉及以下机构：

①发起机构，即通过证券化方式出售信贷资产的机构，该机构通常是银行等贷款机构。

②受托机构，即由专门的信托机构承担"特殊目的载体"的功能。

③贷款服务机构，即在证券化业务开展后对已证券化的贷款进行管理的机构，主要负责回收贷款的利息和本金。

④证券登记托管机构，即受托保管资产支持证券并分配收益的机构。

⑤投资机构，即证券化过程中认购资产支持证券的机构。

[1] 谢获宝，左远雄.试析上市公司应收账款的证券化管理 [J].科技进士与对策，2003（1）.

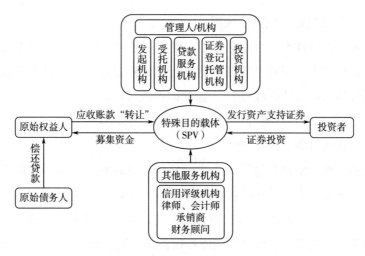

图 4-5　应收账款证券化业务流程

⑥原始权益人，又称发起人，是指基础资产的原始所有者，也是基础资产的卖方和专项计划的起点。

🔔【提醒您】在应收账款证券化过程中，将应收账款等资产通过结构化等方式进行组合，以其现金流为支持发行有价证券出售给投资者，这些证券就叫"资产支持证券"。

信托机构作为受托机构，处于交易结构中的核心地位：一方面，接受发起机构的信托，运用证券化资产，成为 SPV 的运作机构；另一方面，委托各相关机构，履行贷款管理、资金保管、证券托管、证券承销的职能。

⑦特殊目的载体（SPV），是为了持有被证券化的应收账款而专门创设的一个特殊法律实体。SPV 可以是证券发起人的附属机构，也可以是长期存在的资产证券化专门机构，以自身的名义发行资产支持证券进行融资。特殊目的载体作为发起人与投资者之间的中介，起到破产"防火墙"的作用。设立特殊目的载体的主要目的是：一方面，将证券化的资产与发起人的资产相隔离，以保护投资者利益；另一方面，将投资者对企业的追索权限定在已经证券化的应收账款方面，起到保护发行人的目的。

⑧其他中介服务机构及个人，例如，信用评级机构、律师、会计师等，他们在证券化业务中也都是不可或缺的，但因其不在证券交易结构之内，此处略。

（2）应收账款证券化操作流程。

①确定证券化资产并组建资产池。确定证券化资产是指发起人（即应收账款的原始权益人）应对其应收账款进行定性和定量分析，剥离出能带来稳定现金流量的高质量的应收账款（如基础设施应收款、贸易应收款、信用卡应收款），并由资产评估机构评估这些应收账款的风险。

②设立特殊目的载体（SPV）。

③真实出售。发起人与债务人进行债权债务转移的同时，发起人将某项具备证券化条件的资产转让给特殊目的载体（SPV）。SPV 从发起人处购买应收账款后，将这些应收账款进行组合，使之达到一定规模，形成资产池。转让过程要求真实出售，目的是实现原始权益人与证券化资产的破产隔离。

④信用评级与信用增级。信用评级机构分别对发起人的应收账款、SPV 组合的应收账款和信托机构的信用进行评级。

⑤发售证券。信用评级结果公布后，SPV 将经过信用评级的证券交给证券承销商去承销。

⑥向发起人支付资产购买价款。SPV 从承销商那里得到发行证券的收入后，按事先约定的价格支付给发起人。

⑦资产管理。SPV 聘请专门的服务商来管理资产池。服务商的职责是收取债务人每月偿还的本息，并将其存入 SPV 在受托人处设立的账户。通常由发起人自己充当服务商，因为发起人熟悉应收账款的情况。

⑧证券清偿。在证券偿付日，按发行时的预先约定，SPV 委托受托人按时、足额地向投资者偿还本息。证券全部清偿之后，若资产池的现金流存在剩余，剩余资金将返还发行人，资产证券化交易随之结束。

（三）应收账款融资的评价

1. 降低企业融资成本，加快资金周转

企业采用保理业务方式融资时，银行只收取相应的手续费，其融资成本明显低于短期银行借款的利息成本。同时，企业如果合理采用保理方式融资，可以循环使用银行对其保理业务的授信额度，发挥保理业务的融资功能。

2. 减轻企业应收账款的管理成本和机会成本

应收账款证券化可以减少应收账款管理中人力、财力和时间等成本，有助于提高资金管理效率，降低企业资金占用的机会成本。

3. 改善企业的财务结构，有助于企业再融资

通过应收账款融资，企业可以将应收账款置换为货币资金，增强了企业资产的流动性，提高了债务清偿能力和盈利能力。同时，应收账款融资在保持原有风险结构和收益结构的基础上改善了企业的财务状况，拓宽了企业融资渠道，便利了再融资，降低了企业融资风险。

4. 增强企业的销售能力

由于销售企业有保理业务和证券资本化等能力，会对客户付款期限作出一定让步，因此有助于成功签订销售合同，拓宽销售渠道，增强企业的销售能力。

三、票据贴现融资

（一）票据

票据是具有法定要式、体现债权债务关系的一种有价凭证，是当今社会主要的结算和信用工具。票据有广义和狭义之分。广义票据包括所有的商业凭证，如汇票、本票、支票、仓单、提单、股票、债券、国债等一切有价证券。狭义票据在我国仅指《中华人民共和国票据法》中规定的汇票、本票和支票（如图4-6所示）。

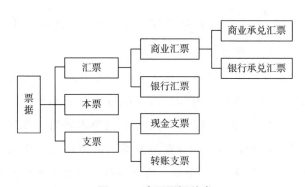

图 4-6　我国票据种类

（1）汇票是出票人签发的，委托付款人在见票时或者在指定日期无条件支付确定的金额给收款人或者持票人的票据。

（2）本票是出票人签发的，承诺自己在见票时无条件支付确定的金额给收款人或者持票人的票据。

（3）支票是出票人签发的，委托办理支票存款业务的银行或者其他金融

机构在见票时无条件支付确定的金额给收款人或者持票人的票据。

（二）票据贴现的含义

企业在持有的商业汇票到期前如果发生资金短缺，可以凭未到期的商业汇票向其开户银行申请贴现。票据贴现是指企业将未到期的商业汇票经过背书交给银行，银行受理后从票面金额中扣除按银行的贴现率计算确定的贴现息后，将余额付给贴现企业的一种融通资金行为。

票据贴现时，企业因票据贴现付给银行的利息称为贴现息，所用的贴现利率称为贴现率，票据到期值与贴现息之差称为贴现所得。票据贴现程序如图 4-7 所示。

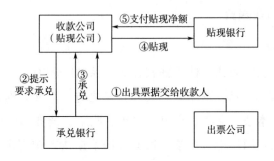

图 4-7　票据贴现程序

【讨论题 4-2】票据贴现和向银行取得一般贷款均为企业常用的融资方式，二者之间的区别是什么？

解答：款项用途不同（银行一般贷款有约定用途，贴现额无约定用途）；资金融通的期限不同（银行一般贷款的期限为数月至五年以上，票据贴现的期限不超过 6 个月）；利息的收取方式不同；当事人不同（银行一般贷款的当事人为银行、借款人和担保人，贴现的当事人则为银行、贴现申请人和票据上记载签章的每一个当事人）；手续不同（银行一般贷款手续烦琐，贴现手续简便）；票据贴现的流动性高于银行一般贷款。

（三）票据贴现额的计算

企业财务部门收到转让背书的汇票和贴现凭证后，按有关规定审查贴现凭证的填写与汇票是否相符，核对无误后，按规定算出贴现利息和实付贴现金额。票据贴现额的计算程序如图 4-8 所示。

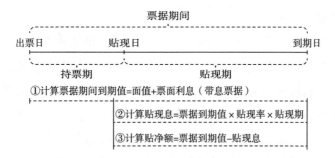

图 4-8　票据贴现额的计算程序

（注意：贴现期的计算与票据到期日的计算方法一致，按日计算时采用"算头不算尾"的方式。）

【例 4-1】安信公司销售商品一批，收到票面额为 50 000 元、期限为 90 天、签发日为 2023 年 6 月 17 日的商业汇票一张。当年 7 月 5 日，该公司持票向银行贴现，贴现率为 5%。

（1）票据为不带息票据。票据到期日为 9 月 15 日；贴现天数为 72 天（7 月 5 日至 9 月 15 日实际天数−1）；票据到期值为 50 000 元。贴现息和贴现所得计算结果如下：

$$贴现息 = 50\ 000 \times \frac{5\%}{360} \times 72 = 500（元）$$

$$贴现所得 = 50\ 000 - 500 = 49\ 500（元）$$

（2）票据为带息票据，利率为 6%。

$$票据到期值 = 50\ 000 \times \left(1 + \frac{6\%}{360} \times 90\right) = 50\ 750（元）$$

$$贴现息 = 50\ 750 \times \frac{5\%}{360} \times 72 = 507.5（元）$$

$$贴现所得 = 50\ 750 - 507.5 = 50\ 242.5（元）$$

四、应付账款融资

（一）应付账款融资的含义

应付账款融资是一种最典型、最常见的商业信用形式。当企业赊购商品时，融资便随之发生。

对于有些企业而言，赊购商品形成应付账款融资业务是偶发的；而对于有些企业而言，这是一种连续性的信用融资行为。对于发生赊购商品等一系列融资行为，企业不需要作出特殊的融资安排和事先计划，赊购业务发生的同时，融通资金也实现了。

需要说明的是，有时提供商品或服务的一方（即销售方）为了尽快收回货款，通常会规定一些信用条件。所谓信用条件，是指销售方对付款时间和现金折扣所作的具体规定，其形式为"2/10，1/20，n/30"，是指购买方在取得发票日之后的 10 天内付款可以享受到 2% 的现金折扣，20 天内付款可以享受到 1% 的现金折扣，若迟于 20 天付款则不能享受折扣，全部货款必须在 30 天内付清。赊购商品或服务可能享受的各种现金折扣也是应付账款融资的一种形式。

（二）应付账款信用形式

应付账款信用按其是否负担代价，分为免费信用、有代价信用和展期信用三种形式（如图 4-9 所示）。

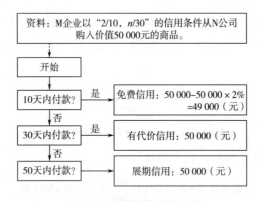

图 4-9　应付账款信用形式

（1）免费信用，是指买方在规定的折扣期限内享受折扣而获得的信用。

该企业在 10 天内付款，应获得最长为 10 天的免费信用，其享受的折扣额为：50 000×2%＝1 000（元），其免费信用额为：50 000－1 000＝49 000（元）。

（2）有代价信用，是指买方放弃折扣需要付出代价而获得的信用。该企业在 30 天内付款而没有享受 N 企业的这种折扣，则意味着企业为取得商业信用而产生了机会成本。

（3）展期信用，是指买方在规定的信用期满后推迟付款而强制取得的信用，实际上就是拖欠贷款。M 企业拖延到 50 天支付 N 企业货款，此信用为展期信用。

（三）应付账款的成本

在上述应付账款的三种信用形式中，企业享受的免费信用没有付出代价，而获得后两种信用，即放弃折扣或超出折扣期付款，企业要承受放弃折扣而带来的隐含成本。其成本计算公式为：

$$放弃折扣成本 = \frac{折扣百分比}{1-折扣百分比} \times \frac{360}{信用期-折扣期}$$

【例4-2】某公司拟采购一批零件，供应商报价如下：（1）立即付款，价格为9 630元；（2）30天内付款，价格为9 750元；（3）31至60天内付款，价格为9 870元；（4）61至90天内付款，价格为10 000元。假设银行短期贷款利率为15%，每年按360天计算。该公司放弃现金折扣的成本及最有利的付款日期、价格计算过程如下：

（1）立即付款：折扣率 $= \frac{10\,000-9\,630}{10\,000} = 3.7\%$；放弃折扣成本 $= \frac{3.7\%}{1-3.7\%} \times \frac{360}{90} = 15.37\%$。

（2）30天付款：折扣率 $= \frac{10\,000-9\,750}{10\,000} = 2.5\%$；放弃折扣成本 $= \frac{2.5\%}{1-2.5\%} \times \frac{360}{90-30} = 15.38\%$。

（3）60天付款：折扣率 $= \frac{10\,000-9\,870}{10\,000} = 1.3\%$；放弃折扣成本 $= \frac{1.3\%}{1-1.3\%} \times \frac{360}{90-60} = 15.81\%$。

（4）最有利的是第60天付款9 870元。

（四）利用现金折扣进行决策的准则

在附有信用条件的情况下，买方企业要利用现金折扣进行决策，因为获得不同信用要负担不同的代价（如表4-1所示）。

表4-1　利用现金折扣进行决策的准则

准则1	若借入资金利率<放弃折扣成本，应在现金折扣期内用借入的资金支付货款，享受现金折扣
准则2	若投资收益率>放弃折扣成本，应将应付账款用于短期投资

续表

准则3	如果企业展延付款期，则需在降低了的放弃折扣成本与展延付款带来的损失之间作出选择
准则4	如果面对两个以上提供不同信用条件的卖方，应通过衡量放弃折扣成本的大小，选择信用成本最小（或所获利益最大）的一家

注：应用准则2，假使企业放弃折扣优惠，也应将付款日推迟至信用期内的最后一天，以降低放弃折扣的成本。

【例4-3】某公司计划购入材料200 000元，销售公司提供的信用条件是2/20，n/60。针对以下几种情况，为该公司是否享受现金折扣提供决策依据的方法。

（1）公司现金不足，需从银行借入资金支付购货款，银行借款利率为8%。

$$放弃现金折扣成本 = \frac{2\%}{1-2\%} \times \frac{360}{60-20} \approx 18.37\% > 8\%$$

此时，公司应从银行借入资金支付货款，以享受现金折扣。

（2）公司有支付能力，但现有一个短期投资机会，预计投资报酬率为20%。

$$放弃现金折扣成本 = 18.37\% < 20\%$$

此时，公司应放弃付现折扣，在信用期最后日期付款，以获取短期投资收益。

（3）公司由于发生了安全事故，支付一笔赔偿金而使现金紧缺，暂时又不能取得银行借款，但公司预计信用期后30天能收到一笔款项，故公司拟展延付款期至90天。该公司一贯重合同、守信用。

$$展延付款期放弃现金折扣成本 = \frac{2\%}{1-2\%} \times \frac{360}{90-20} \approx 10.5\% > 8\%$$

展延付款期后，放弃现金折扣的成本较低，这意味着公司的损失不大。如果公司一贯守信用，此次不能按信用期支付货款纯属特殊情况，此时，公司若能事先与销货方沟通，取得谅解，则对公司不会产生不良影响。

五、商业信用融资的评价

（一）商业信用融资的优点

作为短期融资的主要手段，商业信用融资具有以下三个显著优点。

1. 企业日常经营资金的主要来源

商业信用融资已经成为企业日常活动中不可缺少的一部分，甚至已经成为企业经常性资金的一部分。只要企业生产经营活动一如既往，这种信用融资也不会停息。由于它是一种自然性融资，故无须作特殊安排。

2. 融资成本低

如果能取得现金折扣，商业信用融资可能不需要成本或成本很低；商业信用融资具有较大的伸缩性，能够随着购买和销售规模的变化而自动地扩张或缩小。

3. 使用资金没有严格的限制

使用商业信用融资一般没有条款限制，即使有也是不严格的，只要这种信用保持在适度的范围内，便不会影响企业未来的融资行动。

基于以上这些原因，所有能有效进行财务管理的企业都应尽量使用商业信用这一融资方式。

（二）商业信用融资的局限性

与其他短期融资方式相比，商业信用融资的使用期限较短，数额也受到交易规模的限制。如果企业放弃现金折扣，商业信用融资的成本也是很高的。

【关键词汇】

内部融资	internal financing	票据贴现融资	bill discount financing
商业信用	business credit	存货融资	inventory financing
应收账款保理	accounts receivable factoring	应付账款融资	accounts payable financing
应收账款证券化	accounts receivable securitization	预收货款融资	advance loan financing
应收账款抵押借款	accounts receivable mortgage loan	放弃折扣成本	waived discount cost

【思考与练习】

一、思考题

1. 什么是存货融资？存货融资的基本方式有几种？各自的基本内容是什么？

2. 简述质押存货的条件以及存货融资成本的内容。

3. 与其他融资方式相比，存货融资的优点表现在哪些方面？

4. 什么是利用留存收益融资？留存收益融资的途径有哪些？

5. 简述商业信用的类型以及应收账款融资业务的主要方式。

6. 什么是应收账款保理？它与应收账款质押融资的区别表现在哪些方面？

7. 什么是应收账款证券化？受托机构在应收账款证券化交易结构中的核心地位表现在哪些方面？

8. 如何评价应收账款融资？

9. 试述商业信用融资的优缺点。

10. 利用商业信用政策，在何种情况下应放弃折扣？

二、单项选择题

1. 以下项目中，属于自发性负债的项目是（   ）。

A. 短期生产周转借款　　　　B. 季节性临时借款

C. 应付税金　　　　　　　　D. 存货超储而举借的债务

2. 下列各项中，关于商业信用融资方式特点的表述不正确的是（   ）。

A. 商业信用易于取得

B. 商业信用期限较短

C. 商业信用一般情况下成本较低

D. 商业信用的取得需要办理正式融资手续

3. 某公司欲购入价值 20 万元的材料。销货方的信用条件是 2/10，n/30，若公司接受付现折扣并在第 10 天付款，则公司的免费信用额为（   ）万元。

A. 20　　　　　　　　　　　B. 0.4

C. 19.6　　　　　　　　　　D. 4

4. 下列各项资金中，可以利用商业信用方式筹措的是（   ）。

A. 国家财政资金　　　　　　B. 银行信贷资金

C. 其他公司资金　　　　　　D. 公司自留资金

5. 下列各项中，不属于商业信用融资内容的是（   ）。

A. 赊购商品　　　　　　　　B. 预收货款

C. 办理应收票据贴现　　　　D. 用商业汇票购货

6. 下列各项中，不属于内部融资特点的是（   ）。

A. 自主性　　　　　　　　　B. 有限性

C. 低成本性　　　　　　　　D. 高风险性

7. 下列各项中，与放弃折扣的信用成本呈反向变动关系的是（　　）。

A. 现金折扣率　　　　　　　B. 折扣期

C. 信用标准　　　　　　　　D. 信用期

8. 某公司按照 2/20，n/60 的条件从另一公司购入价值 1 000 万元的货物，由于资金调度的限制，该公司放弃了获取 2% 现金折扣的机会，假定一年按 360 天核算。公司为此承担的信用成本率是（　　）。

A. 2%　　　　　　　　　　　B. 12.00%

C. 12.24%　　　　　　　　　D. 18.37%

三、多项选择题

1. 公司法规定的普通股股东对公司负有的义务有（　　）。

A. 遵守公司章程　　　　　　B. 缴纳股款

C. 可以退股　　　　　　　　D. 负有限责任

2. 下列关于留存收益的表述中，不正确的有（　　）。

A. 不用发生融资费用　　　　B. 稀释原有股东的控制权

C. 融资数额可以无限　　　　D. 维持公司的控制权分布

3. 下列各项中，属于公司在持续经营过程中自发地、直接地产生的资金来源有（　　）。

A. 预收账款　　　　　　　　B. 应付职工薪酬

C. 应付票据　　　　　　　　D. 根据周转信贷协定取得的限额内借款

4. 与外部融资相比，下列属于公司内部融资特点的有（　　）。

A. 有限性　　　　　　　　　B. 自主性

C. 低风险性　　　　　　　　D. 随意性

5. 下列各项中，属于以留存收益融资的有（　　）

A. 计提法定盈余公积　　　　B. 计提任意盈余公积

C. 接受资本投入确认的资本公积　D. 留存拟分配的净利润

6. 下列各项中，属于存货融资成本的有（　　）。

A. 评估费　　　　　　　　　B. 利息

C. 逾期付款费　　　　　　　D. 提前还款费用

四、计算分析题

1. 资料：某公司拟购进一批微型电机，现有两个供应厂商，甲厂商给出的信用条件是 2/20，*n*/60，乙厂商提供的信用条件是 1/10，*n*/30。

要求：若公司有充足的现金，请为公司作出选择哪一供应商进货的决策。

2. 资料：某公司计划购入 100 000 元 A 材料，销货方提供的信用条件是 2/20，*n*/60，针对以下几种情况：

（1）企业现金不足，需从银行借入资金支付购货款，此时银行贷款利率为 12%。

（2）企业有支付能力，但现在有一个短期投资机会，预计投资率为 20%。

（3）企业由于发生了安全事故，支付一笔赔偿金而使现金紧缺，暂时又不能取得银行借款，但企业预计信用期后 30 天能收到一笔款项，故企业拟展延付款期至 90 天。该企业一贯重合同、守信用。

要求：为该公司是否享受现金折扣提供决策依据。

第五章　银行借款融资

【学习目的和要求】

　　本章主要介绍融银行借款融资管理的基本概念、程序和方法。通过本章学习，学生应了解银行借款融资的基本内容，熟悉银行借款融资程序，掌握银行借款业务运作原理和基本运作方法，能够运用所学知识对银行借款业务的优势和局限性进行合理判断，提高分析问题和解决问题的能力。

【思政目标】

　　本章将银行借款融资专业教学内容与社会主义核心价值观之诚信观融合，使学生深知秉持诚信的意义和价值，培养学生诚信合规、谨慎处事的意识。

【本章框图】

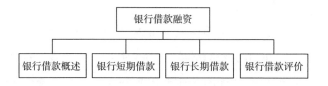

【框图说明】

　　向金融机构申请借款是企业融资的主要方式，也是历史最悠久、使用最广泛的一种融资手段。

　　银行是金融机构之一，其中，商业银行是以办理存借款和转账结算为主要业务的企业，企业向其申请借款的类别有：按借款期限，可分为短期借款、中期借款、长期借款；按有无担保品，可分为信用借款、担保借款；按资金来源，可分为政策性银行借款、商业银行借款、保险企业借款等。

第一节　银行借款概述

【讨论题 5-1】美国经济学家 P. 德鲁克在《世界工业发展与挑战》一文中认为，世界大工业迅猛发展的原因除了技术因素外，就是大规模的资金投入，而负债经营则是大公司崛起的共同经验，其特点表现为举债发展。你是如何理解公司举债发展的？

解答：生存、发展和获利是企业管理的基本目标。发展是生存的结果，更是获利的前提。企业的发展集中表现为扩大收入。扩大收入的根本途径是提高产品的质量，扩大销售的数量，这就要求企业不断投入更多、更好的物质资源、人力资源，并改进技术和管理。在市场经济中，各种资源的取得都需要付出货币。企业的发展离不开资金。由于自有资本并不足以满足企业全部生产经营活动的需要，因此企业必须经常到资本市场、货币市场和商品市场上筹集资金，以借入的方式筹集资金是主要融资方式。由于财务杠杆效应的存在，人们逐渐认识到，举债经营是一种促进企业发展的有效方式。

一、银行概述

（一）银行组织体系

银行是依法成立的经营货币信贷业务的金融机构，是商品货币经济发展到一定阶段的产物。我国的银行体系由中央银行、银行业金融机构、监管机构和自律组织四部分组成（如图 5-1 所示）。

1. 中央银行

中央银行是一国金融体制中居于核心地位的机构，是依法制定和执行国家货币政策，实施金融调控与管理的特殊的国家机关。在国务院领导下，中国人民银行制定和执行货币政策，防范和化解金融风险，维护金融稳定。

2. 政策性银行

政策性银行是指由政府创立、参股或担保，以贯彻国家产业政策和区域发展政策为目的，具有特殊的融资原则，坚持经济效益而不以盈利为目的的金融机构。我国政策性银行包括国家开发银行、中国进出口银行和中国农业

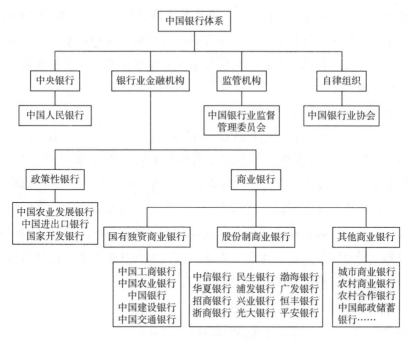

图 5-1 我国银行体系

发展银行。

3. 商业银行

商业银行是指依照《中华人民共和国商业银行法》（以下简称《银行法》）和《公司法》设立的吸收公众存款、发放贷款、办理结算等业务的公司法人。商业银行由国有独资商业银行、股份制商业银行和其他商业银行三部分组成。其中：①国有独资商业银行包括中国工商银行、中国农业银行、中国银行和中国建设银行；②股份制商业银行可分为全国性股份制商业银行和城市商业银行，全国性股份制商业银行主要包括中信银行、招商银行、中国光大银行、华夏银行、中国民生银行、上海浦东发展银行（简称"浦发银行"）、兴业银行、广发银行、平安银行、渤海银行、恒丰银行、浙商银行等，城市商业银行是指由各城市原来的城市合作银行更名而成立的地方性股份制商业银行；③其他商业银行包括城市商业银行、农村商业银行等。

（二）商业银行的经营范围

1. 商业银行与企业的关系

商业银行与企业的关系主要包括产权关系和交易关系两个方面。产权关系是指商业银行与企业的股权关系，这种关系可分为持股关系和非持股关系。交易关系是指商业银行与企业金融业务的交易关系，这种关系可以分为竞争性的市场交易关系和稳定的长期交易关系。具体交易关系通过商业银行应用范围得以体现。

2. 商业银行的经营范围

《银行法》规定，商业银行可以经营的业务包括：①吸收公众存款；②发放短期、中期和长期贷款；③办理国内外结算；④办理票据承兑与贴现；⑤发行金融债券；⑥代理发行、代理兑付、承销政府债券；⑦买卖政府债券、金融债券；⑧从事同业拆借；⑨买卖外汇、代理买卖外汇；⑩从事银行卡业务；⑪提供信用证服务及担保；⑫代理收付款项及代理保险业务；⑬提供保管箱服务；⑭经国务院银行业监督管理机构批准的其他业务。商业银行经中国人民银行批准，可以经营结汇、售汇业务。

（三）商业银行借款的种类

商业银行借款是商业银行资金运用的主要业务，也是商业银行利润的主要来源之一。商业银行借款的类型繁多（如图5-2所示）。

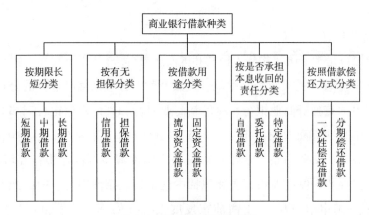

图5-2　商业银行借款类别

（1）按借款期限长短分类，借款可分为短期借款、中期借款和长期借款。其中：①短期借款指借款期限在1年以内（含1年）的借款；②中期借款是指借款期限在1年以上（不含1年）、5年以下（含5年）的借款；③长期借款是指借款期限在5年（不含5年）以上的借款。

（2）按借款有无担保划分，借款可分为信用借款和担保借款，其中：

①信用借款是指没有担保、仅凭借款人的信用状况发放的借款；②担保借款是指由借款人或第三方依法提供担保而发放的借款。担保借款包括保证借款、抵押借款、质押借款。

（3）按借款用途分类，借款可分为流动资金借款和固定资金借款，其中：①流动资金借款指为满足企业流动资金周转的需要而发放的借款；②固定资金借款是指针对企业固定资产投资或固定资金不足而发放的借款。

（4）按借款发放时是否承担本息收回的责任分类，借款可分为自营借款、委托借款和特定借款，其中：①自营借款是指按银行以合法方式筹集的资金自主发放的借款，这是商业银行最主要的借款；②委托借款是指政府部门、企事业单位及个人等委托人提供资金，由银行（即受托人）根据委托人的要求代为发放、监督使用并协助收回的借款；③特定借款是指经国务院批准，并对借款可能造成的损失采取相应补救措施后责成国有独资商业银行发放的借款。

（5）按照借款偿还方式分类，借款可分为一次性偿还借款和分期偿还借款，其中：①一次性偿还借款是指借款人于最后到期日一次偿还借款本金，但利息可以分期偿付或于还本时一次付清；②分期偿还借款是指借款人在一定时期分期偿还的借款。

此外，商业银行借款按照借款对象不同可以划分为工业借款、商业借款、农业借款、科技借款等。

二、企业借款应具备的条件

企业向银行借款必须具备一定的条件，否则无法取得借款。根据《中国人民银行贷款通则》的规定，借款人向银行借款应具备一定条件。

（一）基本条件

借款人应当是经工商行政管理机关（或主管机关）核准登记的企（事）业法人、其他经济组织、个体工商户或具有中华人民共和国国籍的具有完全民事行为能力的自然人。借款人申请借款，应当具备产品有市场、生产经营有效益、不挤占挪用信贷资金、恪守信用等条件。

（二）具体条件

企业申请借款一般应具备的条件如表5-1所示。

表 5-1　申请借款一般条件

借款企业应具备的条件	基本内容
具有法人资格	—
借款企业经营方向、经营业务和借款用途	借款企业经营方向和业务范围符合国家产业政策，借款用途属于银行借款办法规定的范围并提供有关借款项目的可行性分析报告
还款能力	有按期还本付息的能力，原应付借款利息和到期借款已清偿；没有清偿的，已经做了银行认可的偿还计划
对外股本权益性投资累计额	除国务院规定外，有限责任公司和股份有限公司对外股本权益性投资累计额未超过其净资产总额的 50%
资产负债率	借款人的资产负债率符合银行的要求
投资项目资本金比例	申请中期、长期借款的，新建项目的企业法人所有者权益与项目所需总投资的比例不低于国家规定的投资项目的资本金比例
办理年检	除自然人和不需要经工商部门核准登记的事业法人外，应当经过工商部门办理年检手续
开立账户	借款企业在银行已开立基本账户或一般存款账户

三、银行借款合同

借款合同是一份非常重要的法律文书，它规定了借款当事人的权利和义务，确保了交易的安全性和合法性。因此，在签订借款合同之前，必须熟悉借款合同相关内容。

（一）银行借款合同的含义

银行借款合同属于借款合同范畴，一般是指可以作为借款人的银行业金融机构与自然人、法人、其他组织之间就借款的发放与收回等相关事宜签订的规范借贷双方权利义务的书面法律文件。概括地讲，银行借款合同就是企业向银行借款，要按照借款合同的约定在一定时期返还相应的款项并按约定支付利息的协议。

依法成立的银行借款合同受法律保护，对双方当事人具有法律约束力，当事人应当按照合同约定享有权利，履行义务。

（二）银行借款合同的内容

银行借款合同的基本内容包括：当事人的名称（姓名）和住所；借款种类；币种；借款用途；借款金额；借款利率；借款期限（或还款期限）；还款

方式；借贷双方的权利与义务；担保方式；违约责任；双方认为需要约定的其他事项。

（三）签订合同应注意的问题

企业应加强银行借款合同的管理，防范借款合同的签署风险。

1. 警惕合同中存在质疑的条款

一份好的合同，能够分清责任，促进交易和保障成功。谨防借款合同用语的指向对象不具有唯一性、边界模糊、不清晰和不明确性等问题带来的风险。

2. 谨防银行是否按时足额发放贷款

企业和银行的借款合同签妥，银行应根据借款合同按时足额发放借款，但事实并非如此，企业应谨防银行迟延发放和不足额发放借款的现象。

3. 注意银行是否事先扣除利息

银行发放借款的同时，如果预先在本金中扣除借款利息并将剩余款项作为本金支付给企业，谨防银行按照未扣除利息的借款额收取利息和偿还本金。根据《中华人民共和国民法典》，利息预先在本金中扣除的，应当按照实际借款数额返还借款并计算利息。

4. 银行是否满足中止合同的条件

银行与企业签订借款合同但借款未发放或部分发放，企业丧失偿还债务能力，如果银行停止发放借款应当履行两项义务：一是将停止发放借款的事实、理由及时告诉企业；二是企业提供担保的，应当继续按约定发放借款。

5. 企业与银行签订抵押借款合同应注意的问题

企业与银行签订抵押借款合同应注意的问题包括：①当事人应当以书面形式订立抵押合同；②明确抵押合同是主合同（借款合同）的从合同，并特别注意主合同的有效性，因为主合同无效，抵押合同也无效；③用必须办理抵押登记的财产（如房产、土地、汽车等）作抵押物的，应向有关部门申请抵押登记，否则抵押合同无效。

四、选择借款期限应考虑的因素

企业在确定采用借款方式融资之后，进一步选择借款期限时需要考虑以下因素：

（1）借款类型与所持有的资产的性质相匹配。如果为组成企业永久经营基础的资产（一般包括非流动资产和一定水平的流动资产）进行融资，长期借款更合适。其他的短期资产，如为了满足季节性需求而持有的流动资产，可以通过短期借款进行融资，这样在临时需要取得和偿还资金方面更为灵活。

（2）短期借款可能是企业推迟长期借款的一种手段，如果当前利率很高但预期未来会下降，目前借入短期资金可以降低举借长期借款成本。如果借款合同未约定提前还贷条款，一般需要交纳罚款，对此，需要权衡长短期借款罚款的多少。

（3）再融资风险。与长期借款相比，短期借款续借频繁，如果企业遇到财务困难或者可借资金出现短缺，续借难以实现。

🔔 【提醒您】企业的全部永久性资金需求都应该来自长期融资，只有短期内变动的流动资产（可能是季节性原因）才应该使用短期融资。

五、银行借款程序

企业向金融机构借入借款需要履行一定的借款程序，办理必要的借款手续。

（一）申请借款

企业向银行等金融机构申请借款，首先提出借款申请，履行借款审批手续。通常，借款企业向开户的当地商业银行的分支机构提出书面借款申请，借款金额由当地分支机构根据借款条件和程序自主审查和决定，超过分支机构审批权限的，由分支机构报上一级行审批。

借款企业向商业银行提出借款申请时，应当填写《借款申请书》并提供以下资料：①企业及保证人基本情况；②财政部门或会计（审计）事务所核准的上年度财务报告，以及申请借款前一期的财务报告；③原有不合理占用的借款的纠正情况；④抵押物、质物清单和有处分权人的同意抵押、质押的证明及保证人拟同意保证的有关证明文件；⑤项目建议书和可行性报告；⑥借款人认为需要提供的其他有关资料。

（二）借款调查和审批

银行受理企业申请后，按照借款条件进行借前调查，综合评定企业的信用等级。调查合格后，银行根据企业的合理需要，结合自身放款资金的能力，按照审批权限予以核定企业申请的借款和用款计划。

（三）签订借款合同

所有借款应当由银行与企业签订借款合同。借款合同应当约定借款种类，借款用途、金额、利率，借款期限，还款方式，借、贷双方的权利、义务，违约责任和双方认为需要约定的其他事项。对于保证借款应当由保证人与借款人签订保证合同，或保证人在借款合同上载明与借款人协商一致的保证条款，加盖相关部门法人公章，相关合同也要签署姓名。抵押借款、质押借款应当由抵押人、出质人与借款人签订抵押合同、质押合同，需要办理登记的，应依法办理登记。

（四）借款发放

银行要按借款合同规定按期发放借款。银行不按合同约定按期发放借款的，应偿付违约金。借款人不按合同约定用款的，应偿付违约金。

（五）借款的使用

借款合同签订后，在核定的借款指标范围内，企业可以根据用款计划和实际需要，一次或分次将借入资金转入企业的存款户，借款企业按合同的约定自主提取和使用全部借款，但不得擅自改变借款用途。借款企业要定期向贷款银行如实提供反映其生产经营、财务活动的资产负债表、利润表及银行要求提供的其他资料。

（六）借款的偿还

借款企业应当按照借款合同规定按时足额归还借款本息。银行在短期借款到期三个星期之前、中长期借款到期 1 个月之前，应当向借款企业发送还本付息通知单；借款企业应当及时筹备资金，按期还本付息。借款企业如果提前归还借款，应当与银行协商。

第二节　银行短期借款

【讨论题 5-2】无论向谁借款，无论借款期限长短，一般都是要支付利息的。作为借款企业，你认为利息先付好还是后付好？选择浮动利率好还是固定利率好？

解答：即使利率相同，先付比后付的实际成本要高。在利率较低的情况下，如果估计利率将会上调，则以固定利率借入为好；相反，在利率较高的情况下，如果估计将来利率会下调，则以浮动利率借入较为划算。

浮动利率和固定利率哪个比较好是根据不同的人群的不同情况来定的，对于选择长期借款的人群来说，浮动利率更合适，对于选择短期借款的人群来说，固定利率比较合适。

一、短期借款的特点和种类

（一）短期借款的特点

银行短期借款（以下简称"短期借款"）是指企业向银行等金融机构借入的期限在 1 年以内（含 1 年）的借款。短期借款属银行流动资金借款，是企业筹措短期资金的重要方式，具有资金获得迅速、利率低、期限短、手续简便等特点。

（1）向金融机构申请短期借款是企业融资经营资金的主要方式。

（2）融资手续简便、融资速度快捷、资金使用方便。短期借款审批过程简单，所需时间较短，可以快速获得资金。一旦借款合同签妥，企业可以以其名义在银行开立借款账户，资金可以在短时间内到账，企业即可提取或用于转账，根据合同中规定的资金用途合理使用资金。

（3）融资方式灵活，融资成本低、风险高。企业可以根据其实际情况和需求选择借款金额、期限和利率等条件，在借款合同规定范围内采用灵活方式使用资金；融资环节少、融资费用低，利率比长期借款低，可以有效地降低借款成本。短期借款的期限短，短期内偿还本息压力大，承担的财务风险相对较高。

（二）短期借款的分类

短期借款可以按照不同标志划分为多种类别，例如：按有无担保分类，分为信用借款和担保借款；按偿还方式分类，分为一次性偿还借款和分期偿还借款；按借款目的和用途分类，可以分为周转借款、临时借款、结算借款和卖方信贷等。

1. 周转借款

周转借款是企业为满足生产经营周转的需要，在流动资产计划占用额的范围内，为弥补资金不足而从银行取得的借款。

2. 临时借款

临时借款是指企业在生产经营过程中由于临时性或季节性原因需要超定额储备物资，而从银行取得的借款。

3. 结算借款

结算借款是指企业采用托收承付结算方式销售商品时，为满足在途结算资金占用的需要，从银行取得的借款。

4. 卖方信贷

卖方信贷是指企业采用赊销方式销售商品时，为解决因延期收款或分期收款占用的资金从向银行取得的借款，待购货单位支付借款后向银行归还借款的一种信用行为。

二、短期借款的信用条件

按照国际惯例，短期借款往往附加一些信用条件，主要有信用额度、周转信用协议、补偿性余额等。

（一）信用额度

信用额度是借款人与银行在协议中规定的允许借款人借款的最高限额。有了这个信用额度，借款人可在其限额内随时根据需要向银行申请借款。虽然企业在信用额度内可随时使用借款，但金融机构并不承担必须提供全部信用额度的义务。如果企业信用恶化，即使在信用额度内企业也不一定能获得借款，对此金融机构不承担法律责任。

（二）周转信用协议

周转信用协议是金融机构与企业签订的一种正式的最高限额的借款协议。在协议有效期内，只要企业的借款总额未超过协议规定的最高限额，金融机构就必须满足企业提出的借款要求，对周转信用协议负法律责任，而借款企业则必须按借款限额未使用部分的一定比例向金融机构支付承诺费。

【例5-1】M公司与银行确定的周转信用协议额度为1 500 000元，承诺费率为2%，该公司本年度内借款1 200 000元，尚未使用的余额为300 000元，公司本年度应向银行支付承诺费6 000元（300 000×2%）。由此可以看出，银行收取的承诺费按借款限额未使用部分的一定比率计算。

（三）补偿性余额

补偿性余额是指银行要求借款人在银行中保持按实际借用额的一定百分比计算的最低存款余额。补偿性余额有助于银行降低借款风险，补偿其可能遭受的损失，但它提高了借款的实际利率，加重了借款企业的利息负担。

【例5-2】某公司按年利率6%向银行借款600 000元，银行要求保留15%的补偿性余额。那么，公司实际可以动用的借款只有510 000元，该项借款的实际利率为：

$$补偿性余额借款实际利率 = \frac{名义利率}{1-补偿性余额比率} \times 100\%$$

$$= \frac{6\%}{1-15\%} \times 100\%$$

$$= 7.06\%$$

三、短期借款担保

银行在发放短期借款时，为降低借款风险，可向借款企业索取担保品。企业只有按要求向银行提供担保品，才能取得有担保的短期借款。短期借款的担保品一般是应收账款、应收票据、存货等流动资产。

四、短期借款利息的计算

短期借款利息的计算有单利计算法、贴现利率计算法和附加利率计算法三种。

（一）单利计算法

在单利计算法的情况下，短期借款成本取决于合同约定的利率和银行收取利息的方式。如果利息在借款到期日随本金一起偿付，这时，名义利率就等于实际利率。

【例5-3】N公司从银行取得借款500 000元，年利率按单利计算为6%。1年到期后按单利计算应偿还本息为530 000元，那么，实际利率应为：

$$实际利率 = \frac{借款利息}{借款本金} \times 100\%$$

$$= \frac{30\ 000}{500\ 000} \times 100\%$$

$$= 6\%$$

（二）贴现利率计算法

采用贴现利率计算法，银行在向企业发放借款时，预先扣除借款的贴现利息，而以贷款面值减去贴现利息后的差额支付给企业。在该计算方法下，实际利率要高于名义利率。企业的应收票据贴现就是采用贴现利率计算的。

【例5-4】某公司将一张不带息的面值15 000元的票据向银行办理贴现，贴现月利率为0.9%，贴现天数为60天，则贴现利息、实得借款和实际负担的利率计算过程如下：

$$贴现利息 = 15\,000 \times \frac{0.9\%}{30} \times 60 = 270 \ （元）$$

$$实得借款 = 15\,000 - 270 = 14\,730 \ （元）$$

$$实际负担的月利率 = \frac{贴现利息}{实得借款} \times \frac{贴现利率对应的天数}{贴现天数} \times 100\%$$

$$= \frac{270}{14\,730} \times \frac{30}{60} \times 100\%$$

$$= 0.92\%$$

（三）附加利率计算法

附加利率计算法是指即使企业分期偿还借款，银行仍按照借款总额和名义利率计算利息。在这种方式下，实际利率要高于名义利率，因此企业实际负担的利息费用较高。

【例5-5】某公司按照附加利率6%取得1年期的银行借款60 000元，如果分12个月平均偿还，则每个月末需偿还5 000元，年平均借款使用额只有30 000元$\left(\dfrac{60\,000}{2}\right)$，而年息仍是3 600元（60 000×6%）。公司实际负担的利率计算如下：

$$实际负担年利率 = \frac{年利息}{\dfrac{借款总额}{2}} \times 100\%$$

$$= \frac{3\,600}{\dfrac{60\,000}{2}} \times 100\%$$

$$= 12\%$$

第三节　银行长期借款

一、长期借款的概念和特点

（一）长期借款的概念

银行长期借款（以下简称"长期借款"）是指企业向银行或其他非银行金融机构借入的使用期超过 1 年的借款，主要用于购建固定资产和满足长期流动资金占用的需要。

（二）长期借款的用途

（1）企业借入长期借款可以弥补企业流动资金的不足，在某种程度上，还起着为施工企业提供正常施工生产经营所需垫底资金的作用。

（2）企业为了扩大施工生产经营、搞多种经营，需要添置各种机械设备、建造厂房，这些都需要企业投入大量的长期占用的资金，而企业所拥有的经营资金往往是无法满足这种需要的，如果用企业内部形成的积累资金购建，则可能丧失企业发展的有利时机。

（三）长期借款的特点

1. 定期偿还性

尽管长期借款期限有长有短，但其具有定期偿还性。定期偿还性对银行等贷款机构来说实际是一种保护性措施，使其更具有主动权；对融资企业而言，定期偿还性也是企业融资中应充分关注的问题。

2. 规定借款利率

按规定利率支付利息，借款利率大多为固定利率，借款期限越长，借款利率越高。另外，借款利率计算有单利和复利方式之分，计息方式不同，融资成本也不同。

3. 编制还款计划

长期借款一般可采用分期还本付息方法，这有利于企业资金的调度。在借款时，借贷双方可经过协商编制借款还本付息的时间表（还款计划）。还款计划是企业财务预算的重要内容，在还款计划中，企业要说明各期还本付息款、资金的来源，并作出必要现金流量的安排。

4. 约束性条款

企业采用长期借款方式融资，通常要与银行签署借款合同，合同限制性条款比较多，制约着借款的使用。如违反合同条款，银行等借款机构有权要求借款企业立即或在适当的时期内提前归还借款。

5. 融资风险大

长期借款期限长，银行资金的流动性受到影响，同时，借款期限越长，回收风险越大。

二、长期借款的分类

长期借款种类繁多，可以按照不同标志进行分类（如图5-3所示）。

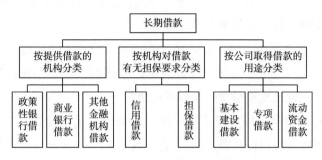

图5-3　长期借款分类

（一）政策性银行借款、商业银行借款和其他金融机构借款

1. 政策性银行借款

政策性银行借款是指执行国家政策性借款业务的银行向企业发放的借款，通常为长期借款。如国家开发银行借款，主要满足企业承建国家重点建设项目的资金需要；中国进出口信贷银行借款，主要用于为大型设备的进出口提供买方信贷或卖方信贷；中国农业发展银行借款，主要用于确保国家对粮、棉、油等政策性收购资金的供应。

2. 商业性银行借款

商业性银行借款是指由各商业银行，如中国工商银行、中国建设银行、中国农业银行、中国银行等，向企业提供的借款，用以满足企业生产经营的资金需要，包括短期借款和长期借款。

3. 其他金融机构借款

其他金融机构借款包括从信托投资公司取得实物或货币形式的信托投资

借款、从财务公司取得的各种中长期借款、从保险公司取得的借款等。其他金融机构借款一般较商业银行借款的期限要长，要求的利率较高，对借款公司的信用要求和担保的选择比较严格。

（二）信用借款和担保借款

1. 信用借款

信用借款是指以借款人的信誉或保证人的信用为依据而获得的借款。企业取得这种借款，无须以财产做抵押。信用借款风险高，银行也要收取较高的利息，往往还会附加一定的限制条件。

2. 担保借款

担保借款是指由借款人或第三方依法提供担保而获得的借款。担保方式包括保证责任、财产抵押、财产质押，与此相适应，担保借款包括保证借款、抵押借款和质押借款三种基本类型，其中：

（1）保证借款是指按《中华人民共和国民法典》（以下简称《民法典》）规定的保证方式，以第三方作为保证人承诺在借款人不能偿还借款时，按约定承担一定保证责任或连带责任而取得的借款。

（2）抵押借款是指按《民法典》规定的抵押方式，以借款人或第三方的财产作为抵押物而取得的借款。抵押是指债务人或第三方并不转移对财产的占有，只将该财产作为对债权人的担保。债务人不能履行债务时，债权人有权以该财产折价或者拍卖、变卖所得的价款优先受偿。借款担保的抵押品可以是不动产、机器设备、交通运输工具等实物资产，可以是依法有权处分的土地使用权，也可以是股票、债券等有价证券，它们必须是能够变现的资产。

（3）质押借款是指按《民法典》规定的质押方式，以借款人或第三方的动产或财产权利作为质押物而取得的借款。质押是指债务人或第三方将其动产或财产权利移交给债权人占有，将该动产或财产权利作为债权的担保。债务人不履行债务时，债权人有权以该动产或财产权利折价或者以拍卖、变卖的价款优先受偿。可以作为借款担保的质押品包括：汇票、支票、债券、存款单、提单等信用凭证；可以依法转让的股份、股票等有价证券；可以依法转让的商标权、专利权、著作权中的财产权；等等。

（三）基本建设借款、专项借款和流动资金借款

1. 基本建设借款

基本建设借款是指企业因从事新建、改建、扩建等基本建设项目需要资

金而向银行申请借入的款项。

2. 专项借款

专项借款是指企业因为专门用途而向银行申请借入的款项，包括更新改造技改借款、大修理借款、研发和新产品研制借款、小型技术措施借款、出口专项借款、引进技术转让费周转金借款、进口设备外汇借款、进口设备人民币借款及国内配套设备借款等。

3. 流动资金借款

流动资金借款是指企业为满足流动资金的需求而向银行申请借入的款项，包括流动资金借款、生产周转借款、临时借款、结算借款和卖方信贷。

三、长期借款的管理

（一）借款金融机构的选择

借款企业除考虑借款种类、借款成本等因素外，还需对借款银行进行分析并作出选择，因为选择合适的银行不仅较容易得到借款，促进企业健康发展，在陷入财务困境时还可以得到银行的支持和帮助。选择银行通常要考虑以下几点。

1. 对待风险的态度

有些银行比较愿意承担风险，有些银行则比较回避风险。银行对待风险的态度与银行的经营历史、经济实力、管理人员的心态和管理风格、银行负债的稳定性、经济形势的好坏都有关系。例如，负债稳定性较差（存款波动性大）的银行对待风险比较谨慎；经营范围和地区广泛的银行，由于其风险相对分散，对某一笔具体借款业务的风险承受能力就强些。一般来讲，从风险承受能力强的银行那里较容易得到借款。

2. 对待客户的忠诚度

有些银行对客户较为忠诚，在客户遇到困难时，愿意并且能够提供必要的支持，帮助客户渡过难关，至少不会落井下石。有些银行则更多地考虑自身利益的安全，在企业遇到困难时不愿提供帮助，甚至向客户施加压力，急于收回借款，使企业雪上加霜。

3. 咨询与服务

有些银行在向企业提供借款的同时还向企业提供财务、金融和经营方面的咨询与服务，这对企业经营活动的正常开展、保持企业财务状况的健康是非常重要的。企业在选择银行时，要考虑其是否能提供上述服务及服务的质量。

4. 借款能力

银行的规模不同，经济实力不同，能够提供的最大借款额也不同。企业应根据自身经营活动和发展目标的需要，选择能够满足自身资金需求的银行。

5. 贷款的专业性

很多银行有其特有的专业化服务方向或设有不同的专业化贷款部门，如房地产贷款部、农业贷款部、商业贷款部、工业贷款部等。选择适合自身投资方向的专业化银行或有相应专业化服务部门的银行申请贷款，不仅较容易得到借款，而且可以得到更好的咨询服务。

（二）长期借款合同的保护性条款

1. 长期借款合同保护性条款的含义

金额高、期限长、风险大是长期借款的显著特点。因此银行在与企业签订合同时要提出一些有助于保证借款按时还本付息的条件，这些条件统称为保护性条款。银行为了避免借款到期不能收回的风险，通常在借款协议（契约）中附有各种保护性契约条款，以确保借款人财务状况的稳定性和银行的安全性。

2. 长期借款合同保护性条款的种类和内容

（1）长期借款合同保护性条款的种类包括：①例行性保护条款，这类条款作为常规条款，在大多数借款合同中都会出现；②一般性保护条款，是对企业资产的流动性及偿债能力等方面的要求条款，这类条款应用于大多数借款合同；③特殊性保护条款，是针对某些特殊情况而出现在部分借款合同中的条款，只有在特殊情况下才能生效。

（2）长期借款合同保护性条款的内容如表5-2所示。

表5-2　长期借款合同保护性条款

保护性条款种类	具体内容
例行性保护条款	（1）借款企业必须定期向银行提交财务报表
	（2）不准在正常情况下出售较多资产，以保持企业正常的生产经营能力
	（3）不得为其他单位或个人提供担保，以增加企业或有债务，影响自身债务的偿还
	（4）限制租赁固定资产规模，以防止过多的租金支付
	（5）禁止应收账款的转让，及时清偿到期债务（特别是短期债务）以保持企业资产必要的流动性等

保护性条款种类	具体内容
一般保护性条款	（1）对借款企业流动资产持有量的规定，其目的在于保持借款企业资产的流动性和偿债能力
	（2）对于现金股利支付的限制，其目的在于防止企业现金支出过量，影响其偿付能力
	（3）限制其他长期债务的发生，其目的在于防止其他银行取得对企业资产的优先求偿权等
特殊性保护条款	（1）借款的专款专用
	（2）不准企业过多对外投资
	（3）限制高级管理人员的工资和奖金支出

（三）长期借款利率的选择

按照借款期限内利率水平是否变动来划分，长期借款利率可分为固定利率与浮动利率。固定利率是指在借款期限内利率不随物价或其他因素变化而调整的利率；浮动利率是指在借款期限内利率随物价或其他因素变化而调整的利率，通常有高、低限额，并在借款合同中明确说明。为节约借款成本，企业应灵活采用不同的利率制度。具体地说，如果预期市场利率上升，则应采用固定利率制；如果预期利率下降，则应选择浮动利率制。

影响长期借款利率的主要因素有借款期限与借款企业的信用。

1. 借款期限

一般认为，借款期限越长，银行承担的风险越大，从而要求的借款利率也越高。这种利率随借款期限变化而变化的趋势被称为利率的期限结构。

2. 企业信用

在期限一定的条件下，借款利率的高低取决于借款企业的信用状况。信用好或抵押品流动性强的借款企业，其借款利率一般相对比较低。信用低、抵押品流动性弱，或者没有抵押担保的借款企业的利率要高。

（四）借款偿还

长期借款金额大、时间长。企业借入长期借款后，应根据自身的经营状况、财务状况详细制订还款计划，作出偿还借款的安排，保证借款到期日的还款资金来源，使企业具有良好的偿债能力。

1. 借款本金的偿还方式

（1）到期日一次还本。到期日一次还本的优点是在借款期限内能使借款企业使用全部所借资金，充分发挥借款资金的作用。由于长期借款数额较大，采用到期日一次还本的方式，因到期日集中还款，会加大借款到期日大宗款项偿还的压力。为此，企业需要事先做好还款计划与还款准备，如建立偿债基金制等。

（2）定期等额偿还本金，即在借款期限内定期等额偿还本金，直至到期日还清全部借款。采用这种方式，避免了大宗款项集中于到期日偿还的压力，但要做好定期还款的资金安排工作。

【例5-6】某公司向银行借款1 500 000元，期限5年，利率6%，利息是根据期末未偿还本金额计算的。银行要求公司每年12月31日等额偿还。每年等额偿还的金额与本金之间的关系为：

$$借款本金=每年等额偿还的金额×年金现值系数$$

$$每年等额偿还的金额=\frac{借款本金}{年金现值系数}=\frac{1\ 500\ 000}{(P/A,\ 6\%,\ 5)}=\frac{1\ 500\ 000}{4.212\ 4}$$

$$=356\ 092（元）$$

经5次偿还，每次偿还356 092元后，企业在5年末还清了借款的本金和利息。向银行借入款项、每年付息以及借款到期归还本金过程如表5-3所示。

表5-3 银行长期借款借入、付息及归还借款本金表　　　　单位：元

年份 (1)	借款本金年初余额 (2)	等额偿还借款金额 (3)	支付利息金额 (4)=(2)×6%	本金偿还金额 (5)=(3)-(4)	借款本金余额 (6)=(2)-(5)
0	—	—	—	—	1 500 000
1	1 500 000	356 092	90 000	266 092	1 233 908
2	1 233 908	356 092	74 034	282 058	951 850
3	951 850	356 092	57 111	298 981	652 869
4	652 869	356 092	39 172	316 920	335 949
5	335 949	356 092	20 143*	335 949	0

注：由于计算过程中数字取整数，故存在误差，带*数据为倒挤出的。

（3）分批偿还。采用这种方法，每批偿还金额可以不等，便于企业灵活安排还款计划。

2. 借款本金偿还的管理要求

在借款偿还的管理上，需要做好以下工作：

（1）合理选择还款方式，即按照所借款项的未来使用状况（包括使用期限、未来使用效益等）确定较适宜的还款方式，并与银行协商后将其写进借款合同。具体地说，即对于使用期限或借款期限较短的借款项目，可采用到期一次还本方式，而对于借款期较长的借款项目，采用分期偿付方式；对未来效益较好的借款项目，可采用到期一次还本方式以节约成本、提高效益，而对于未来效益一般的借款项目，则可采用分期偿还的办法，以避免过高的偿债压力和风险。

（2）做好还款规划，即按合同中规定的还款方式，结合企业的经营状况、财务状况、市场变动（如利率变动等），做好还款计划与还款准备，如建立偿债基金、利用新筹资金进行还款等。

（3）提出应急措施。暂时出现支付困难，需延期偿还借款时，应向借款银行事先提交延期还款计划，经银行审查同意，续签合同，办理展期业务，但银行通常要加收利息。

第四节　银行借款评价

一、银行借款的优点

与其他融资方式相比，银行借款具有以下优点。

（一）手续简便、迅速快捷

银行借款所要办理的借款手续相对股票债券等方式较为简单，具有程序简便的特点。若采取发行各种证券方式融资，审批手续较为复杂，各项前期准备工作也要耗费较多时间。

企业通过短期借款可以迅速取得所需要的款项，及时满足其日常经营周转的需求，特别是季节性和临时性的资金需求，这种融资方式更为方便有效，融资效率也大大提高了。

（二）融资成本低

采用银行借款方式融资，利息可在税前列支，其成本远比股票融资低，借款利率一般也低于发行债券利率。由于借款直接发生在企业与银行之间，节省了相关的中介费。

（三）借款弹性较大

借款的金额、期限和利率是企业和银行之间直接协商的结果，一旦在借款使用过程中企业财务状况发生较大变化，可通过与银行的协商变更借款合同。尤其在借入短期借款期间，如果资金匮乏需要增资，可在借款手续办妥后迅速补充资金；如果资金充裕需要减资，可根据合同随时偿还借款。而债券融资所面对的是社会广大投资者，协商改善融资条件的可能性很小。可见，与债券融资方式相比，银行借款安排资金灵活，有较大的融资弹性。

（四）便于利用财务杠杆效应

长期借款利息固定，如果企业经营有方，资本利润率超过银行借款利率，其差额留归企业，企业可获得财务杠杆收益。

（五）易于保守财务秘密

向银行办理借款，可以避免向公众提供公开的财务信息，因而可以减少财务信息的披露，对企业保守财务秘密有好处。

二、银行借款的局限性

银行借款的局限性主要表现在以下方面：

（1）短期借款期限短，即使利率低于长期借款，但在短期内偿还本息的压力大，如果不能及时归还，企业要承担滞纳金，增加借款成本和融资风险。

（2）长期借款需要在未来几年、十几年偿还，时间越长，不可预见的影响因素就越多。长期借款到期，借款企业必须还本付息。如果企业经营不景气，出现还款困难，会进一步导致企业财务状况恶化。

（3）银行出于贷款安全性考虑，对贷出的资金规定了许多限制性条款，如流动比率、负债比率要维持在一定水平之内等，不同程度上限制借款企业自主调配和运用资金的能力，构成了对企业融资的限制，有可能会影响企业的未来经营活动。

（4）银行借款一般是关于某一项目的融资，不可能满足企业经营全方位、大规模的资金需求，与股票、债券等直接融资方式相比，融资数量相对有限。

【关键词汇】

银行借款	bank loan	补偿性余额	compensatory balance
短期借款	short-term loan	商业性银行借款	commercial bank loan
长期借款	long-term loan	政策性银行借款	policy bank loans
信用额度	line of credit	信用借款	credit loan
周转借款	revolving loan	担保借款	secured loan
周转信用协议	revolving credit agreement	借款合同保护性条款	protection clause of loan contract

【思考与练习】

一、思考题

1. 我国银行体系由哪些组织所构成?

2. 商业银行贷款是如何分类的? 根据《中国人民银行贷款通则》的规定, 借款人向银行借款应具备哪些条件?

3. 企业与银行签订抵押借款合同应注意哪些问题?

4. 什么是银行短期借款? 银行短期借款是如何进行分类的?

5. 银行短期借款的信用条件包括哪些内容?

6. 简述银行短期借款的优点和局限性。

7. 什么是长期借款? 长期借款的主要用途是什么?

8. 与银行短期借款分类相比, 银行长期借款分类有何特点?

9. 简述银行长期借款管理的具体内容。

10. 什么是银行长期借款合同保护性条款? 特殊性保护条款包括哪些内容?

11. 如何评价企业银行借款?

二、单项选择题

1. 下列融资方式中, 既可以筹集长期资金, 也可以融通短期资金的是( )。

A. 向金融机构借款　　　　　B. 发行股票

C. 利用商业信用　　　　　　D. 吸收直接投资

2. 下列各项中，关于银行借款融资特点的表述错误的是（　　）。

A. 与发行公司债券、融资租赁等债务融资方式相比，银行借款的融资速度快

B. 银行借款的资本成本较高

C. 与发行公司债券相比，银行借款的限制条件多

D. 融资数额有限

3. 企业可以将某些资产作为质押品向商业银行申请质押借款。下列各项中，不能作为质押品的是（　　）。

A. 厂房　　　　　　　　　　B. 股票

C. 汇票　　　　　　　　　　D. 专利权

4. 下列融资方式中，融资速度较快，但在资金使用方面往往具有较多限制条款的是（　　）。

A. 发行债券　　　　　　　　B. 融资租赁

C. 发行股票　　　　　　　　D. 银行借款

5. 某公司需要借入资金 60 万元，由于借款银行要求将借款金额的 20% 作为补偿性余额，故公司需要向银行申请的贷款数额为（　　）万元。

A. 75　　　　　　　　　　　B. 72

C. 60　　　　　　　　　　　D. 50

6. 某公司年初从银行借款 100 万元，期限 1 年，年利息率 10%，按照贴现法付息，则年末应偿还的金额为（　　）万元。

A. 70　　　　　　　　　　　B. 90

C. 100　　　　　　　　　　D. 110

7. 银行向公司贷款时，若规定了补偿性余额，则公司借款的实际利率（　　）。

A. 低于名义利率　　　　　　B. 高于名义利率

C. 等于名义利率　　　　　　D. 等于零

8. 以下项目，属于长期借款合同中所规定的例行性保护条款的是（　　）。

A. 规定借款公司流动资金保持量　B. 限制资本支出规模

C. 限制其他长期债务　　　　D. 要求借款公司定期提交财务报表

9. 要求公司的主要领导购买人身保险，属于长期借款的保护性条款中的（　　）。

A. 例行性保护条款　　　　　　　B. 一般性保护条款

C. 特殊性保护条款　　　　　　　D. 例行性保护条款或一般性保护条款

三、多项选择题

1. 下列各项中，应用于大多数借款合同的条款有（　　）。

A. 例行性保护条款　　　　　　　B. 一般性保护条款

C. 特殊性保护条款　　　　　　　D. 限制性保护条款

2. 下列各项中，属于长期借款合同一般性保护性条款的有（　　）。

A. 限制公司股权再融资

B. 限制公司高级职员的薪金和奖金总额

C. 限制公司租入固定资产的规模

D. 限制公司增加优先求偿权的其他长期债务

3. 下列各项中，银行发放短期借款附带的信用条件主要有（　　）。

A. 信贷限额　　　　　　　　　　B. 补偿性余额

C. 贷款抵押　　　　　　　　　　D. 周转信贷协定

4. 下列各项中，属于担保借款的有（　　）。

A. 保证借款　　　　　　　　　　B. 信用额度借款

C. 抵押借款　　　　　　　　　　D. 循环协议借款

5. 下列各项中，属于短期银行借款依利息支付方法的有（　　）。

A. 信用借款　　　　　　　　　　B. 收款法借款

C. 贴现法借款　　　　　　　　　D. 加息法借款

6. 下列各项中，属于长期借款融资特点的有（　　）。

A. 融资金额弹性大　　　　　　　B. 融资速度快

C. 融资成本低　　　　　　　　　D. 融资成本高

四、计算与分析

1. 资料：2023 年初，某公司向银行借款 200 000 元，借款年利率为 8%，借款期限为 1 年。

要求：计算并比较公司采用收款法、贴现法和加息法这三种付息方式的实际利率（加息法分 12 个月等额偿还本息）。

2. 资料：某公司因生产急需准备借款购进一批材料，供应商提供的信用条件如下：

(1) 立即付款，价格为 9 700 元。

(2) 30 天内付款，价格为 9 800 元。

(3) 30~60 天内付款，价格为 10 000 元。

若该公司只想借入期限为三个月的生产周转借款，此种借款年利率为 6%，银行要求采用贴现法支付利息。

要求：按对该公司最有利的付款条件计算，确定公司至少应向银行借款的金额（全年按 360 天计算）。

第六章 证券投资与融资

【学习目的和要求】

本章主要介绍了证券投资与融资的理论和方法，培养学生分析和解决金融市场投资与融资问题的能力，为今后从事相关工作打下基础。通过本章学习，学生应了解证券的概念、特征、种类和范围，熟悉证券市场的概念和功能及债券、股票的概念，掌握证券投资与融资方法等。

【思政目标】

本章通过证券融资知识和技能的传授，将教学内容与思政元素巧妙结合，引导学生坚守社会主义核心价值观中的"诚信"原则，树立正确的资本市场融资观念，遵守市场规则，不弄虚作假，选择与企业经营状况匹配的融资策略。

本章通过证券投资教学，要求学生具备正确的投资理念、健康的市场观念，告诉学生"投资有风险，入市需谨慎"的道理，帮助学生树立正确的价值观和世界观，培养学生的自我保护意识和风险防范意识，使学生坚守良好的职业态度与操守，秉持投资责任理念，做到投资有方，以达到投资安全的目的。

【本章框图】

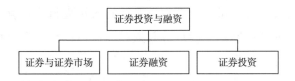

【框图说明】

证券是用以证明或设定权利所形成的书面凭证，它表明证券持有人或第三者有权取得该证券拥有的特定权益，或证明其曾经发生过的行为。证券按其性质不同，可分为凭证证券和有价证券。本章所说的证券是指有价证券。证券融资是企业以证券市场为媒介实现资金融通的活动，具体形式是在证券市场上通过发行股票、债券、基金等有价证券融通生产经营所需要的资金；而证券投资则是企业通过购买证券获取红利、利息及资本利得的投资行为和投资过程。

第一节　证券与证券市场

一、证券概述

（一）证券的概念

证券是多种经济权益凭证的统称。一般来说，证券是指票面载有一定金额、代表财产所有权或债权、可以有偿转让的凭证。

（二）证券的分类

证券按性质不同，可分为凭证证券和有价证券。

1. 凭证证券

凭证证券又称无价证券，是指本身不能使持券人或第三者取得一定收入的证券。它可分为两个大类：一类是证据书面凭证，即单纯证明某一特定事实的书面凭证，如借据、收据等；另　类是某种私权的合法占有者的书面凭证，即占有权证券，如购物券、供应证等。

2. 有价证券

有价证券是指标有票面金额、证明持券人有权按期取得一定收入并可自由转让和买卖的所有权或债权凭证，如股票、债券等。这类证券本身没有价值，但由于它代表着一定量的财产权利，持有人可凭该证券直接取得一定量的商品、货币，或取得利息、股息等收入，因而可以在证券市场上买卖和流通，客观上具有交易价格。

有价证券有广义和狭义之分。狭义的有价证券指资本证券，广义的有价证券包括商品证券、货币证券和资本证券（如图 6-1 所示）。

（1）资本证券。资本证券是指由金融投资或与金融投资有直接联系的活

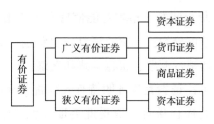

图 6-1　有价证券分类

动而产生的证券。持有人有一定的收入请求权。资本证券包括股票、债券、证券投资基金及其衍生品种，如金融期货、可转换证券等。资本证券是有价证券的主要形式，本书中的有价证券即指资本证券。

有价证券（狭义）的种类多种多样，可以从不同的角度进行分类（如图 6-2 所示）。

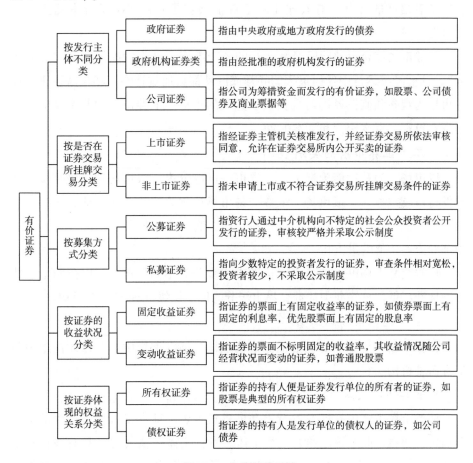

图 6-2　有价证券种类

（2）货币证券。货币证券是指本身能使持有人或第三者取得货币索取权的有价证券。货币证券可分为：①商业证券，主要包括商业汇票和商业本票；②银行证券，主要包括银行汇票、银行本票和支票。

（3）商品证券。商品证券是指证明持有人有商品所有权或使用权的凭证，如提货单、运货单、仓库栈单等。取得此类证券就等于取得商品的所有权，持有人对这种证券所代表的商品所有权受法律保护。

二、证券市场

（一）证券市场的概念

证券市场是股票、债券、投资基金等有价证券发行和交易的场所。它通过证券发行与交易的方式使融资与投资形成对接，实现资金在其盈余者和短缺者之间的转移，有效地化解了资金供求矛盾，解决了资本结构调整的难题。

证券市场综合反映国民经济运行的各个维度，被称为国民经济的"晴雨表"，社会经济运行中任何重大的异常或波动都会通过证券市场反映出来，证券市场为观察和监控经济运行提供了直观的指标。证券市场的基本功能包括融资、投资、资本定价和资本配置。

（二）证券市场的类别

以市场行为和功能为标准，证券市场可以分为一级市场和二级市场。证券发行市场被称为一级市场，证券交易市场被称为二级市场。证券发行市场的主要功能在于为企业提供融资渠道，证券交易市场的主要功能是让企业实现证券流通价值的最大化。

证券交易市场可以按照不同标准进一步分为不同的市场：以公司上市或挂牌标准高低划分，我国证券交易市场分为四个层级（如图6-3所示）。

（三）证券市场参与者

证券市场参与者主要包括证券市场主体、证券市场中介、自律性组织与证券监管机构。

1. 证券市场主体

证券市场主体包括证券发行人和证券投资者。证券发行人是指为筹措资金而发行债券、股票等证券的发行主体。发行主体包括公司（只有股份有限公司可以发行股票）、政府、金融机构。证券投资者是证券市场的资金供给

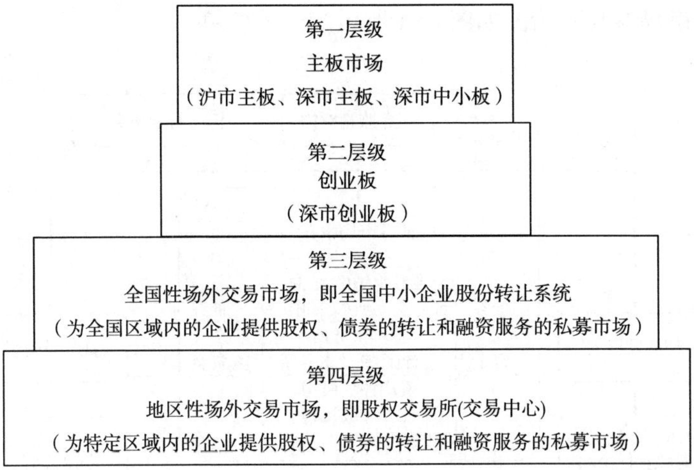

图 6-3　我国证券交易市场层级

者，也是金融工具的购买者。证券投资者可分为机构投资者和个人投资者。其中，机构投资者主要有政府机构、金融机构、企业和事业单位及各类基金等。

2. 证券市场中介机构

证券市场中介机构包括证券经营机构和证券服务机构。其中：证券经营机构是指以其自有资本、营运资金和受托投资资金进行证券投资的机构或组织，我国证券经营机构主要为证券公司，证券公司一般分为综合类证券公司和经纪类证券公司；证券服务机构是指依法设立的从事证券服务业务的法人机构，主要包括证券登记结算公司、证券投资咨询公司、会计师事务所、资产评估机构、律师事务所、证券信用评级机构等。

3. 自律性组织

自律性组织包括证券行业协会和证券交易所。其中：证券行业协会是证券行业的自律性组织，是社会团体法人；证券交易所是提供证券集中竞价交易场所的不以营利为目的的法人。

4. 证券监管机构

证券监管机构可分为政府监管机构和自律性监管机构。在我国，证券监管机构是指中国证监会及其派出机构，自律性监管机构主要有中国证券业协会和上海、深圳两家证券交易所。

证券市场参与者情况如图 6-4 所示。

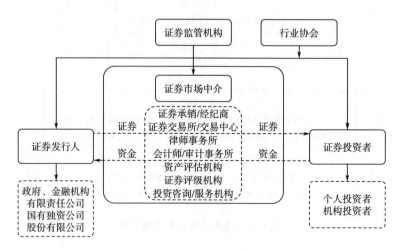

图 6-4　证券市场参与者情况

第二节　债券融资与投资

一、债券概述

（一）债券的概念和特点

1. 债券的概念

债券是指政府、金融机构、工商公司等向投资者公开发行并承诺按约定利率和期限还本付息的债务凭证。债券代表债权人与债务人之间的契约关系。债券持有人为债权人，或称为债券投资者。债券的原始出售人是债务人，或称为债券发行者。

关于债券的概念应着重理解以下内容：

（1）债券是一种债权债务凭证。债券的本质是反映债权债务关系的证明书，具有法律效力。例如，发行人是借入资金的经济主体，投资者是出借资金的经济主体，发行人必须在约定的时间付息还本。

（2）债券的基本性质表现在两个方面：①债券属于有价证券，因为它本身有一定的面值，是价值的表现，持有债券可按期取得利息或转让债券可获得收益（资本利得）；②债券是一种虚拟资本（尽管存在面值和财产权利）而非真实资本，债券流动独立于实际资本之外，其流动并不意味着实际资本也同样流动。

（3）根据发行主体的不同，债券分为政府债券、金融债券、企业债券。其中：政府债券（中央政府发行的债券称为国债）的发行主体是政府，发行政府债券的主要目的是满足政府投资公共设施或重点建设项目的资金需求和弥补国家财政赤字；金融债券的发行主体是银行或非银行的金融机构，它们发行债券的主要目的是融资用于某种特殊用途，改变本身的资产负债结构；公司债券的发行主体是股份公司，公司发行债券的主要目的是满足经营需要。

2. 债券的特点

（1）收益性。债券的收益性主要表现为投资债券可以使投资者获得稳定且高于银行存款的利息收入，并利用债券价格的变动，通过买卖债券赚取价差，还可以利用债券在金融市场上抵押、回购，获取额外收益等。

（2）偿还性，即债券有规定的偿还期限，债务人必须按期向债权人支付利息和偿还本金。偿还性使债券发行者不能无限期地占用债券投资者的资金，他们之间的借贷关系将随偿还期限结束、还本付息手续完毕而不复存在。这是债券与股票的根本区别。

（3）流动性，即债券变现的快慢程度。在证券市场上，债券持有者根据自身的需要和市场的实际状况，灵活地转让债券或提前收回本金及其投资收益。

（4）安全性。与股票相比，债券通常有固定利率，收益比较稳定，风险较小。如果发行债券公司破产，债券持有者享有的剩余财产索取权优先于股票持有者。

（二）债券的基本要素

债券的基本要素是指发行的债券上必须载明的基本内容，以及明确债权人和债务人权利与义务的主要约定。债券的基本要素包括：

1. 票面价值

票面价值简称"面值"，是债券票面标明的货币价值，它反映了债券到期日应偿还给债券持有人的金额。票面价值的币种有人民币（简称"本币"）和外币之分，一般而言，面向国内投资者发行的债券以本币为计价单位；面向国外投资者发行的债券以发行目标国家或地区的货币或者国际通用的货币为计价单位。

2. 票面利率

票面利率也称名义利率，是债券年利息与债券票面价值的比率，通常用百分数表示。用债券面值乘以票面利率就是债券投资者每期（通常为1年）获得的债券利息。通常，票面利率越高，投资者的收益就越高。

3. 债券期限

债券期限是指债券从发行日起到本息偿清日止的时间间隔。它规定了投资者将获得利息的数量、时间以及本金的偿还时间。债券期限一般分为短期、中期和长期三种。

4. 付息频率

付息频率是指在一定时间内债券发行者向债券投资者支付利息的次数。付息频率主要包括到期一次性支付、每年支付一次、每半年支付一次以及按季付息四种。在一定的条件下，债券付息频率的不同，导致债券投资者实际收益率不同。

（三）企业债券的类型

企业债券有广义和狭义之分。广义的企业债券是非公司制企业和公司制企业所发行的债券的总称。由于有资格发行债券的企业多数是公司（包括股份有限公司与有限责任公司），因此，狭义上的企业债券即指公司债券，简称"公司债"。本书所述的企业债券一般指公司债。债券可以按照不同的标准划分为不同类型（如表6-1所示）。

表6-1 债券类型

分类的标志	类别	内涵
有无特定财产担保	抵押债券	指发行公司有特定的财产作为担保品的债券，分为不动产抵押债券、动产抵押债券和信托抵押债券
	信用债券	指发行公司没有设定担保品，而仅凭其信用发行的债券
债券是否记名	记名债券	在公司债券上记载持券人姓名或名称
	无记名债券	公司债券上未记载持券人姓名或名称
能否转换为公司股票	可转债	指在特定时期内可以按某一固定的比例转换成普通股的债券，它具有债务与权益的双重属性
	不可转债	指不能转换为普通股的债券，又称为普通债券

续表

分类的标志	类别	内涵
融资期限长短	长期债券	指融资期限在一年以上的债券，它主要用于满足公司长期、稳定的资产占用需要
	短期债券	指融资期限在一年以内的债券，它主要用于满足临时性的流动资产需要
能否提前收兑	可提前收兑债券	公司按照发行时的条款规定，依一定条件和价格在公司认为合适的时间收回的债券
	不可提前收兑债券	指不能依条款从债权人手中提前收回的债券，它只能在证券市场上按市场价格买回，或等到债券到期后收回
债券利率是否变动	固定利率债券	债券发行时规定以票面利率作为今后计息的依据，利率不随着市场未来利率的变化而变化
	浮动利率债券	债券的票面利率随一般利率的变动而变动
发行价格是否等于面值	折价发行债券	指发行价格低于面值的债券（债券的投资收益率高于票面利率）
	平价发行债券	指发行价格等于面值的债券（债券的投资收益率等于票面利率）
	溢价发行债券	指发行价格高于面值的债券（债券的投资收益率低于票面利率）
募集方式	公募债券	指不以特定的机构或个人为募集对象、向社会公开发行的债券
	私募债券	指以特定少数投资者为募集对象而发行的债券
利息支付方式	一次性还本付息债券	指在到期之前不向投资者发放利息，在到期时一次性支付利息和偿还本金的债券
	零息债券	指在债券券面上不附有息票，发行时按规定的折扣率以低于债券面值的价格发行，到期按面值支付本息的债券（属于一次性还本付息债券）
	附息债券	指在债券券面上附有息票，或按照票面载明的利率及付息方式支付利息的债券
本金偿还方式	偿债基金债券	指债券发行者必须每年从盈余中按发行总额的一定比例提取偿债基金，以满足债券到期一次性还本付息要求的债券
	分期偿还债券	指规定发行者在债券有效期内某一时间偿还一部分本息、分期还清本息的债券

续表

分类的标志	类别	内涵
本金偿还方式	通知偿还债券	指发行者在发行债券时附有可赎回条款，于债券到期之前可随时通知债权人提前偿还本金的债券
	延期偿还债券	指可以延期偿还本息的债券

（四）发行债券主要参与主体

债券发行、交易、登记、托管、结算、兑付等活动涉及众多利用相关者，其中发行债券主要参与主体如图 6-5 所示。

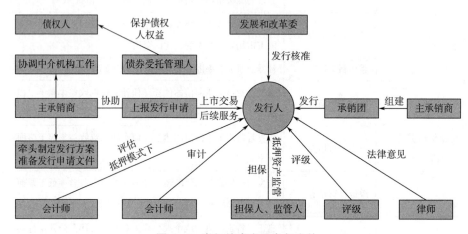

图 6-5　发行债券主要参与主体

1. 发行人

发行人是指在证券市场上向个人和机构投资者以债券形式募集资金的实体，包括政府、金融机构、工商企业等。

2. 审批机构

国债、地方政府债券等政府债券由财政部负责监管；中期票据、短期融资券、非公开债务融资工具、资产支持票据等品种由人民银行统一负责监管；银行间的金融债、信贷资产支持证券等金融机构发行的品种由人民银行与银保监会共同负责监管；交易所债券由中国证监会核准，由交易所实质审核；公司债券由国家发展和改革委一审批。

3. 承销商

企业获准发行的公司债券或企业债券应当由具有证券承销业务资格的证

券公司承销。取得证券承销业务资格的证券公司、中国证券金融股份有限公司及中国证监会认可的其他机构非公开发行公司债券可以自行销售。公司不得自行从事债券营销活动。

4. 会计师事务所和律师事务所

在证券融资过程中，会计师事务所和律师事务所属于证券中介机构，其主要职能分别是：会计师事务所是对公司出资情况进行检查并出具验资报告，协助公司对账目进行调整，使公司的账目符合监管的规定，对公司进行审计并出具审计报告，对公司的管理控制制度进行检查并出具检查报告等；律师事务所接受债券当事人委托，为其证券发行、上市和交易等证券业务活动提供制作、出具法律意见书等文件的法律服务。

（五）债券发行程序

债券发行程序是指债券发行的顺序步骤。债券发行的具体程序因不同的地区、不同的公司或企业、不同的债券种类而异。发行债券一般程序如图 6-6 所示。

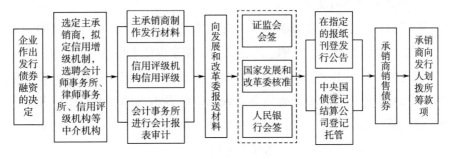

图 6-6　债券发行程序

1. 由公司权力机关作出决议

股份有限公司、有限责任公司发行公司债券，由董事会制订方案，股东会作出决议。国有独资公司发行公司债券，应由国家授权投资的机构或国家授权的部门作出决定。

2. 报请有关部门批准

企业发行公司债券，在本公司的权力机关作出决议之后，还须报经国务院证券管理部门批准。

3. 公告债券募集办法

发行公司债券的申请经批准后，应当公告公司债券募集办法。

4. 债券的承销

获准发行的公司债券或企业债券，应当由经中国人民银行认可、有从事债券承销资格的证券公司或信托投资公司承销。

5. 置备公司债券存根簿及公司债券的登记与托管

企业发行公司债券应当置备公司债券存根簿。发行记名公司债券的，应当在公司债券存根簿上载明债券持有者的姓名或名称及住所、债券持有者取得债券的日期及债券的编号、债券总额、债券的票面金额、债券的利率、债券还本付息的期限和方式、债券的发行日期等事项。发行无记名公司债券，应当在公司债券存根簿上载明债券总额、利率、偿还期限和方式、发行日期及债券的编号等事项。

二、债券融资

（一）短期融资券①

1. 短期融资券的含义

短期融资券属于非金融企业债务融资工具，是指具有法人资格的非金融企业在银行间债券市场发行的、约定在一定期限内还本付息的有价证券。

短期融资券在中央国债登记结算有限责任公司登记、托管、结算。全国银行间同业拆借中心为短期融资券在银行间债券市场的交易提供服务。企业发行短期融资券，应在银行间债券市场披露信息。企业发行的短期融资券应由金融机构承销。企业可自主选择主承销商。

短期融资券业务流程如图 6-7 所示。

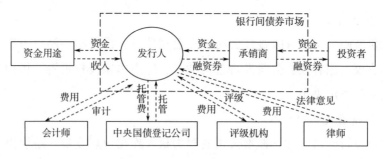

图 6-7　短期融资券业务流程

---

① 银行间债券市场非金融企业债务融资工具管理办法（中国人民银行令〔2008〕第 1 号）。

2. 短期融资券的特点

短期融资券具有债券的一般特点，也有别于其他债券的特点：

（1）手续简便、成本低和效率高。短期融资券发行手续简便，在中国银行间市场交易商协会一次注册、分期发行，无需担保；企业在发行短期融资券时即可掌握上市流通时间安排，有效地降低融资成本；在注册有效期和注册额度内，企业可以根据自身资金需求灵活确定发行时点，融资效率高。

（2）融资期限灵活。短期融资券发行期限实行上限管理，企业可根据自身流动性、现金流状况选择在一定期限内的任意期限品种。

（3）流动性强，融资渠道通畅。短期融资券发行利率采用市场化定价，有利于发行时的合理定价；全国银行间同业拆借中心为其在银行间债券市场的交易提供服务，使其可以在全国银行间债券市场流通转让。与银行借款、股票融资相比，短期融资券属于直接融资渠道，受外部环境的影响极小，融资渠道通畅。

3. 短期融资券的作用

相对于其他债务融资产品，短期融资券具有以下作用：

（1）发行短期融资券，增加金融市场非金融公司发行的信用类产品占比，有助于丰富货币市场品种，完善货币市场体系。

（2）短期融资券有助于完善市场化收益率曲线体系。收益率曲线反映利率由短及长的期限结构，因此可以说，市场化收益率曲线体系是由各期限金融产品的主要参考基准利率共同组成的一个体系。短期融资券进一步丰富了市场利率期限结构、风险结构以及流动性结构，形成短、中、长期兼备的收益率曲线，有助于形成市场化的短端收益率曲线，从而加快利率市场化进程。

（3）短期融资券有助于提高货币政策的有效性。公司通过发行超短期融资券扩大了直接融资比例，降低了对间接融资的依赖。央行货币政策的信号能够更加迅速地通过公司融资活动直接传导于实体经济，减少传导损耗，使央行货币政策更具有针对性、灵活性、有效性。

（二）发行公司债融资

1. 发行公司债融资的特点

由于公司债发行采用有价证券形式，向社会上不特定的广大投资者筹措资金，因此它具有与股票发行相似之处。但发行公司债筹措的资金归根结底是他人的资本，而发行股票筹措的资金则是自己的资本，因此两者是性质截然不同的资本。

发行公司债与向银行借款筹措的资金同为他人资本，但两者也有不同。以公司债方式筹措资金不像银行借款那样具有特定性和单一性。公司债的债权人是不特定的广大投资者，因此其发行条件和发行方式受到法律的限制。发行公司债与长期借款都是筹措长期资金的手段，通过债券发行可以筹得数额较大的资金，融资期限较长，还可以通过转换延长偿还时间；此外，根据发行公司的信用等级以及发行时的银行利率水准的不同，公司债融资成本会发生变化，其融资成本（利息）通常要比向银行借款低。

发行公司债与向银行借款、发行新股相结合，可以扩大融资数量，平衡融资成本。如果公司发行可转换公司债和附新股认购权公司债，通过行使转换权和新股认购权，还可以进一步发挥公司债在改善公司资本结构方面的优势。

2. 公司债发行管理的主要内容

（1）公司债发行资格和发行条件。在我国，只有股份有限公司、国有独资公司和由两个以上的国有公司或者其他两个以上的国有投资主体投资设立的有限责任公司，才有资格发行公司债券。

为保护债券持有者相关权益，例如债券本金收回的安全性、债券投资的收益性等，我国有关法律法规从资产额和利润额两方面提出公开发行公司债的具体条件：①股份有限公司的净资产不低于人民币 3 000 万元，有限责任公司的净资产不低于人民币 6 000 万元。②本次发行后累计公司债券余额不超过最近期期末净资产额的 40%。③公司的生产经营符合法律、行政法规和公司章程的规定，募集的资金投向符合国家产业政策。④最近 3 个会计年度实现的年均可分配利润不少于公司债券 1 年的利息。⑤债券的利率不超过国务院限定的利率水平。⑥公司内部控制制度健全，内部控制制度的完整性、合理性、有效性不存在重大缺陷。

（2）公司债的发行价格。债券的发行价格是指发行公司（或其承销机构，下同）发行债券时所使用的价格，即投资者向发行公司认购债券时实际支付的价格。公司在发行债券之前必须进行发行价格决策。

（3）公司债发行决议的作出。发行债券前，公司必须对债券发行总额、票面金额、发行价格、募集办法、债券利率、偿还日期及方式等内容作出发行决议。目前我国股份有限公司、有限责任公司发行公司债，由董事会制订方案，由股东会作出决议；国有独资公司发行公司债，由国家授权投资的机构或者国家授权的部门作出决定。公司在作出发行决议的基础上，要向有关证券管理部门提出申请，在经过审批后，要公告其募集办法，并委托证券商发售，收缴债券款。

3. 公司债发行价格决策

（1）影响债券发行价格的因素。影响债券发行价格的因素主要有债券面额、票面利率、市场利率和债券期限四个方面。具体内容如表6-2所示。

表6-2 影响债券发行价格的因素

影响发行价格的因素	性质	特点
债券面额	确定债券发行价格的基本因素	债券面额越大，则发行价格越高；反之，面额越低，则发行价格越低
票面利率	确定债券投资价值的主要因素	债券的票面利率越高，投资价值越大，其发行价格也越高；反之，票面利率越低，投资价值越小，债券发行价格也越低
市场利率（又称贴现率）	影响债券发行价格的最主要因素	在债券面值与票面利率一定的情况下，市场利率越高，发行价格越低；反之，市场利率越低，发行价格越高
债券期限	主要决定债券的投资风险	期限越长，其投资风险越大，要求的投资报酬率也越高，债券发行价格可能越低；反之，期限越短，其投资风险越小，要求的投资报酬率也越低，债券发行价格可能越高

（2）公司债发行价格的确定方法。公司债的价格又称为债券的内在价值，它等于债券未来现金流的现值之和。债券价格的确定主要取决于三个方面：①未来现金流，即在一定期限内得到的利息和到期偿还的本金；②贴现利率，即投资者的必要收益率，它反映单位投资的时间价值和风险报酬；③交易日至到期日的期限。需要说明的是，这里讨论的债券价格是指投资者的意愿购买价格（或称理论价格）。当债券的实际市场交易价格等于或低于意愿价格时，投资者就可以作出购入债券的决策。

理论上讲，债的投资价值由债券到期还本面额按市场利率折现的现值与债券各期债息的现值两部分组成。发行价格的具体计算公式为：

$$债券发行价格 = \sum_{t=1}^{n} \frac{债券面额 \times 票面利率}{(1 + 市场利率)^t} + \frac{债券面额}{(1 + 市场利率)^t} \quad (6-1)$$

债券的发行价格用 V_b 表示，债券各期利息用 I 表示，债券面值用 M 表示，票面利率用 i 表示，债券市场利率用 R 表示。式（6-1）的债券发行价格计算公式可表示为：

$$V_b = \sum_{t=1}^{n} \frac{M \times i}{(1 + R)^t} + \frac{M}{(1 + R)^t}$$

由于票面利率与市场利率不一定相同，根据上式计算的债券的发行价格可能出现三种情况，即债券发行的价格高于面值、等于面值和低于面值。具体为：当票面利率高于市场利率时，债券的发行价格高于其面额，即溢价发行；当票面利率等于市场利率时，债券的发行价格等于其面额，即等价发行；当票面利率低于市场利率时，债券的发行价格低于其面额，即折价发行。溢价发行是为了对债券发行者未来多付利息而给予的必要补偿；平价发行时票面利率与市场利率相等，此时票面价值和债券价值是一致的，所以不存在补偿问题；折价发行是对投资者未来少获利息而给予的必要补偿。

【例6-1】2023 年 1 月 1 日，维新公司经批准发行总面额为 10 000 000 元的债券，债券偿还期为 3 年，票面利率为 6%，每半年付息一次。债券款用于某工程项目的建设，该项目的工期为两年半。债券发行价格计算结果如下：

其中：$(P/F, 2\%, 6) = 0.888$；$(P/F, 3\%, 6) = 0.837\,5$；$(P/F, 4\%, 6) = 0.790\,3$。

$(P/A, 2\%, 6) = 5.601\,4$；$(P/A, 3\%, 6) = 5.417\,2$；$(P/A, 4\%, 6) = 5.242\,1$。

市场利率为 4% 时，债券发行价格为：

$$V_b = \sum_{t=1}^{6} \frac{10\,000\,000 \times 6\% \div 2}{(1 + 2\%)^6} + \frac{10\,000\,000}{(1 + 2\%)^6}$$

$$= 10\,000\,000 \times \frac{6\%}{2} \times (P/A, 2\%, 6) + 10\,000\,000 \times (P/F, 2\%, 6)$$

$$= 10\,000\,000 \times 6\% \div 2 \times 5.601\,4 + 10\,000\,000 \times 0.888$$

$$= 10\,560\,420(元)$$

市场利率为 6% 时，债券发行价格为：

$$V_b = \sum_{t=1}^{6} \frac{10\ 000\ 000 \times 6\% \div 2}{(1+3\%)^6} + \frac{10\ 000\ 000}{(1+3\%)^6}$$

$$= 10\ 000\ 000 \times \frac{6\%}{2} \times (P/A,\ 3\%,\ 6) + 10\ 000\ 000 \times (P/F,\ 3\%,\ 6)$$

$$= 10\ 000\ 000 \times \frac{6\%}{2} \times 5.417\ 2 + 10\ 000\ 000 \times 0.837\ 5$$

$$= 10\ 000\ 160(元)$$

市场利率为 8% 时，债券发行价格为：

$$V_b = \sum_{t=1}^{6} \frac{10\ 000\ 000 \times 6\% \div 2}{(1+4\%)^6} + \frac{10\ 000\ 000}{(1+4\%)^6}$$

$$= 10\ 000\ 000 \times \frac{6\%}{2} \times (P/A,\ 4\%,\ 6) + 10\ 000\ 000 \times (P/F,\ 4\%,\ 6)$$

$$= 10\ 000\ 000 \times \frac{6\%}{2} \times 5.242\ 1 + 10\ 000\ 000 \times 0.790\ 3$$

$$= 9\ 475\ 630(元)$$

4. 公司债发行决策

（1）公司债的利率决策。确定债券利率应考虑现行银行同期储蓄存款利率水平、公众承受能力及债券发行的种类等因素，在利率确定的条件下，可根据通货膨胀及利率预期选择不同的利率制度，具体为：在未来利率预期上升时，宜选择固定利率制，而在未来利率下降时，要选用浮动利率制。

（2）公司债期限的决策。债券期限的选择需要考虑债券融资的用途。通常认为，影响债券期限的因素主要有两项：一是投资项目的期限。债券融资主要用于项目投资。不同项目的投资期限是决定债券期限的主要依据。投资期长，债券融资期限宜长；投资期短，债券融资期限则宜短。二是市场利率预期。公司债一般采用固定利率制。如果预期未来利率将下降，则债券融资期限宜短；预期未来利率预期上升，则债券融资期限宜长。

（三）可转换公司债券融资

1. 可转换公司债券概述

（1）可转换公司债券（以下简称"可转债"）是指公司依法发行、在一定期间内依据约定的条件可以转换成本公司股票的公司债券。由于可转债可以在将来转换成股票，通常又称为"潜在股票"或"准股票"，如果不要求进行转换，则这种债券和普通公司债没有区别。

作为一种兼具"股性"和"债性"的混合证券品种，根据《可转换公债券管理办法》规定，可转债自发行结束之日起不少于六个月后方可转换为公司股票。可转债在转换前为公司债券，转换后相当于公司增发了股票。可转债与一般债券一样，在转换前投资者可以定期得到利息收入，但此时不具有股东的权利；当可转债持有人在约定期限内行使他们的选择权，按预定的转换价格转换成公司的股份时，不必使用现金。

(2) 可转债的种类。可转债主要包括可转换债券和可转换优先股。①可转换债券。可转换债券通常转换为普通股，但在特殊情况下也可能转换成优先股。可转换债券的持有者可以按合约将债券转换成普通股或优先股，也可以选择不转换而继续获得债券票面利息收入。可转换债券为持有者提供了将来成为股东的机会，因此发行可转换债券的成本会比发行非转换债券的成本低。②可转换优先股。可转换优先股只能转换成普通股，企业也具有收回的权力，可转换优先股的转换期通常是永久的，持有者可以选择按特定的价格转换成普通股，或不予以转换而继续持有，获得优先股股息收入。由于可转换优先股既可以保证稳定的股息收入又可获取普通股股价增值的好处，因此，其股息要比一般优先股的股息低。

(3) 可转债的特点。可转债既具备债券的一般属性，也具备以下特点：①利率低。可转债可望通过转换变成股票获取升值回报，所以它的发行利率可以低于一般的公司债。②证券期权性。可转债给予债券持有者未来的选择权，在事先约定的期限内，投资者可以选择将债券转换为普通股票，也可以放弃转换权利持有至债券到期。由于可转债持有人具有在未来按一定的价格购买股票的权利，因此可转债实质上是一种未来的买入期权。③资本转换性。可转债在正常持有期属于债权，转换后属于股权。如果在转换期间内，债券持有人没有将可转债转换为股票，发行证券公司到期必须无条件地支付本金和利息。转换股票后，债券持有人成为公司股票的投资者。由于可转债可以转换为股票，因此企业可以用它来筹措无需偿还的资金。④可赎回且可回售。可转债一般都会有赎回条款，发债公司在可转债转换前可以按一定条件赎回债券。通常，公司股票价格在一段时期内连续高于转股价格达到某一幅度时，公司会按事先约定的价格购回未转股的可转换公司债券。同样，可转债一般也会有回售条款，公司股票价格在一段时期内连续低于转股价格达到某一幅度时，债券持有人可按事先约定的价格将所持债券回售给发行公司。⑤安全性。这种债券既享有公司债所附带的确定的利息，又可以转换成股票升值，即使在股价大大低于可转换价格时，债券持有人仍可获得公司债确保的投资票面利息收益。因此对投资者来说，持有可转债既安全又有利。

2. 转换比率和转换期的确定

（1）转换比率。转换比率是指每张可转换证券在转换时可以换取的普通股的股数。它等于可转换证券的面值除以转换价格。

【例6-2】M公司发行的可转换债券面值为1 000 000元，转换价格为25元，则转换比率为：

$$转换比率=\frac{1\ 000\ 000}{25}=40\ 000（股）$$

（2）转换期。转换期是可转债持有者行使转换权的有效时间。可转债的转换期通常等于债券的期限。但转换期有递延转换期和有限转换期。递延转换期将转换开始时间推迟到债券发行后一定年限；有限转换期规定债券与普通股的转换只能在债券寿命期内一定的年限内进行，逾期不予转换。有限转换期一般比债券的期限短，一旦超过有限转换期，可转换债券就变成了非转换债券。可转换优先股的转换期通常是永久的，即没有规定转换期。

3. 可转债的基本要素

可转债的基本要素是指构成可转债基本特征的必要因素，它们代表可转债与一般债券的区别（如表6-3所示）。

表6-3　可转债的基本要素

基本要素	内涵
标的股票	可转债转换期权的标的物是可转换为公司的股票。标的股票一般是发行公司自己的普通股票，也可以是其他公司的股票，如该公司的上市子公司的股票
票面利率	票面利率一般会低于普通债券的票面利率，有时甚至低于同期银行存款利率
转换价格	指每一张可转债在既定的转换价格下能转换为普通股股票的数量。在债券面值和转换价格确定的前提下，转换比率为债券面值与转换价格之商
转换期	指可转债持有人能够行使转换权的有效期限。可转债的转换期可以与债券的期限相同，也可以短于债券的期限
赎回条款	指发债公司按事先约定的价格买赎未转股债券的条件规定，赎回一般发生在公司股票价格一段时期内连续高于转股价格某一幅度时
回售条款	指债券持有人有权按照事先约定的价格将债券卖回给发债公司的条件规定

续表

基本要素	内涵
强制性 转换条款	指在某些条件具备之后，债券持有人必须将可转债转换为股票，无权要求偿还债券本金的条件规定

4. 可转债的发行条件

根据《上市公司证券发行管理办法》的规定，上市公司（主板上市公司）发行可转债，除了应当符合增发股票的一般条件之外，还应当符合以下条件：

（1）最近 3 个会计年度加权平均净资产收益率不低于 6%，扣除非经常性损益后的净利润与扣除前的净利润相比，以低者作为加权平均净资产收益率的计算依据。

（2）本次发行后累计公司债券余额不超过最近一期期末净资产额的 40%。

（3）最近 3 个会计年度实现的年均可分配利润不少于公司债券 1 年的利息。

根据《上市公司证券发行管理办法》的规定，上市公司发行分离交易的可转债，除符合公开增发股票的一般条件外，还应当符合下列条件：

（1）公司最近一期期末经审计的净资产不低于人民币 15 亿元。

（2）最近 3 个会计年度实现的年均可分配利润不少于公司债券 1 年的利息。

（3）最近 3 个会计年度经营活动产生的现金流量净额平均不少于公司债券 1 年的利息，但最近 3 个会计年度加权平均净资产收益率平均不低于 6%（扣除非经常性损益后的净利润与扣除前的净利润相比，以低者作为加权平均净资产收益率的计算依据）的除外。

（四）债券融资的评价

1. 债券融资的优点

（1）债券成本低。通常，债券融资的利息允许所得税前列支，具有节税功能，与股票的股利相比，公司实际负担的债券成本一般低于股票成本。如果发行可转债融资，其利率低于同等条件下普通债券的利率，降低了债券融资成本，在转换为普通股时，公司无须另付融资费用，又节约了股票融资成本。

（2）具有财务杠杆效应。债券由于利息固定，不会因公司利润增加而给债券投资者带来更多收益，但债券融资能为股东带来杠杆效益，增加债券融资公司及其股东的收益。

（3）有利于保障股东对公司的控制权。由于债券持有者无权参与公司管理决策，可转债既不会稀释企业当前的每股收益，也不会稀释原有股东对公司的控制权。

（4）有利于调整资本结构。如果企业发行可转债融资，根据债券的可收回条款，在债券到期之前，企业可以根据不同情况（如当转换价格高于收回价格时）行使收回权力，强制持有者转换手中的债券。强制转换可使企业减少债务，增加权益资本，改善企业的资本结构，进一步提高企业的筹资能力。

2. 债券融资的局限性

（1）偿债压力大。债券本息偿付义务是固定的。债券到期，如果公司收益锐减，可能因无法履行义务而使公司濒临破产，增加破产风险。

（2）不利于现金流量安排。债券还本付息的数额及期限一般固定，但公司的经营现金流是变动的，这种固定与变动之间的矛盾不利于对公司现金流量的安排。

（3）融资数量有限。公司利用债券融资数量受制于债券发行额度。例如《证券法》规定，公司公开发行公司债券，累计债券余额不得超过公司净资产的40%。可见，债券融资的数量是有限的。

（4）可能丧失融资的灵活性，收益可能被稀释。如果企业发行可转债，股票的市场价格一直无法超过转换价格，债券持有者不愿意行使转换权，筹措新的债务资本会受到影响，导致筹资丧失灵活性。可转债将来可能转换为股票，导致企业的每股收益被稀释。

三、债券投资

（一）债券投资的目的

债券投资是指投资者以购买债券的形式投放资本，债券到期向其发行人收取固定利息以及收回本金的一种投资方式。债券投资可以获取固定的利息收入，也可以在市场买卖中赚取差价。债券投资的主要目的是：

（1）暂时聚集闲置资金。企业持有一定量短期债券替代现金余额，时机成熟时将债券售出获得投资收益，以增加现金。短期债券投资的目的大多是预防风险，虽然银行信用是公司为短期交易筹集现金的主要渠道，但有时银行信用也存在风险，因此，必须持有短期债券以防银行信用的不足。

（2）与筹集长期资金相配合。处于成长期或扩张期的公司一般通过发行长期债券（股票或公司债券）满足长期发展的需要。但筹措的长期债券资金一般数额大，也不会一次性全部投入使用，暂时闲置的资金可投资于短期债券以获取投资收益，公司一旦需要资金可随时转让债券，获得现金。

（3）满足未来的财务需求。如果在不久的将来公司有一笔现金需求，如建一座厂房或归还到期债务，可将现有现金投资于可随时变现的债券，以满足未来对现金的需求。

（4）满足季节性经营对现金的需求。从事季节性经营的公司在一年内有旺季或淡季之分，其现金随之出现剩余或短缺状况。这些公司通常在现金有剩余时购入短期债券，现金短缺时则出售债券。

（二）债券估价

债券估价是对债券的价值或内在价值进行评估。债券的内在价值是指在对所有影响债券价值的因素（如收益、风险、管理等）进行正确评价之后得到的债券价格。简单地说，债券的内在价值是它的经济价值[①]。在有效率、信息完全的市场中，债券的市场价格应该围绕其内在价值上下波动。债券估价的方法很多，其中最基本的方法就是将债券未来的现金流入量按一定的贴现率折成现值，该现值即被认为是债券的内在价值。

1. 债券估价基本模型

公司进行债券投资，必须了解债券的估价方法，因为购入或售出债券以交易价格为基础。债券估价是指采用适当的方法，合理地估计债券在市场上的内在价值。债券内在价值（或债券价值）是预期债券未来现金流量的现值，包括债券系列利息收入现值与偿还本金现值之和，该现值即被认为是债券的内在价值。以典型债券（票面利率固定、每期支付利息、到期归还本金）类型为例，其估价基本模型为：

$$V_d = \frac{I_1}{(1+R)^1} + \frac{I_2}{(1+R)^2} + \cdots + \frac{I_n}{(1+R)^n} + \frac{M}{(1+R)^n}$$

$$V_d = \sum_{t=1}^{n} \frac{I_t}{(1+R)^1} + \frac{M}{(1+R)^n}$$

---

① 王光远. 财务会计和财务管理研究 [M]. 北京：中国时代经济出版社，2001.

式中，V_d 表示债券的价值，I 表示债券各期的利息，M 表示债券的面值，R 表示债券价值评估时所采用的贴现率（即所期望的最低投资报酬率）。一般来说，经常采用市场利率作为评估债券价值时所期望的最低投资报酬率。从债券价值基本计量模型中可以看出，债券面值、债券期限、票面利率、市场利率是影响债券价值的基本因素。

【例6-3】M公司拟于2023年2月1日发行面额为1 000元的债券，其票面利率为8%，每年2月1日计算并支付一次利息，并于5年后的1月31日到期。同等风险投资的必要报酬率为10%，则债券的价值为：

$$债券价值 = \frac{1\,000 \times 8\%}{(1 + 10\%)^1} + \frac{1\,000 \times 8\%}{(1 + 10\%)^2} + \frac{1\,000 \times 8\%}{(1 + 10\%)^3} + \frac{1\,000 \times 8\%}{(1 + 10\%)^4}$$

$$+ \frac{1\,000 \times 8\% + 1\,000}{(1 + 10\%)^5}$$

$$= 80 \times (P/A,\ 10\%,\ 5) + 1\,000 \times (P/F,\ 10\%,\ 5)$$

$$= 80 \times 3.791 + 1\,000 \times 0.621$$

$$= 924.28(元)$$

2. 债券估价的其他模型

债券估价的其他模型包括附息债券、零息债券、平息债券和永久性债券等（如表6-4所示）。表中：债券价值用 V_d 示；每年的利息用 I 表示；面值（本金）用 M 表示；年折现率用 r_d 表示（一般采用当前等风险投资的市场利率）；到期前的年数用 n 表示。

表6-4　债券估价的其他模型

种类	概念	计算公式	举例
附息债券	指发行人在到期之前要定期向持有人支付利息并于到期日赎回本金（面值）的债券，其内在价值等于各期利息流入的现值与到期本金的现值之和	$V_d = \dfrac{I}{(1+r_d)^1} + \dfrac{I}{(1+r_d)^2}$ $+\cdots+ \dfrac{I}{(1+r_d)^n} + \dfrac{M}{(1+r_d)^n}$ 或：$V_d = I \times (P/A,\ r_d,\ n) + M \times (P/F,\ r_d,\ n)$	某债券面值为2 000元，年利率为8%，年利息为160元，期限为10年，投资者要求收益率为10%。该债券内在价值为：$V_d = 160 \times (P/A,\ 10\%,\ 10)$ $+ 2\,000 \times (P/F,\ 10\%,\ 10)$ $= 160 \times 6.144\,6 + 2\,000 \times 0.385\,5$ $= 1\,754.14(元)$ 即投资者购买该债券所愿意支付的最高价格为1 754.14元，低于面值

种类	概念	计算公式	举例
零息债券	又称贴现债券，是指债券年利率为零的债券，即在债券到期前不支付利息，只在债券到期时向持有人支付票面金额。零息债券的出售价格会低于票面金额，投资者购买这类债券的收益为面值与买价之间的差额。零息债券的内在价值为到期票面金额的折现值	$V_d = \dfrac{M}{(1+r_d)^n}$ 或： $V_d = M(P/F,\ r_d,\ n)$	某债券面值为 2 000 元、期限为 5 年，投资者所要求的收益率为 8%。该债券内在价值为： $V_d = 2\,000 \times (P/F,\ 8\%,\ 5)$ $= 2\,000 \times 0.680\,6$ $= 1\,361.17$（元） 即投资者以 1 361.17 元的价格买入该债券，5 年后债券到期时获得 8% 的收益率。若该债券出售时的价格低于 1 361.17 元，5 年后获得的收益率将高于 8%，投资者愿意购买该债券；而当债券出售价格高于 1 361.17 元，5 年后的收益率将低于 8%（低于要求的收益率），则不选择购买该债券
平息债券	指利息在期间内平均支付的债券。支付的频率可能是一年一次、半年一次或每季度一次等	$V_d = \sum\limits_{t=1}^{mn} \dfrac{\frac{I}{m}}{\left(1+\frac{r_d}{m}\right)^t}$ $+ \dfrac{m}{\left(1+\frac{r_d}{m}\right)^{mn}}$ 按惯例，票面利率为按年计算的利率，每半年计息时按票面利率的 1/2 计息，计息次数随之增加	某债券面值共计 2 000 万元，票面利率为 8%，每半年支付一次利息，5 年到期。假设年折现率为 10%。该债券的价值为： $V_d = 2\,000 \times \frac{8\%}{2}\ (P/A,\ \frac{10\%}{2},\ 5\times2)$ $+2\,000 \times (P/F,\ \frac{10\%}{2},\ 5\times2)$ $= 80 \times 7.721\,7 + 2\,000 \times 0.613\,9$ $= 1\,845.54$（万元） 该债券的价值低于每年付息一次的价值（1 845.54 万元）。在折价出售债券时，付息期越短，价值越低；如果债券溢价出售，则情况正相反

续表

种类	概念	计算公式	举例
永久性债券	永久性债券的特点是没有到期期限。持有永久性债券的投资者所获得的未来现金流入是无限期的利息收入。其内在价值应等于无限期的利息流入的现值	$V_d=\dfrac{I}{(1+r_d)^1}+\dfrac{I}{(1+r_d)^2}$ $+\cdots+\dfrac{I}{(1+r_d)^\infty}$ 根据永续年金计算原理，可将上式简化： $V_d=\dfrac{I}{r_d}$	某永久债券每年支付利息50万元，投资者所要求的收益率为8%，则该债券的价值为： $V_d=\dfrac{50}{8\%}=625(万元)$ 注：625万元为该投资者所愿意购买该债券所支付的最高金额

【提醒您】凡是利率都可以分为报价利率和有效年利率。当一年内要复利几次时，给出的利率是报价利率，报价利率除以年内复利次数得出计息周期利率，根据计息周期利率可以换算出有效年利率。对于这一规则，利率和折现率都要遵守，否则就破坏了估值规则的内在统一性，也就失去了估值的科学性。

3. 债券价值与必要报酬率

债券价值与必要报酬率存在密切关系。债券定价的基本原则是：必要报酬率等于债券利率时，债券价值就是其面值；如果必要报酬率高于债券利率，债券价值就低于面值；如果必要报酬率低于债券利率，债券价值就高于面值。所有类型的债券估价都必须遵循这一原理。

【例6-4】承例6-3，如果债券必要报酬率分别是8%或6%，则债券价值为：

（1）债券必要报酬率为8%，其价值为：

$$P=80\times(P/A,8\%,5)+1\,000\times(P/F,8\%,5)$$
$$=80\times3.992\,7+1\,000\times0.680\,6$$
$$=1\,000\,（元）$$

（2）债券必要报酬率为6%，其价值为：

$$P=80\times(P/A,6\%,5)+1\,000\times(P/F,6\%,5)$$
$$=80\times4.212\,4+1\,000\times0.747\,3$$
$$=1\,084.29\,（元）$$

从上述所举的例子可以看出，债券的价值与必要报酬率（收益率）之间是呈反方向变化的关系。因为从债券的估价模型中可以看出，收益率越高，未来现金流入的折现值就越小，债券的价值也就越低；反之，收益率越低，未来现金流入的折现值就越大，债券的价值也就越高。如果将债券的价值与必要报酬率的关系用图6-8表示，我们会发现它呈现"弓"的形状，这种形状叫凹状。

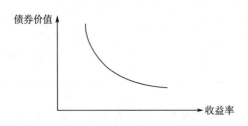

图6-8 债券的价值与必要报酬率的关系曲线

4. 债券期限对债券价值的敏感性

选择长期债券还是短期债券，是管理层经常面临的投资选择问题。由于票面利率的不同，当债券期限发生变化时，债券的价值也会随之波动。具体规律如下：

（1）引起债券价值随债券期限的变化而波动的原因是债券票面利率与市场利率的不一致。如果债券票面利率与市场利率之间没有差异（即面值债券），债券期限的变化不会引起债券价值的变动。

（2）债券期限越短，债券票面利率对债券价值的影响越小。不论是溢价债券还是折价债券，当债券期限较短时，票面利率与市场利率的差异不会使债券的价值过于偏离债券的面值。

（3）债券期限越长，债券价值越偏离债券面值，但这种偏离的变化幅度最终会趋于平稳。

5. 债券价值对市场利率的敏感性

债券一旦发行，其面值、期限、票面利率就固定了，市场利率就成为债券持有期间影响债券的主要因素。市场利率是决定债券价值的贴现率，市场利率的变化会造成系统性的利率风险。

（1）市场利率的上升会导致债券价值下降，市场利率的下降会导致债券价值上升。

（2）长期债券对市场利率的敏感性大于短期债券，在市场利率较低时，长期债券的价值远高于短期债券；在市场利率较高时，长期债券的价值远低于短期债券。

（3）市场利率低于票面利率时，债券价值对市场利率的变化较为敏感，市场利率稍有变动，债券价值就会发生剧烈的波动；市场利率超过票面利率后，债券价值对市场利率变化的敏感性减弱，市场利率的提高不会使债券价值过分降低。

6. 债券投资收益的构成

债券投资收益是指投资者进行债券投资所获得的净收入，包括债券利息、差价收益和利息再投资获得的收益。

（1）债券利息。债券利息简称"债息"，是指债券发行时所规定的债券票面利息或利率。对投资者来说，债券利息是其购买债券定期取得的报酬；对于发行者来说，债券利息是其筹措债券定期支付的报酬。

（2）差价收益。差价收益是指证券投资者进行证券买卖所获得的净收入，是债券买进价格与卖出价格之间的差额。

（3）利息再投资收益。利息再投资收益是指投资者投资分期付息债券，将分期付息债券的利息收入（债券计息时间终止前）再投资于该债券获得的收益。

7. 债券收益率

债券收益率反映的是债券收益与其初始投资之间的关系。计算债券收益率有多种形式，本书主要介绍债券到期收益率。按照债券到期收益率是否考虑时间价值与通货膨胀，债券收益率可分为：

（1）不考虑时间价值与通货膨胀的债券收益率。这种收益率称为债券投资的名义收益率。债券投资的名义收益率（设每年付息一次）是指不考虑时间价值与通货膨胀影响的收益水平，包括到期收益率与持有期间收益率。

①到期收益率（年）。以获取债息为目的的投资者在债券到期前一般不会对债券进行上市买卖。这种将购入债券持有至到期日的收益率即为债券投资的到期收益率。公式为：

$$到期收益率=\frac{面值\times票面年利率+（面值-购买）\div偿还年限或剩余年限}{购买价格}$$

②持有期间收益率（年）。持有期间收益率是指投资者在到期前出售债券情况下的收益水平。公式为：

$$持有期间收益率=\frac{面值\times票面年利率+（出售价格-购买价格）\div持有年限}{购买价格}$$

【例6-5】2023年6月6日，某企业支付90万元购进面值100万元、票面利息率为6%、每年付息一次的债券，并于2024年6月6日以95万元的市价出售。投资收益率计算方法如下：

$$投资收益率 = \frac{100 \times 6\% + (95-90)}{90} \times 100\% = 12.22\%$$

需要说明的是，我国各种债券大多不是按年支付利息的，而是到期时一次还本付息的。这就有必要对上述计算公式进行相应调整：

$$债券到期收益率（年）= \frac{面值 \times 票面年利率 \times 偿还年限 + \dfrac{面值 - 购买价格}{偿还年限或剩余年限}}{购买价格}$$

$$持有期间收益率 = \frac{\dfrac{出售价格 - 购买价格}{持有年限}}{购买价格}$$

🔔【提醒您】债券到期前出售，持有人得不到利息收入，故在计算持有期间收益率时不考虑利息收入。

（2）考虑时间价值与通货膨胀的债券收益率。债券收益率是指能使债券未来现金流的现值正好等于债券当前市场价格（初始投资）的贴现率。它是按复利计算的收益率，考虑了货币的时间价值，能较好地反映债券的实际收益。到期收益率计算公式为：

$$P = \sum_{t=1}^{n} \frac{I_t}{(1+YTM)^1} + \frac{M}{(1+YTM)^n}$$

式中：P代表债券当前的市场价格；I代表利息；M代表债券面值；n代表距到期日的年数；YTM代表每年的到期收益率。

【例6-6】某公司持有一种面值为100万元、票面利率为8%、市场价格为107.02万元、期限为10年的债券，每年付息一次，下一次付息正好在一年后。该债券到期收益率的计算过程为：

$$107.02 = \sum_{t=1}^{10} \frac{8}{(1+YTM)^1} + \frac{100}{(1+YTM)^{10}}$$

$$YTM = 7\%$$

到期收益率假设债券不存在违约风险和利率风险，投资者将债券持有至到期日，并且每次获得的利息按计算出来的到期收益率进行再投资直至到期日。到期收益率不仅反映了利息收入，还考虑了债券购买价格和到期价格之间的资本利得（损失）。因此，到期收益率通常被看作投资者从购买债券直至债券到期所获得的平均收益率。到期收益率是衡量债券预期收益率比较准确的指标。

第三节　股票融资与投资

一、股票概述

（一）股份有限公司及其股票

前已述及，我国公司制企业分为有限责任公司和股份有限公司。股份有限公司的重要特征之一是其资本划分为等额股份，通过发行股票筹集资金，吸收社会上闲散的资金，方便股份的转让。

1. 股份有限公司治理结构

公司治理结构是指一组联结并规范所有者（股东）、支配者（董事会）、管理者（经理）、使用者（工人）相互权力和利益关系的制度安排①。我国公司治理结构采用"三权分立"制度，即决策权、经营管理权、监督权分属于股东会、董事会或执行董事、监事会（如图6-9所示）。通过权力的制衡，三大机关各司其职又相互制约，保证公司顺利运行。

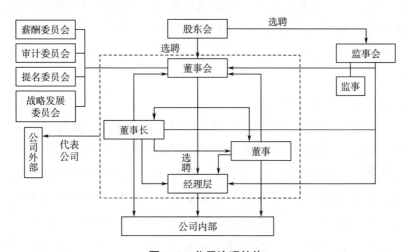

图6-9　公司治理结构

---

① 刘伟.公司（企业）法人产权与治理结构［J］.工商行政管理，1994（10）.

股份有限公司治理结构解释如下：

（1）股东大会。股东大会是由全体股东组成的决定公司经营管理的重大事项的机构。根据《公司法》的相关规定，股东大会是股份有限公司的最高权力机关，对公司重大事项进行决策，有权选任和解除董事，并对公司的经营管理有广泛的决定权。

（2）董事会。董事会是依法由股东大会选举产生的董事组成、代表公司并行使经营决策权的常设机关。董事会是公司的决策机关，它决定公司的生产经营计划和投资方案、公司内部管理机构的设置，并且制订公司年度财务预算、决算方案以及利润分配方案和弥补亏算方案。另外，董事会还有人事任免的权力，包括聘任或解聘公司总经理、副总经理、财务部门负责人以及奖惩报酬等事项。

（3）监事会。监事会是公司的常设监督机构，它由股东大会选举的监事组成，代表全体股东对董事和经理的经营管理行为及公司财务进行监督，行使监督职能。

（4）经营管理机关。经营管理机关是指由董事会聘任的、负责公司日常经营管理活动的公司常设业务执行机关。这里指公司的经理。股份有限公司设置经理一职，由董事会决定聘任或者解聘。经理对董事会负责，对内主持公司的日常生产经营管理工作，组织实施董事会决议并向董事会汇报工作，提出公司的发展战略、经营计划、财务预算、投资方案以及其他相关的议案，等议案批准通过后组织人员开始实施；对外代表公司进行经营宣传和交流活动。

2. 股票及其特征

（1）股票。要掌握《公司法》规定的股票概念，首先要搞清股票与股份的关系。股份概念具有两层含义：①股份是股份有限公司资本的基本构成单位和计算单位。股份有限公司的全部资本划分为若干金额相等的股份，所有股份的总额就是公司的资本总额。②股份是股东权利义务产生的依据。发起人和出资人只有出资缴纳股款并拥有公司股份，才能成为公司的股东。同时，股东在公司中享有的权利、履行的义务也与其拥有的股份直接相关。股东因持有股份而应具有的权利称为股权。股份的表现形式是股票，《公司法》指出"公司的股份应当采取股票的形式"。

《公司法》规定，"股票是公司签发的证明股东所持股份的凭证"。股份有限公司的资本划分为一定股份并要求每股的金额相等，是基于股东的表决权和收益都是按股计算的。股东以其出资比例和享有股份份额参与公司的管理和分配资产收益，并以其所持股份为限对公司承担责任。可见，股份是股票的实质内容，而股票是股份的法律表现形式。

与股份有限公司不同，有限责任公司股东持股凭证不能称为股票，而称作出资证明书，有限责任公司的资本不要求每一张出资证明书的数额都必须相等。

（2）股票特征。股票作为公司签发的证明股东所持股份的凭证，其主要特征包括：①有限责任性。股东仅以所持股份为限，对公司债务承担有限责任。如果公司破产，股东个人的财产不因破产而受清算。②自由转让性。股东根据需要可依法转让股票，或以其抵押获得贷款，但不能退股。③收益性。公司经营获利，股东可按公司章程规定领取股息和红利，并享受因股票价格上升而得到的资本收益。④风险性。股票收益的大小一般与风险性的大小成正比。如果公司发生经营亏损，股东不但得不到股息和红利，投入的资本也会遭受损失。

（二）股票的种类

股票的种类很多，股票可以按照不同标准进行分类。

1. 股票基本类别

按股东享受权利和承担义务的大小，股票可分为普通股股票和优先股股票。

（1）普通股股票简称"普通股"，是相对于优先股股票而言的，是指股息随公司利润大小而增减的股票。它是股份有限公司最重要的一种股份，是构成股份公司资本的基础。普通股的基本权利包括：①对公司董事的投票选举权。普通股持有者在股东大会上有选举董事的投票权，并通过这种投票权保持对公司事务的某种程度的控制。②优先认股权。公司在增发新股时，普通股原股东可以按其所持原股份比例认购新股票。③经营收益的剩余请求权。公司经营收益必须首先满足公司债券持有者、优先股股东的收入要求，如有剩余，由普通股股东分享。④清算财产索取权。公司因故终止，普通股股东只有在公司财产满足所有其他投资者的清算要求后，才能对其资产剩余部分进行分配。⑤有限责任。普通股股东对公司债务仅以其全部投资额（即购买股票款）负有限责任。⑥股票转让权。普通股股东转让持有的股票，不需要其他股东同意，但需要按法律规定办理过户手续。

普通股具有四个主要特点：①持有普通股的股东是公司资本的所有者，可以行使所有者应有的权利。②普通股股利不固定，随公司盈利的变动而变动，是各类股票中收益最大、风险最高的股票。③在公司解散清算时，普通股股东分配公司剩余财产的顺序在优先股之后，如果公司的剩余财产有限，普通股股东则是最终的损失者。④普通股可以进入股市交易。

（2）优先股。优先股是指相对于普通股而拥有"优先"权利的股票，是在公司筹措资本时给予投资人某种优先条件的股票，又称为"特别股"。优先股票的基本特征包括：①优先获得股息。优先股股票的股息通常是固定的，股息率不随公司经营状况波动，其股东可按公司章程优先于普通股股东领取股息和分享红利。②优先得到清偿。公司在清算时，优先股股东有先于普通股股东分配公司剩余财产的权利。③表决权受到限制。优先股股东一般不能参加公司的经营决策以及选举董事的投票。④永久性。优先股股东不能向公司要求退股。⑤优先股的股利固定，并作为公司税后利润分配（从净利润中支付），不得在税前列支。

可见，优先股是一种兼有股票与债券双重性质的证券，上述特征①~③反映了优先股性质类似于债券；特征④和⑤反映了优先股性质类似于普通股。

2. 股票的其他种类

股票除上述普通股、优先股类别外，还可以按照不同标志分为不同类别（如表6-5所示）。

表6-5　股票的其他种类

分类标准	种类	内涵	其他
按股票票面是否记名分类	记名股票	指在股票票面上记载股东的姓名或者名称，并将持票人的姓名或名称记入公司的股东名册的股票	记名股票的股权只限于股东本人使用，不能私自转让，转让时必须按规定办理过户手续，对于受让人，公司要重新办理登记手续
	无记名股票	指在股票票面上不记载股东的姓名或者名称，持票人的姓名或名称也不记入公司的股东名册的股票	公司只记载股票的数量、编号和发行日期。无记名股票的转让、继承无须办理过户手续

续表

分类标准	种类	内涵	其他	
按股票票面有无金额分类	面值股票	指公司发行的票面上标有金额的股票。票面金额为投资者最初的投资额。持有该种股票的股东，其在公司中享有的权利和承担的义务按其所拥有的全部股票的票面金额之和占公司发行在外的股票总面额来确定		
	无面值股票	指不标明票面金额，只在股票上记载所占公司股本总额的比例或股份数	真正式无面值股票	在公司章程和股票上都不记载金额
			记载式无面值股票	在票面上不记载金额，但在公司章程上记载金额
按发行对象和上市地区分类	A股	由中国境内公司在境内发行，由国内投资者（以身份证为准）用人民币购买，并在境内证券交易所上市交易的记名式普通股股票		
	B股	在中国境内证券交易所上市交易，以人民币标明面值并折合成外汇的股票	在上海证券交易所用美元标价，在深圳证券交易所用港元标价	
	H股		在香港上市交易的以港元标价的股票	
	N股		在美国纽约证券交易所上市交易，以美元标价的股票	
根据股票持有人的身份	国有股	指政府持有的由国有资产形成的股票		
	法人股	由法人持有的由法人资产形成或投资购买的股票		
	个人股	指个人持有的由个人投资购买的股票	社会公众股	
			内部职工股	
	外资股	国内公司发行的由我国港、澳、台地区和外国投资者用外币购买的以人民币表明面值的记名式股票		

（三）股东的权利与义务

【讨论题6-1】股票发行一般要涉及发起人、认购人等，这些人的身份一经确立，是否就具备股东的条件？

解答：股份有限公司的股东是指股份的持有者。股东与发起人、认购人不同，发起人是指在公司成立前参与公司设立活动的人，发起人必须认购一定数量的股份；认购人是指除发起人以外在公司设立过程中认购股份的人。发起人和认购人在公司成立后由于认购股份而成为股东。总之，股东资格的取得源于取得了股份，其资格的丧失也源于股份的丧失。也就是说，取得了公司的股份，也就成了公司的股东；丧失股份，股东身份也不再存在。

1. 股东的权利

股东的权利和义务是股东在公司中享有的权利和应当承担的义务。股东权利的大小以拥有股份数量的多少为依据，同股同权，一股份一股权，一个股份不能分割，也不能同时为两个股东所拥有。同时，股份及其形成的股权没有时效限制，只要公司存在，股份就存在，股权就始终有效。

2. 普通股股东的权利

普通股股东的权利如表 6-6 所示。

表 6-6　普通股股东的权利

股东权利		具体内容
公司管理权	普通股股东的管理权，在董事会中享有选举权（投票权）和被选举权	有权选举公司董事会和成员的权利
		有权对公司重大问题进行投票表决
		具有查阅公司账目的权利
		阻止公司的管理当局越权经营的权利
分享盈余权		公司每一个会计年度的盈余首先用来发放优先股股利，然后由董事会根据公司的盈利情况和财务状况制订盈余的分配方案
出售或转让股份权		基于一定的原因，例如寻求更高的收益、解决资金的需要以及与公司管理当局的意见不一致而又无力控制，普通股股东享有出售股票或转让股份的权利
优先认股权		当公司增发普通股股票时，原有股东有权按持有公司股份比例优先认购新股
剩余财产要求权		当公司解敬、清算时，普通股股东对剩余财产有要求权

3. 普通股股东的义务

《公司法》规定，公司股东应当遵守法律、行政法规和公司章程，依法行使股东权利，不得滥用股东权利损害公司或其他股东的利益，不得滥用公司法人独立地位和股东有限责任损害公司债权人的利益。

（四）股票的价值、价格和收益

1. 股票价值的内涵

这里所讲的股票是指普通股股票。股票本身并无价值，仅是一种凭证。股票之所以有价格、可以上市买卖，是因为股票能给持有人带来预期收益。股票一旦发行上市买卖，股票价格就与其面值分离。这时的价格主要由预期股利和当时的市场利率决定，即股利的资本化价值决定了股票价格。此外，股票价格还受整个经济环境变化和投资者心理等复杂因素的影响。

股票价值是指股票预期能够提供所有未来现金流量的现值。持有股票带来的未来现金流入包括两部分：股利和出售时售价。尽管出售股票时股票持有者除获得现金股利之外还可获得资本利得，但股票持有者实际出售的仍是未来获得股利的权利。在未来可预测的时间段内不支付股利的股票仍有价值，因为该股票可通过公司的出售或公司资产的清算获得未来股利。因此，从价值评估的角度看，只有股利与股票评价相关①。总之，股票价值是提供未来股利的现值。

2. 股票的价值和价格

股票代表一定价值量，简称"股票价值"。它是投资者最为关心的因素之一。投资者总希望花费最少的钱买到价值最高的股票。股票价值的形式主要包括：

（1）票面价值，又称面值，是在股票票面上标明的金额。面值是确定股东所持股份占公司所有权比重大小的依据。

（2）账面价值，是指公司资产总额减去负债，即公司净资产。股票的账面价值减去优先股价值为普通股价值。以公司净资产除以发行在外的普通股票的股数为普通股每股账面价值，又称"每股净资产"。每股股票账面价值计算公式如下：

$$每股股票账面价值 = \frac{公司净资产 - 优先股价值}{普通股总股数}$$

【例6-7】2023年12月31日，某公司的优先股（每股面额为100元）为1 000万元，普通股（每股面额为5元）为500万元，公积金为1 000万元，保留盈余1 600万元，净值为4 100万元。该公司每股股票的账面价值为：

$$每股股票账面价值 = \frac{4\ 100 - 1\ 000}{(500 \div 5)} = 31（元）$$

每股股票账面价值的高低对股票交易价格有着重要影响，但通常并不等于股票价格，主要原因有两个：一是账面价值通常反映的是历史成本或公允价值，并不等于公司资产的实际价格；二是账面价值并不反映公司的未来发展前景。

---

① 麦金森. 公司财务理论［M］. 大连：东北财经大学出版社，2019.

（3）市场价值，即股票在股票市场上买卖的价格，有时也简称为"股价"。从理论上说，股票价格应由其价值决定，但股票本身并没有价值。它之所以能够在市场交易，因为它能为持有者带来未来股息红利等收益。

（4）清算价值，即企业终止清算后股票所具有的价值。它与股票账面价值和市场价值可能存在差异，因为清算时至少要从资产处置收益中扣除清算费用等支出，企业终止时其资产的实际价值会与账面价值发生偏离（如公司破产时）。

（5）股票的内在价值，即股票的理论价值，也即股票未来收益的现值。股票的内在价值决定股票的市场价格，股票的市场价格围绕其内在价值波动。由于未来收益及市场利率的不确定性，各种价值模型计算出来的内在价值只是股票真实价值的估计值。

3. 股票的收益

股票收益就是股票给投资者带来的收入，主要包括以下三方面收益：

（1）现金股利。现金股利是指投资者以股东身份按照持股的数量从公司盈利的现金分配中获得的收益，具体包括股息和红利两部分，简称"股利"。

（2）资产增值。资产增值是指公司税后利润除支付股息和红利外，留用的盈余公积及未分配利润等。这部分利润（即资产增值部分）虽未直接发放给股东，但股东对其拥有所有权，属于股票收益。

（3）资本利得，又称"市价盈利"，即以低价买进股票再高价卖出所赚取的差价利润。其实，股票最重要的魅力就在于巨额市价盈利。考虑到市价盈利，持有股票收益率计算公式为：

$$股票收益率=\frac{股票卖出价-股票买进价+股利收入}{股票买进价}\times100\%$$

【例6-8】某公司2022年投资10 000 000元购买了若干股某种股票，2023年以15 000 000元将其全部卖出，期间获股利收入2 000 000元。假设不考虑其他因素，投资该种股票盈利率计算过程如下：

$$股票收益率=\frac{15\ 000\ 000-10\ 000\ 000+2\ 000\ 000}{10\ 000\ 000}\times100\%$$

$$=70\%$$

（五）股票价值的评估

1. 股票估值的基本模型

如果股东永远持有股票，其投资回报只有股利，它是一个永续的现金流入，现金流入的现值就是股票的价值。股票的基本评估模型可用以下等式表示：

$$V_a = \frac{D_1}{(1+r_s)^1} + \frac{D_2}{(1+r_s)^2} + \cdots + \frac{D_n}{(1+r_s)^n}$$

$$= \sum \frac{D_t}{(1+r_s)^1}$$

式中：V_a 为普通股价值；D_t 为第 t 年的股利；r_s 为年折现率，一般采用资本成本率或投资的必要报酬率。

股票估值的基本模型是股票评价的一般模式。它在实际应用时要面临两个主要问题：第一，如何预计未来每年的股利；第二，如何确定贴现率。

股票评价的基本模型要求无限期地预计历年的股利，实际上不可能做到。因此应用的模型都是各种简化办法，如每年股利相同或固定比率增长等。

贴现率的主要作用是把所有未来不同时间的现金流入折算为现在的价值。折算率应当是投资者所要求的收益率。那么，投资者要求的收益率应当是多少呢？本节稍后再讨论。

🔔【提醒您】*如果投资者不打算永久地持有该股票，而在持有一段时间后出售，他的未来现金流入是数次股利收益和出售时的股价。但无论投资期限如何，也无论最终以什么价格出售，股票的价值就是投资者在投资期限内得到的股利现值与投资期限末（股票出售时）预期股票价格现值之和，由于投资期末的股票价格取决于该时点之后的预期股利，股票价值就是未来股利现值。*

2. 零增长股票的价值

零成长股票是各年支付的股利相等、股利的增长率为零的股票。由于假定股息增长率为零，零增长股票价值评估方法实际是计算未来股利不变的永续年金，其计算公式为：

$$零增长股票的价值（V）= \frac{每年股利（D）}{最低报酬率（r）}$$

【例6-9】某股票每年分配股利 3 元，最低报酬率为 15%，股利的增长率为零。该股票价值为：

$$零增长股票的价值 = \frac{3}{15\%} = 20（元）$$

这就是说，该股票每年带来 3 元的收益，在市场利率为 15% 的条件下，它相当于 20 元资本的收益，所以其价值是 20 元。

当然，市场上的股价不一定就是 20 元，还要看投资人对风险的态度，因此股价可能高于或低于 20 元。如果当时的市价不等于股票价值，例如市价为 18 元，每年固定股利为 3 元，则其预期报酬率为：

$$r = \frac{3}{18} \times 100\% = 16.67\%$$

可见，市价低于股票价值时，期望报酬率高于必要报酬率。

零增长股票价值评估方法不仅可以对普通股进行估值，也可以对优先股进行估值。由于优先股每期收到相同的股息，因此，优先股价值更适合用这种方法来估计。

3. 固定增长股票的价值

有些企业的股利是不断增长的。固定增长股票是指每年发放的股利都在增长，增长的比例是相同的。固定增长股票价值评估方法为：

$$V_0 = \frac{D_0(1+g)}{(r-g)} = \frac{D_1}{(r-g)}$$

式中：V_0 表示固定增长股票价值；D_0 为基期股利；g 为增长率，是常数，且 $r>g$；r 为报酬率。

【例 6-10】M 股票股利在以后的年份预期会以 6% 的增长率增长，它最近每股支付股利 2.25 元，与 M 股票类似的股票的收益率为 11%。

$D_0 = 2.25$，$r = 11\%$，$g = 6\%$，M 股票内在价值为：

$$V_0 = \frac{2.25 \times (1 + 6\%)}{(11\% - 6\%)} = \frac{2.385}{5\%} = 47.7(元)$$

这个价格包括在零期后支付的所有股利的价值，而不包括 D_0，D_0 已被支付给当前的所有者。

4. 非固定增长股票的价值

在现实生活中，有的公司股利是不固定的，例如：在一段时间里股利高速增长，在另一段时间里正常固定增长或固定不变。在这种情况下，就要分段计算，才能确定股票的价值。

【例 6-11】某投资者持有 MN 公司的股票，投资必要报酬率为 16%。公司最近每股支付股利 2 元。预计 MN 公司未来 3 年股利增长率为 20%，三年股利依次为 2.4 元、2.88 元和 3.46 元。三年后转为正常增长，增长率为 10%。该公司股票价值的计算过程为：

(1) 计算非正常增长期的股利现值：

三年股利现值 $= 2.4 \times (P/F, 16\%, 1) + 2.88 \times (P/F, 16\%, 2) + 3.46 \times (P/F, 16\%, 3)$

$\qquad = 2.4 \times 0.862\ 1 + 2.88 \times 0.743\ 2 + 3.46 \times 0.640\ 7$

$\qquad = 2.07 + 2.14 + 2.22$

$\qquad = 6.43 \text{（元）}$

（2）计算第 3 年年末的普通股价值：

$$V_3 = \frac{D_4}{(r-g)} = \frac{D_3(1+g)}{(r-g)} = \frac{3.46 \times (1+20\%)}{(16\% - 10\%)} = 69.2 \text{（元）}$$

（3）计算其现值：

$$V_0 = 69.2 \times (P/F, 16\%, 3) = 69.2 \times 0.640\ 7 = 44.34 \text{（元）}$$

（4）计算股票目前的价值：

$$V_0 = 6.43 + 44.34 = 50.77 \text{（元）}$$

（六）股票期望报酬率

在对股票是否被市场高估或低估分析的基础上，还要估计股票期望报酬率，判断股票投资回报水平。期望报酬率是投资人投资股票预期可以获得的报酬率。正确估计股票期望报酬率要以下列假设为条件：①股票价格是公平的市场价格，证券市场处于均衡状态；②在任一时点证券价格都能完全反映该公司任何可获得的公开信息，而且证券价格对新信息能迅速作出反应。在这种假设条件下，股票的期望报酬率等于其必要报酬率。

股票投资收益来源于两种形式：一是投资者获得的股利；二是股票买卖的价格差收益或损失，也叫作资本利得或资本损失。如果以 V_0 表示购买一只股票的购买价格，V_1 表示一年后股票价格。如果在这一年获得股利为 D_1，当年收益就是股利 D_1 加上价格差 $(V_1 - V_0)$。上述股票收益或报酬关系用公式表示为：

$$r = \frac{D_1 + (V_1 - V_0)}{V_0} = \frac{D_1}{V_0} + \frac{(V_1 - V_0)}{V_0}$$

通过公式可见，股票报酬率可以分为两个部分：$\dfrac{D_1}{V_0}$ 为第一部分，叫作股利收益率，它是根据预期现金股利除以当前股价计算出来的。$\dfrac{(V_1 - V_0)}{V_0}$ 为第二部分，叫作股利增长率，可用 g 表示。由于股利的增长速度就是股价的增长速度，因此，g 可以解释为股价增长率或资本利得收益率，其数值可以根据公司的可持续增长率估计。V_0 是股票市场形成的价格，只要能预计出下一期的股利，就可以估计出投资者（股东）的期望报酬率。在有效市场中，期望报酬率是与该股票风险相适应的必要报酬率。

【例6-12】① 某股票的价格为20元，预计下一期的股利是1元，该股利将以大约10%的速度持续增长。该股票的期望报酬率为：

$$r = \frac{1}{20} + 10\% = 15\%$$

如果用15%作为必要报酬率，则一年后的股价为：

$$V_1 = \frac{1 \times (1 + 10\%)}{15\% - 10\%} = \frac{1.1}{5\%} = 22(元)$$

如果现在用20元购买该股票，年末将收到1元股利，并且得到2元（22-20）的资本利得。根据上述分析，可计算该股票总报酬率（股利收益率与资本利得收益率之和）为：

$$股票总报酬率 = \frac{1}{20} + \frac{22-20}{20} = 5\% + 10\% = 15\%$$

🔔【提醒您】股票总报酬率可以用来计算特定公司风险情况下股东要求的必要报酬率，也就是公司的权益资本成本。例6-12的股票总报酬率15%是股东期望或者说要求公司赚取的收益。如果股东的要求大于15%，他就不会进行这种投资；如果股东的要求小于15%，就会争购该股票，使得价格升上去。既然股东们接受了20元的价格，就表明他们要求的是15%的报酬率。

（七）股票发行价格

股票的发行价格一般包括三种方式：①平价发行，即股票的发行价格与股票的票面价格相同；②溢价发行，即股票的发行价格高于股票的票面价格；③折价发行，即股票的发行价格低于股票的票面价格。

《公司法》规定，股票发行价格可以等于票面金额，也可以超过票面金额，但不得低于票面金额。

💬【讨论题6-2】债券可采用平价、溢价和折价三种方式发行，而股票的发行大多为平价或溢价发行，但一般不折价发行，原因是什么？

解答：股份有限公司所有发行的股票的票面价值总额等同于股份有限公司设立或者增资所需要的资本总额。因此，从资本充实的角度出发，股票只有平价发行或者溢价发行，股份发行所募集到的资金才能够等于或者高于公司所需要的资本。而股票若折价发行，即使股份全部得以发行，所募集到的资金也必然低于公

---

① 中国注册会计师协会组织. 财务成本管理［M］. 北京：中国财政经济出版社，2019.

司所需资本总额，这实际上会造成公司资本的虚增，有可能损害公司及股东的利益，对于公司债权人来说也是不利的。因此，各国对折价发行股票都进行了限制。

二、普通股融资

股票融资是股份有限公司筹集股本的主要方式，是其他融资方式的基础。发行普通股筹集的资本是公司最基本的资金来源。

（一）股票发行方式

股份有限公司股票发行有设立发行和新股发行两种方式，前者是指公司设立时的股份发行；后者是指公司设立后的股份发行，实际上相当于股份公司增资。

公司设立是指促成公司成立并取得法人资格的一系列法律行为的总称，分为发起设立和募集设立两种方式：

1. 发起设立

发起设立，是由发起人认购公司应发行的全部股份而设立公司。在发起设立方式下，发起人认缴全部出资后，按照公司章程的规定缴纳出资额。

2. 募集设立

募集设立，是由发起人认购公司应发行股份的一部分，其余股份向社会公开募集或者向特定对象募集而设立公司。《中华人民共和国公司法》规定，募集方式设立股份有限公司的，发起人认购的股份不得少于公司股份总数的35%，发起人以及认购人应当一次缴纳出资额。

（二）股票发行的原则、类型和条件

1. 股票发行的原则

股份公司不论是设立发行还是增资发行，在发行股票时必须遵循公开、公平、公正原则。

（1）公开原则，是指股份的发行应当面对所有出资者，不允许有隐蔽的幕后活动。

（2）公平原则，是指对股份发行中的民事主体一视同仁，每股金额相等，同股同权、同股同利，每股承担的风险也相等，股份持有者可平等地、自由地转让其股份（特定持股对象除外）。

（3）公正原则，是指股份的发行工作公平合理，没有虚假偏私行为。具体表现为：第一，发行新股认购表应不限数量，使所有潜在投资者都有机会购买股票；第二，同次发行的股票，每股的发行条件和价格应当相同。

2. 股票发行的类型

(1) 首次公开发行股票并上市、上市公司增资发行。其中：①首次公开发行股票并上市（IPO）是指公司首次在证券市场公开发行股票募集资金并上市的行为。通常，首次公开发行是发行人在满足必须具备的条件，并经证券监管机构审核、核准或注册后，通过证券承销机构面向社会公众公开发行股票并在证券交易所上市的过程。通过首次公开发行，发行人不仅募集到所需资金，而且完成了股份有限公司的设立或转制，成为上市公众公司。②上市公司增资发行是指股份公司上市后为达到增加资本的目的而发行股票的行为，也称上市公司发行新股。我国《上市公司证券发行管理办法》规定，上市公司增资的方式有：向原股东配售股份、向不特定对象公开募集股份、发行可转换公司债券、非公开发行股票。

(2) 公开发行和非公开发行。①公开发行是公开间接发行的简称，是指股份公司通过中介机构向社会公众公开发行股票。采用募集设立方式成立的股份有限公司向社会公开发行股票时，必须由有资格的证券经营中介机构，如证券公司、信托投资公司等承销。这种发行方式的发行范围广，发行对象多，易于足额筹集资本。公开发行股票还有利于提高公司的知名度，扩大其影响力，但公开发行方式审批手续复杂严格，发行成本高。②非公开发行是非公开直接发行的简称，是指股份公司只向少数特定对象直接发行股票，不需要中介机构承销。用发起设立方式成立和向特定对象募集方式发行新股的股份有限公司向发起人和特定对象发行股票，采用直接将股票销售给认购者的自销方式。这种发行方式弹性较大，公司能控制股票的发行过程，节省发行费用，但发行范围小，不易及时足额筹集资本，发行后股票的变现性差。

3. 股票发行的条件

初次发行股票、增资发行股票和配股发行是股票发行的基本方式。各自发行条件如下：

(1) 初次发行股票的条件。在主板上市的公司首次公开发行股票的条件包括：①发行人应当是依法设立且合法存续一定期限的股份有限公司。②发行人已合法并真实取得注册资本项下载明的资产。③发行人的生产经营符合法律、行政法规和公司章程的规定，符合国家产业政策。④发行人最近3年内主营业务和董事、高级管理人员没有发生重大变化，实际控制人没有发生变更。⑤发行人的股权清晰，控股股东和受控股股东、实际控制人支配的股东持有的发行人股份不存在重大权属纠纷。⑥发行人具备健全且运行良好的组织机构。⑦发行人具有持续盈利能力。⑧发行人的财务状况良好。财务状况良好具体分为定性和定量标准（如表6-7所示）。

表6-7 财务状况良好标准

定性标准		定量标准	
内部控制	在所有重大方面应是有效的，并由注册会计师出具了无保留结论的内部控制鉴证报告	盈利能力	最近3个会计年度净利润均为正数且累计超过人民币3 000万元。最近3个会计年度经营活动产生的现金流量净额累计超过人民币5 000万元，或者最近3个会计年度营业收入累计超过人民币3亿元。最近一期期末不存在未弥补亏损
会计基础工作规范	财务报表的编制符合企业会计准则和相关会计制度的规定，在所有重大方面都公允地反映了发行人的财务状况、经营成果和现金流量，并由注册会计师出具了无保留意见的审计报告	股本要求	发行前股本总额不少于人民币3 000万元
		无形资产要求	最近一期期末无形资产占净资产的比例不高于20%
编制财务报表	以实际发生的交易或者事项为依据；在进行会计确认、计量和报告时应当保持应有的谨慎；对相同或者相似的经济业务，应选用一致的会计政策，不得随意变更		
信息披露完整	关联方关系并按重要性原则恰当披露关联交易。关联交易价格公允，不存在通过关联交易操纵利润的情形		
依法纳税	各项税收优惠符合相关法律法规的规定，经营成果对税收优惠不存在严重依赖		
不存在重大偿债风险	不存在重大偿债风险，不存在影响企业持续经营的担保、诉讼以及仲裁等重大或有事项		
财务资料	真实完整		

（财务管理规范）

（2）增资发行股票的条件。上市公司公开发行新股的，可以分为向原股东配售股份（即"配投"）和向不特定对象公开募集股份（即称"增发"）。已经成立的股份有限公司为了扩大建设规模，可通过发行股票筹集所需资金，即股票的增资发行。增资发行新股的一般条件如下：①组织机构健全，运行良好。②盈利能力应具有可持续性。上市公司最近 3 个会计年度连续盈利。③财务状况良好。④财务会计文件无虚假记载。⑤募集资金的数额和使用符合规定。

（3）配股发行的条件。配股发行是上市公司依照有关法律规定和相应的程序，向原股票股东按其持股比例、以低于市价的某一特定价格配售一定数量新发行股票的融资行为。上市公司配股，应当向股权登记日登记在册的股东配售，且配售比例应当相同。配股除了应当符合前述一般条件之外，还应当符合以下条件：①拟配售股份数量不超过本次配售股份前股本总额的 30%。②控股股东应当在股东大会召开前公开承诺认配股份的数量。③采用证券法规定的代销方式发行。

（三）股份有限公司首次发行股票的一般程序

1. 发起人认足股份、交付股资

发起设立方式的公司发起人认购公司全部股份；募集设立方式的公司发起人认购的股份不得少于公司股份总数的 35%。发起人可以用货币出资，也可以非货币资产作价出资。发起设立方式下，发起人交付全部股资后，应选举董事会、监事会，由董事会办理公司设立的登记事项；募集设立方式下，发起人认足其应认购的股份并交付股资后，其余部分向社会公开募集或者向特定对象募集。

2. 提出公开募集股份的申请

募集设立方式的公司发起人向社会公开募集股份时，必须向国务院证券监督管理部门递交募股申请，并报送批准设立公司的相关文件，包括公司章程、招股说明书等。

3. 公告招股说明书，签订承销协议

公开募集股份申请经国家批准后，应公告招股说明书。招股说明书应包括公司章程、发起人认购的股份数、本次每股票面价值和发行价格、募集资金的用途等。同时，与证券公司等证券承销机构签订承销协议。

4. 招认股份，缴纳股款

发行股票的公司或其承销机构一般用广告或书面通知办法招募股份。认股者一旦填写了认股书，就要承担认股书中约定缴纳股款的义务。股款收足后，发起人应委托法定的机构验资，出具验资证明。

5. 召开创立大会，选举董事会、监事会

发行股份的股款募足后，发起人应在规定期限内（法定 30 天内）主持召开创立大会。创立大会通过公司章程，选举董事会和监事会成员，并有权对公司的设立费用进行审核，对发起人用于抵作股款的财产的作价进行审核。

6. 办理公司设立登记，交割股票

经创立大会选举的董事会，应在创立大会结束后 30 天内办理申请公司设立的登记事项。登记成立后，即向股东正式交付股票。

（四）股票上市

股票上市是指股份有限公司公开发行的股票经批准在证券交易所进行挂牌交易。经批准在交易所上市交易的股票则为上市股票。按照国际通行做法，只有公开募集发行并经批准上市的股票才能进入证券交易所流通转让。《中华人民共和国公司法》规定，股东转让其股份（股票进入流通），必须在依法设立的证券交易场所进行。

1. 股票上市的目的

股份公司申请股票上市的目的主要是通过股票上市使众多的投资者认购公司股份，可将筹措的股票款用于多方面，分散公司的风险。由于股票上市方便投资者购买，因此可以提高股票的流动性和变现力。股票上市的前提是必须依法执行上市公司的各项法规制度，这就大大增强了社会公众对公司的信赖，使之乐于购买公司的股票。同时，由于一般人认为上市公司实力雄厚，因此便于公司采用其他方式（如负债）筹措资金。股票上市能够提高公司的知名度，吸引更多顾客，从而扩大销售量。与此同时，股票上市后，公司股价有市价可循，有利于确定公司的价值。

但股票上市将使公司负担较高的信息披露成本，各种信息公开的要求可能会暴露公司的商业秘密，股价有时会歪曲公司的实际状况，降低公司声誉，可能会分散公司的控制权，造成管理上的困难。

2. 股票上市的条件

公司公开发行的股票进入证券交易所挂牌买卖（即股票上市），须受严格的条件限制。《中华人民共和国公司法》规定，股份有限公司申请其股票上市，必须符合下列条件：

（1）股票经国务院证券管理部门批准已向社会公开发行。不允许公司在设立时直接申请股票上市。

（2）公司股本总额不少于人民币 5 000 万元。

（3）开业时间在三年以上，最近三年连续盈利；属国有公司依法改建而设立股份有限公司的，或者在《公司法》实施后新组建成立、其主要发起人为国有大中型公司的股份有限公司，可连续计算。

（4）持有股票面值人民币 1 000 元以上的股东不少于 1 000 人，向社会公开发行的股份达公司股份总数的 25%以上；公司股本总额超过人民币 4 亿元的，其向社会公开发行股份的比例为 15%以上。

（5）公司在最近三年内无重大违法行为，财务会计报告无虚假记载。

（6）国务院规定的其他条件。具备上述条件的股份有限公司经申请，由国务院或国务院授权的证券管理部门批准，其股票方可上市。股票上市公司必须公告其上市报告，并将其申请文件存放在指定的地点供公众查阅。股票上市公司还必须定期公布其财务状况和经营情况，每一会计年度内半年公布一次财务会计报告。

3. 上市公司的股票发行

上市的股份有限公司在证券市场上发行股票包括公开发行和非公开发行两种类型。公开发行股票又分为首次上市公开发行股票和上市公开发行股票，非公开发行即向特定投资者发行，也叫定向发行。

（1）首次上市公开发行股票（IPO）的公司，自成立后持续经营时间应当在 3 年以上（经国务院特别批准的除外），应当符合中国证监会《首次公开发行股票并上市管理办法》规定的相关条件，并经中国证监会核准。

实施 IPO 发行的基本程序是：①公司董事会应当依法就本次股票发行的具体方案、本次募集资金使用的可行性及其他事项作出决议，并提请股东大会批准；②公司股东大会就本次发行股票作出决议；③由保荐人保荐并向证监会申报；④证监会受理并审批核准；⑤自证监会核准发行之日起，公司应在 6 个月内公开发行股票，超过 6 个月未发行的，核准失效，须经证监会重新核准后方可发行。

（2）上市公开发行股票，是指股份有限公司已经上市后，通过证券交易所在证券市场上向社会公开发行股票。上市公开发行股票包括增发和配股两种方式。增发是指上市公司向社会公众发售股票的再融资方式；配股是指上市公司向原有股东配售股票的再融资方式。

（3）上市公司非公开发行股票。上市公司非公开发行股票是指上市公司采用非公开方式向特定对象发行股票的行为，也叫定向募集增发。定向增发的对象可以是老股东，也可以是新投资者，但发行对象不超过10名，发行对象为境外战略投资者的，应当经国务院相关部门事先批准。

上市公司定向增发股票优势如下：①有利于引入战略投资者和机构投资者。②有利于利用上市公司的市场化估值溢价，将母公司资产通过资本市场放大，从而提升母公司的资产价值。③定向增发是一种主要的并购手段，特别是资产并购型定向增发，有利于集团公司整体上市，并减轻并购的现金流压力。

（五）普通股融资的评价

1. 普通股融资的优点

股份有限公司出于筹集股本或大规模生产经营资金等目的而发行普通股，与其他融资方式相比，其优点如下：

（1）没有固定到期日，不用偿还。发行普通股筹措资本具有永久性，无到期日，不需要归还。这对保证公司对资本的最低需要、维持公司长期稳定发展极为有益。公司利用普通股筹集的是永久性的资金，除非公司清算才需偿还。它对保证公司最低的资金需求有重要意义。普通股融资形成稳定且长期占用的资本，有利于增强公司的资信，为债务融资提供基础。

（2）没有固定利息负担。发行普通股融资没有固定的股利负担，股利的支付与否和支付多少视公司盈利情况和经营需要而定，经营波动给公司带来的财务负担相对较小。由于普通股融资没有固定的到期还本付息的压力，所以融资风险较小。公司有盈余并适合分配股利，就可以分给股东；公司盈余较少，或者虽有盈余但资金短缺或有更有利的投资机会，就可少支付或不支付股利。

（3）融资风险小。由于普通股没有固定到期日，不用支付固定的利息，此种融资实际上不存在不能偿付的风险，因此风险最小。

（4）能增加公司的信誉。普通股本与留存收益构成公司一切债务的基础。有了较多的自有资金，就可为债权人提供较大的损失保障，因而，普通股融资既可以提高公司的信用价值，也为公司使用更多的债务资金提供了强有力的支持。

（5）融资限制较少。利用优先股或债券融资通常有许多限制，这些限制往往会影响公司经营的灵活性，而利用普通股融资则没有这些限制。

2. 普通股融资的局限性

（1）资金成本较高。对于投资者来说，投资于普通股风险较高，相应地要求有较高的投资报酬率；对于融资公司来讲，普通股股利从税后利润中支付，不像债券利息那样作为费用从税前支付，因而不具有抵税作用。此外，普通股的发行费用一般高于其他证券。

（2）容易分散控制权。利用普通股融资出售新的股票，会引进新的股东，容易导致公司控制权的分散。此外，新股东分享公司未发行新股前积累的盈余，会降低普通股的每股净收益，可能引起股价下跌。

三、优先股股票融资

（一）优先股概述

1. 优先股的含义

优先股是指依照《中华人民共和国公司法》，在一般规定的普通种类股份之外另行规定的其他种类股份，其股份持有人优先于普通股股东分配公司利润和剩余财产，但参与公司决策管理等权利受到限制①。

优先股的优先权主要表现在两个方面：①在公司分配盈利时，持有优先股的股东比持有普通股的股东先参与分配，而且享受固定数额的股息，即优先股的股息率都是固定的，普通股的红利却不固定，视公司盈利情况而定；②在公司解散分配剩余财产时，优先股股东在普通股股东之前参与分配。

【讨论题 6-3】从投资者来看，为什么说优先股投资的风险比债券大？

解答：当公司面临破产时，优先股股东的求偿权低于债权人。在公司财务困难的时候，债务利息会被优先支付，优先股股利则次之。因此，同一公司的优先股股东要求的必要报酬率比债权人高。同时，优先股投资的风险比普通股低。当公司面临破产时，优先股股东的求偿权优先于普通股股东。在公司分配利润时，优先股股息通常固定且优先支付，普通股股利只能最后支

---

① 《优先股试点管理办法》（中国证券监督管理委员会令第97号）。

付。因此，同一公司的优先股股东要求的必要报酬率比普通股股东低。

2. 优先股的特征

与普通股相比，优先股的特征主要有：①优先股没有规定到期日，所筹集的资本属于股权资本，优先股具有面值和固定的股利率；②与普通股相比，优先股股利分配上具有优先权，优先股股东具有对剩余财产的优先求偿权；③优先股股东参与公司经营管理的权利受到限制；④优先股通常规定有选择性赎回条款。

3. 优先股的基本性质

（1）约定股息。相对于普通股而言，优先股的股利是事先约定的，也是相对固定的。由于优先股的股息率事先已作规定，因此优先股的股息一般不会根据公司经营情况而变化，而且优先股一般不参与公司普通股的利润分红。但优先股的各年固定股息率可以不同，另外，优先股也可以采用浮动股息率分配利润。

（2）权利优先。优先股的优先权利是相对于普通股而言的。优先股股东可以先于普通股股东获得股息，公司的可分配利润先分给优先股股东，剩余部分再分给普通股股东。在剩余财产方面，优先股股东的清偿顺序先于普通股股东而次于债权人。一旦公司清算，剩余财产先分给债权人，再分给优先股股东，最后分给普通股股东。

（3）权利范围小。优先股股东一般没有选举权和被选举权，对股份公司的重大经营事项无表决权，仅在股东大会表决与优先股股东自身利益直接相关的特定事项（例如修改公司章程中与优先股股东利益相关的事项条款）时具有有限表决权。

（二）优先股的种类

优先股种类繁多，可以按照不同标准进行分类（如表6-8所示）。

表6-8 优先股的种类

分类标准	分类	含义
股息率在股权存续期内是否调整	固定股息率优先股	优先股股息率在股权存续期内不作调整
	浮动股息率优先股	优先股股息率根据约定的计算方法进行调整

续表

分类标准	分类	含义
分红是否具有强制性	强制分红优先股	公司在章程中规定，在有可分配税后利润时，必须向优先股股东分配利润
	非强制分红优先股	在有可分配税后利润时，可以不向优先股股东分配利润
所欠股息是否累积	累积优先股	公司在某一时期所获盈利不足，导致当年可分配利润不足以支付优先股股息时，则将应付股息累积到次年或以后某一年盈利时，在普通股的股息发放之前，连同本年优先股股息一并发放
	非累积优先股	公司不足以支付优先股的全部股息时，对所欠股息部分，优先股股东不能要求公司在以后年度补发
是否有权同普通股股东一起参加剩余税后利润分配	参与优先股	持有人除可按规定的股息率优先获得股息外，还可与普通股股东分享公司的剩余收益
	非参与优先股	持有人只能获取一定股息但不能参加公司额外分红
是否可以转换成普通股	可转换优先股	在规定的时间内，优先股股东或发行人可以按照一定的转换比率把优先股换成该公司普通股
	不可转换优先股	不能转换成普通股
是否享有要求公司回购优先股的权利	可回购优先股	允许发行公司按发行价加上一定比例的补偿收益回购，发行人要求赎回优先股的，必须完全支付所欠股息
	不可回购优先股	不附有回购条款

（三）优先股的估值

优先股的支付义务很像债券，每期支付的股利与债券每期支付的利息类似，因此债券的估值方法也可用于优先股估值。已知优先股每年支付股利（D），n 年后被公司以每股 P 元的价格回购以及股东要求的必要报酬率（r），则优先股价值计算方法为：

优先股价值（V）= 每年支付股利×年金复利现值系数+每股回收价格×复利现值系数

用公式表示如下：

$$V = D \times (P/A, i, n) + P \times (P/F, i, n)$$

多数优先股永远不会到期，除非企业破产，因此优先股估值可进一步简化为永续年金的估值。当优先股存续期内采用相同的固定股息率时，优先股价值（V）计算公式为：

$$优先股价值（V）= \frac{优先股每期股息（D）}{年折现率（r）}$$

年折现率（r）一般采用资本成本率或投资的必要报酬率。

【例6-13】MN公司对外流通的优先股每季度支付股利每股0.60元，年必要报酬率为10%，则该公司优先股的价值为：

$$优先股现值 = \frac{0.60}{\frac{10\%}{4}} = 24（元）$$

（四）优先股发行条件

按照我国《优先股试点管理办法》，上市公司可以发行优先股，非上市公众公司可以非公开发行优先股。本教材重点探讨上市公司优先股的发行。

1. 上市公司发行优先股的一般条件

（1）最近3个会计年度实现的年均可分配利润应当不少于优先股1年的股息。

（2）最近3年现金分红情况应当符合公司章程及中国证监会的有关监管规定。

（3）报告期不存在重大会计违规事项。公开发行优先股，最近3年财务报表被注册会计师出具的审计报告应当为标准审计报告或带强调事项段的无保留意见的审计报告；非公开发行优先股，最近1年财务报表被注册会计师出具的审计报告为非标准审计报告的，所涉及事项对公司无重大不利影响或者在发行前重大不利影响已经消除。

（4）已发行的优先股不得超过公司普通股股份总数的50%，且融资金额不得超过发行前净资产的50%，已回购、转换的优先股不纳入计算。

2. 上市公司公开发行优先股的特别规定

（1）上市公司公开发行优先股，应当符合以下情形之一：①其普通股为上证50指数成分股；②以公开发行优先股作为支付手段收购或吸收合并其他上市公司；③以减少注册资本为目的回购普通股的，可以公开发行优先股作为支付手段，或者在回购方案实施完毕后，可公开发行不超过回购减资总额的优先股。

（2）最近3个会计年度应当连续盈利。扣除非经常性损益后的净利润与扣除前的净利润相比，以低者作为计算依据。

（3）上市公司公开发行优先股应当在公司章程中规定以下事项：①采取固定股息率；②在有可分配税后利润的情况下必须向优先股股东分配股息。

（4）上市公司公开发行优先股的，可以向原股东优先配售。

（5）最近 36 个月内因违反工商、税收、土地、环保、海关法律、行政法规或规章，受到行政处罚且情节严重的，不得公开发行优先股。

（6）公司及其控股股东或实际控制人最近 12 个月内应当不存在违反向投资者作出的公开承诺的行为。

（五）优先股融资评价

1. 优先股的优点

优先股既像公司债券又像公司股票，因此优先股融资属于混合融资，兼有债务融资和股权融资的性质。

（1）有利于丰富资本市场的投资结构。优先股为投资者提供了多元化投资渠道，增加了固定收益型产品。注重现金红利的投资者可投资优先股，而希望分享公司经营成果的投资者则可以选择普通股。

（2）有利于股份公司股权资本结构的调整。公司资本结构调整既包括债务资本和股权资本的结构调整，也包括股权资本的内部结构调整。

（3）有利于保障普通股收益和控制权。优先股的每股收益是固定的，只要净利润增加并且高于优先股股息，普通股的每股收益就会上升。另外，优先股股东无表决权，不影响普通股股东对公司的控制权，也不会稀释原普通股的权益。

（4）有利于降低公司财务风险。优先股股利不是公司必须偿付的一项法定债务，如果公司财务状况恶化，这种股利可以不支付，避免了公司的财务负担。优先股没有规定最终到期日，它实质上是一种永续性借款，增加了公司长期资金来源。

2. 优先股融资的局限性

优先股融资的局限性主要表现在两个方面：①相对于债务融资成本而言，优先股融资成本较高，其原因是优先股股息不能抵减所得税，而债务利息可以抵减所得税；②优先股的股利支付虽然没有法律约束，但一般按时支付，具有固定成本性质，给股份公司带来一定的财务压力和财务风险。

四、认股权证融资

【讨论题6-4】这里所说的"认股权证"与普通股所拥有的"优先认股权"是否是一回事？

解答：不是一回事。优先认股权是普通股股东拥有的权利之一。该权利使原有股东能按其股份比例优先购买本公司发行的新股或可以转换为普通股的其他有价证券。认股权证指在一定时期内以某一特定价格购买一定数量普通股股票的选择权。

（一）认股权证的含义

认股权证是一种由上市公司发行的证明文件，持有人有权在一定时间内以约定价格认购该公司发行的一定数量的普通股的证券。每一份认股权证将会详细说明权证持有人可以购买的股票份数、执行价格以及到期日。发行认股权证的主要目的是吸引广大投资者和某些投资机构购买公司发行的普通股股票。

通常，认股权证与股票或债券一起发放，投资者在购买公司证券的同时获得了优先认购该公司股票的权利。当普通股的市场价值超过认购价格时，投资者将获得额外收益。认股权证可由上市公司为增资而单独发行，也可以向原股东按其持股比例配送认股权证（即配股发行），还可以由上市公司发行股票或债券时附设认股权证（即嵌入式发行）。在有效期内，公司持有的认股权证可在二级市场上转让交易，上市公司也可以回购认股权证。

（二）认股权证的基本性质

认股权证的基本性质主要表现在两个方面：

（1）认股权证的期权性。认股权证本质上是一种股票期权，属于衍生金融工具，具有实现融资和股票期权激励的双重功能。但认股权证本身仅是一种认购普通股的期权，它没有普通股的红利收入，也没有普通股相应的投票权。

（2）认股权证是一种投资工具。投资者可以通过购买认股权证获得市场价与认购价之间的股票差价收益，因此它是一种具有内在价值的投资工具。例如，甲公司支付10 000元购买乙公司1 000张认股权证，期限为1年，到期时可用10元价格兑换1股乙公司股票。到期日前，乙公司股票价格上涨到20

元，甲公司可用 10 元购买股票 1 股，购买股票共计 1 000 股，及时将股票以 20 元的价格全部卖出，获得资本利得 10 000 元 ［1 000×（20-10）］。如果到期日乙公司股票价格下跌到 5 元，可以选择不行使认股权证，认股权证将失去价值，甲公司仅损失 10 000 元的投资成本，没有额外损失。

（三）认股权证的要素

认股权证的要素如图 6-10 所示。

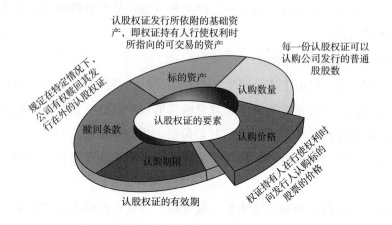

图 6-10　认股权证的要素

（四）认股权证融资的评价

（1）采用附送认股权证的方式出售债券，公司以较低的利率将证券推销出去，可在满足公司资金需求的同时降低公司的融资成本。投资者也可以从中分享公司增长繁荣的利益。

（2）改善公司未来资本结构。如果公司处于增长阶段，会对权益资本产生新需求，同时，公司的发展将带动股票价格上升，促使认股权证持有者行权。公司在获得现金增加的同时，股权资本比重上升，公司未来资本结构得到改善。

五、股票投资

【讨论题 6-5】 "股市有风险，投资需谨慎"蕴含什么样的经济活动规律？

解答：这当中蕴含经济活动中的一个规律：风险越高，收益越大。在投资领域中，收益越大，它背后所隐藏的风险也就越高。

（一）股票投资的目的

1. 获取利润

使股票投资的利润尽可能最大化，是股票投资者普遍的、基本的目的。利润越大，股票投资者的积极性越高；相反，若不能获利，理性的股票投资者就会停止投资。

2. 获得控制权

通过股票投资获得股票发行公司经营管理的控制权，是部分法人投资者从事股份投资的目的。这类投资者获取股票发行公司的控制权的目标可分为三种情况：①让股票的发行公司和投资公司形成公司集团，开展纵向和横向一体化经营；②获得可靠的资金供给（对金融机构控股）、原材料供给、技术供给或产品销售市场；③取得董事职务及公司的领导权，避免投资因经营管理不当而受损。

3. 分散风险

分散风险是指通过股票投资将资金投资于多种股票，实现资产多元化，以规避投资风险或将投资风险控制在一定限度内。在股票市场上，每种股票的收益和风险程度各不相同，投资于不同的股票，收益高的股票可以弥补另一部分股票可能出现的亏损，可以达到分散风险的目的。

4. 保持资产的流动性

资产的流动性是指资产的变现能力。流动性最强的资产是现金及活期存款。但手持现金不能获利，活期存款的利息率很低。实业投资则具有不可逆性，所形成的资产变现能力差。股票资产的变现能力介于存款与实业资产之间，可以保持资产的流动性。当股票持有者遇到较高收益的投资机会时，可通过出售所持股票而进行新的投资。一旦现金匮乏，也可以将所持股票转换为现金，以备急需之用，减少持有大量现金的机会成本。

（二）股票投资的基本程序

股票交易程序是指投资者在二级市场上买进或卖出已上市股票所应遵循的规定过程。在当今信息化技术条件下，股票交易已采用电子化形式。股票投资基本程序如图 6-11 所示。

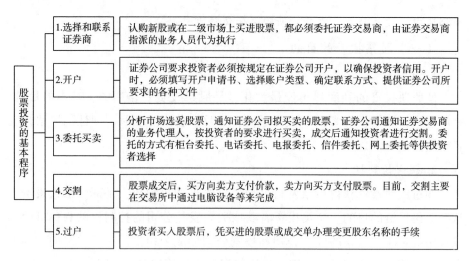

图 6-11　股票投资的基本程序

（三）股票投资收益

1. 股票投资收益的形式

股票投资收益的主要形式有股息和资本利得两种。

（1）股息。股息是公司分红后投资者所获得的收益。不论是国家的有关法律还是公司的章程，基本上都不会规定公司应该分配多少股息，也不规定什么时候分配股息。即使公司永远不分配股息，也不构成任何违约。尽管在实践中，公司总会尽可能保持股息稳定性，但是股息仍然不可避免地会出现波动。

公司分红不仅受经营状况的影响，也受发展战略的影响。当公司经营成果出现波动时，由于股息分配顺序在利息之后，而且股息不是约定的负债，因此公司就有可能因现金流紧张而降低股息甚至停止发放股息。因为股息顺序靠后，所以股票也称为剩余索取权。其次，当公司处于高速成长期或者出现好的投资机会，而且面临着外部高融资成本时，就会选择使用内部资金实施投资项目，而放弃分红。

（2）资本利得。资本利得是投资者所获得的买卖股票价差。当出售股票的价格高于买入价格时，两者之差称为资本利得，可见，资本利得的大小既取决于购买价格，也取决于出售价格。资本利得是股票投资收益的重要组成部分，获取资本利得是实现资本高速增值的必要条件。

2. 股票投资收益的衡量

与债券相对应，可以通过计算名义收益率与真实收益率衡量股票投资收益的高低。

（1）股票投资的名义收益率。股票有普通股和优先股之分，优先股同债券有相似之处，即具有面值和规定的票面利率，其名义收益率可参照债券持有期间收益率的公式计算，也可以参照普通股真实收益率公式计算。

普通股具有股利支付的数额、时间不确定的特点，投资者可以通过概率方法估算期望收益与期望收益率。

$$股票持有期间总收益率 = \frac{持有期间期望收益总额}{购买价格总额}$$

$$股票持有期间年均收益率 = \sqrt[n]{1+股票持有期间总收益率} - 1 \ (n \text{ 为持有年限})$$

（2）股票投资的真实收益率。股票投资的真实收益率就是在名义收益率的基础上，剔除通货膨胀的影响并考虑时间价值因素得到的收益水平。由于投资者在进行股票（特别是普通股）投资时无法确知其名义收益，因此，这里所说的真实收益率仅是一种概念，而非实际收益率本身，当然，投资者也可以在事后计算其实际的收益率。

对于短线投资者（投资期限在一年以内），其真实收益率的计算可以只考虑通货膨胀因素。基本步骤与短期债券投资类似，即首先估算名义收益率的期望值，然后将价格变动因素剔除，从而得到真实收益率的期望值。

对于投资期限一年以上的投资者，在计算实际收益率时需要同时考虑时间价值与通货膨胀两个因素。其计算方法为：首先，计算期望收益或收益率；其次，剔除价格指数变动影响；最后，按一定的贴现率进行折现，计算出投资期间的真实收益率总现值和年均真实收益率。

$$各年真实收益率 = \frac{各年名义收益期望值 \div 购买价格}{各年末价格指数 \div 投资期初价格指数}$$

$$投资期间真实收益率的折现总和 = \frac{第1年真实收益率}{(1+折现率)^1} + \frac{第1年真实收益率}{(1+折现率)^2}$$

$$+ \cdots + \frac{第n年真实收益率}{(1+折现率)^n}$$

$$年均真实收益率 = 投资期间真实收益率折现总和 \times \frac{折现率}{1-(1+折现率)^{-n}}$$

【例6-14】某公司2022年初购入A股票情况如表6-9所示。

表6-9　A股票情况

期限	股数	单位购买价格（元）	3年年均市价上涨率	股利情况			价格指数（年末）				贴现率
				每年末发放股利1次	预计第1年股利（元/股）	年均增长率	购买时	1	2	3	
3	1 000	100	8%		15	10%	120	125	130	135	12%

如果所获股利不进行再投资，三年真实收益率的现值总和以及年均真实收益率计算结果如下。

（1）计算各年真实收益率折现：

$$第1年真实收益率折现 = \frac{(15÷100)÷(125÷120)}{1+12\%} = 12.86\%$$

$$第2年真实收益率折现 = \frac{[15×(1+10\%)÷100]÷(130÷120)}{(1+12\%)^2} = 12.14\%$$

$$第3年真实收益率折现 = \frac{[15×(1+10\%)^2÷100]÷(135÷120)}{(1+12\%)^3} = 11.48\%$$

（2）计算三年真实收益率的现值总和：

三年真实收益率的现值总和 = 12.86%+12.14%+11.48% = 36.48%

（3）计算年均真实收益率：

$$年均真实收益率 = 36.48\% × \frac{12\%}{1-(1+12\%)^{-3}} = 15.19\%$$

第四节　证券投资基金

一、证券投资基金的概念、特点和类型

（一）证券投资基金的概念

证券投资基金是指通过公开或者非公开募集资金设立证券投资基金（以下简称"基金"），将投资者的资金集中起来形成独立资产，由基金管理人管理、基金托管人托管，为基金份额持有人的利益进行证券投资活动的一种投资工具。证券投资基金运行方式如图6-12所示。

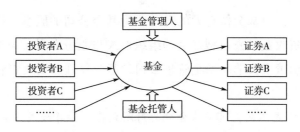

图 6-12　证券投资基金概念示意图

（二）证券投资基金的特点

作为一种现代化投资工具，证券投资基金的突出特点是汇集闲散资金、专业管理、组合投资，以达到分散风险、提高收益的目的。

1. 集合投资

证券投资基金通过发放基金方式，广泛地吸收社会闲散资金，汇成规模巨额的投资资金。

2. 分散风险

证券投资基金将集中的巨额资金依法分散投资于多种证券，实现资产组合多样化，达到分散投资风险的目的。

3. 专业理财

证券投资基金实行专业理财制度，将分散的资金集中起来以信托方式交给专业机构，由专业人员具体操作，尽可能地避免中小投资者盲目投资造成的投资失误，最大限度地提高投资收益。

（三）证券投资基金的类型

证券投资基金类型多，但可以按照不同标志进行分类。

1. 按组织形式不同，可将基金可分为契约型基金和公司型基金

（1）契约型基金。契约型基金又称为单位信托基金，是指将投资者、管理人、托管人三者作为信托关系的当事人，通过签订基金契约的形式发行受益凭证而设立的一种基金。契约型基金是一种代理投资方式，没有基金章程，也没有公司董事会，而通过基金契约来规范三方当事人的行为。基金管理人负责基金的管理操作；基金托管人负责基金资产的保管和处置，对基金管理人的运作实行监督。

（2）公司型基金是指依据基金公司章程设立、在法律上具有独立法人地位的股份投资公司。公司型基金以发行股份的方式募集资金，投资者购买基

金公司的股份后，以基金持有人的身份成为基金公司的股东，凭其持有的股份依法享有投资收益。公司型基金的组织形式与股份有限公司类似，由股东选举董事会，由董事会选聘基金管理公司，基金管理公司负责管理基金的投资业务。

2. 按运作方式不同，可将基金分为封闭式基金和开放式基金

（1）封闭式基金是指经核准的基金份额总额在基金合同期限内固定不变，基金份额可以在依法设立的证券交易场所交易，但基金份额持有人不得申请赎回的基金。

（2）开放式基金是指基金份额总额不固定，基金份额可以在基金合同约定的时间和场所申购或者赎回的基金。

3. 按投资标的划分，可将基金分为国债基金、股票基金、货币市场基金

（1）国债基金是指以国债为主要投资对象的证券投资基金。由于国债的年利率固定，又有国家信用作为保证，因而这类基金的风险较低，适合于稳健型投资者。

（2）股票基金是指以上市股票为主要投资对象的证券投资基金。股票基金是最重要的基金品种，它的优点是资本的成长潜力较大，投资者不仅可以获得资本利得，还可以通过股票基金将较少的资金投资于各类股票，以实现降低风险的同时保持较高收益的投资目标。

（3）货币市场基金是指以货币市场工具为投资对象的一种基金，其投资对象期限在 1 年以内，包括银行短期存款、国库券、公司短期债券、银行承兑票据及商业票据等货币市场工具。货币市场基金通常被认为是低风险的投资工具。

4. 按募集方式划分，可将基金分为私募基金和公募基金

（1）私募基金是指采取非公开方式、面向特定投资者募集发售的基金。这些投资者往往风险承受能力较高，单个投资者涉及的资金量较大。

（2）公募基金是指可以面向社会公众公开发售的基金。公募基金募集对象不固定，投资金额较低，适宜中小投资者参与。

5. 按投资目标划分，可以将基金分为增长型基金、收入型基金和平衡型基金

（1）增长型基金是指以追求资本增值为基本目标的基金。增长型基金投资对象主要是具有良好增长潜力的股票，具有风险大、收益高的特点。

（2）收入型基金是指以追求稳定的经常性收入为基本目标的基金。收入

型基金投资对象是大盘蓝筹股、公司债、政府债券等稳定收益证券，具有风险小、收益较低的特点。

（3）平衡型基金是指既注重资本增值又注重当期收入的一类基金。平衡型基金的风险、收益介于增长型基金与收入型基金之间。

二、证券投资基金参与主体及证券投资基金运作方式

（一）证券投资基金参与主体

在基金市场上存在许多不同的参与主体。依据所承担的职责与作用的不同，基金市场的参与主体可分为四类（如表6-10所示）。

表6-10　证券投资基金参与主体

参与主体	具体分类	含义
基金 当事人	基金份额持有人	即基金投资者，是基金的出资人、基金资产的所有者和基金投资回报的受益人
	基金管理人	指基金产品的募集者和管理者，其最主要的职责就是按照基金合同的约定负责基金资产的投资运作，在有效控制风险的基础上为基金投资者争取最大的投资收益。基金管理人在基金运作中具有核心作用。在我国，基金管理人只能由依法设立的基金管理公司担任
	基金托管人	指基金资产保管、基金资金清算、会计复核以及对基金投资运作监督的人。在我国，基金托管人只能由依法设立并取得基金托管资格的商业银行担任
基金市场 服务机构	基金销售机构	指基金管理人以及经中国证券监督管理委员会认定的可以从事基金销售的其他机构。目前可申请从事基金销售的机构主要包括商业银行、证券公司、证券投资咨询机构、独立基金销售机构
	基金注册登记机构	指办理基金份额的登记过户、存管和结算业务的机构
	律师事务所，会计师事务所	为基金提供法律、会计服务的机构
	基金投资咨询机构，基金评级机构	基金投资咨询机构是提供基金投资咨询建议的中介机构 基金评级机构则是向投资者以及其他市场参与主体提供基金评价业务、基金资料与数据服务的机构

续表

参与主体	具体分类	含义
基金监管机构		指通过依法行使审批或核准权，依法办理基金备案，对基金管理人、基金托管人以及其他从事基金活动的中介机构进行监督管理，对违法违规行为进行查处的机构
基金自律组织		由基金管理人、基金托管人或基金销售机构等组织成立的同业协会

（二）证券投资基金运作关系

基金投资者、基金管理人与基金托管人是基金的当事人。基金市场上的各类中介服务机构通过自己的专业服务参与基金市场，监管机构则对基金市场上的各种参与主体实施全面监管。我国证券投资基金运作关系图 6-13 所示。

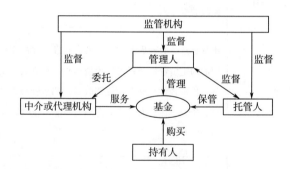

图 6-13　证券投资基金运作关系简图

三、证券投资基金的募集程序

基金的募集是证券投资基金投资的起点，基金的交易与申购和赎回为基金投资提供了流动性，份额的注册登记则在确保基金募集与交易活动的安全性上起着重要作用。运作方式不同的基金在募集、交易、申购和赎回等环节上也存在较大的差异。募集程序一般分为申请、核准、发售、基金合同生效四个步骤。

（一）基金募集申请

申请募集基金应提交的主要文件包括基金申请报告、基金合同草案、基金托管协议草案、招募说明书草案等。

（二）基金募集申请的核准

国家证券监管机构应当自受理基金募集申请之日起 6 个月内作出核准或者不予核准的决定。

（三）基金份额的发售

基金管理人应当自收到核准文件之日起 6 个月内进行基金份额的发售。基金的募集期限自基金份额发售日开始计算，募集期限不得超过 3 个月。

（四）基金合同生效

基金合同订立时并不生效。根据规定，基金合同载明的基金募集所应符合的要求是基金合同生效的条件，而基金的备案程序是基金合同生效的必备程序。因此，只有基金募集达到法定条件，并且基金管理人依照规定向国务院证券监督管理机构办理了基金备案手续，基金合同才能生效。

基金合同生效条件为：基金募集期限届满，封闭式基金份额总额达到核准规模的 80% 以上；基金份额持有人人数达到 200 人以上；开放式基金满足募集份额总额不少于 2 亿份，基金募集金额不少于 2 亿元人民币，基金份额持有人的人数不少于 200 人。基金管理人应当自募集期限届满之日起 10 日内聘请法定验资机构验资。

自收到验资报告之日起 10 日内，基金管理人向国务院证券监督管理机构提交备案申请和验资报告，办理基金备案手续。证监会收到验资报告和备案申请之日起 3 个工作日内以书面形式确认。确认之日起，备案手续办理完毕，基金合同生效。基金收到确认文件次日，发布基金合同生效公告。

基金募集失败，基金管理人应以固有财产承担因募集行为而产生的债务和费用：在基金募集期限届满后 30 日内返还投资者已缴纳的款项，并加计银行同期存款利息。

四、证券投资基金的投资策略

目前在国际基金市场中基金的投资策略与方法主要有以下几种。

（一）固定比例投资法

固定比例投资法也称为公式投资法，是指将资金按固定比例投资于不同基金，当某种基金由于净资产变动而使投资比例发生变化时，就迅速卖出或买进该种基金，保持投资比例不变。如果股票市场上涨，则该组合中股票资产相对于债券资产的比例上升，基金公司要主动进行调整，卖出部分股票而投资于债券，以保持初始股票市值的相对比例；当股票市场下跌时，基金公司要卖出部分债券而投资于股票。

（二）平均成本投资法

平均成本投资法是指每隔一段固定的时间（一个月或半年）以固定的金额购买某种基金，是进行长期基金投资的策略。采用这种方法的投资者需满足两个条件：投资者要具有持之以恒的长期投资的思想；投资者必须拥有稳定的资金来源，以用于经常的、固定的投资。

（三）适时进出投资法

适时进出投资法也称为"抢短线"投资法，是指投资者完全将市场行情作为买卖基础：当预测行情即将下跌时，就减少手中的基金份额；反之则增加基金份额。

（四）更换基金投资法

更换基金投资法是指投资者应追随强势基金，必要时要断然割弃那些业绩不佳的基金。

五、证券投资基金业绩评价

基金投资后，投资者需要关注的重要问题是基金的业绩如何。在投资时仅仅了解投资产品实现的回报率是不够的，只有通过完备的投资业绩评估，投资者才有足够的信息来了解自己的投资状况，进行基金投资决策。投资者可以运用以下基金业绩评估指标对基金业绩进行评估。

（一）绝对收益

基金绝对收益指标不关注与业绩基准之间的差异，测量的是证券或投资组合的增值或贬值，即一定时期内获得的回报情况，一般用百分比形式的收益率衡量。绝对收益的计算涉及以下指标。

1. 持有期间收益率

基金持有期间所获得的收益通常来源于所投资证券的资产回报和收入回报两部分。资产回报是指股票、债券等资产价格的增加，收入回报为股票或债券的分红、利息等。计算公式如下：

$$持有期间收益率 = \frac{期末资产价格 - 期初资产价格 + 持有期间红利收入}{期初资产价格} \times 100\%$$

2. 现金流和时间加权收益率

现金流和时间加权收益率是指将收益率计算区间划分为若干个子区间，每个子区间以现金流发生时间划分，以各个子区间收益率为基础计算的整个期间的绝对收益水平。

【例6-15】某股票基金 2023 年 5 月至 9 月发生业务：5 月 5 日有大客户进行了申购，9 月 1 日进行了分红（两个时点为现金流发生时点）。2023 年将上述两个时点划分为三个阶段，每阶段收益率分别为-6%、5%、4%。该基金当年的现金流和时间加权收益率计算方法为：

$$现金流和时间加权收益率 = (1-6\%) \times (1+5\%) \times (1+4\%) - 1 = 2.65\%$$

3. 平均收益率

基金平均收益率有算术平均收益率和几何平均收益率之分。

（1）算术平均收益率是指通过计算各期收益率算术平均值确定的收益率。算术平均收益率的计算公式为：

$$算术平均收益率(R) = \frac{\sum\limits_{t=1}^{n} R_t}{n} \times 100\%$$

式中：R 表示 t 期收益率；n 表示期数。

（2）几何平均收益率是指通过计算各期几何平均收益率值确定的收益率。几何平均收益率（R_G）的计算公式为：

$$R_G = \left[\sqrt[n]{\prod_{i=1}^{n} (1 + R_i)} - 1 \right] \times 100\%$$

式中：R_i 表示 i 期收益率；"$\prod$"表示相乘；n 表示期数。

几何平均收益率相比算术平均收益率考虑了货币的时间价值。一般来说，收益率波动越明显，算术平均收益率相比几何平均收益率越大。

【例6-16】某基金近三年的收益率分别为 5%、7%、9%，分别计算其三年的算术

平均收益率与几何平均收益率如下：

$$算术平均收益率 = \frac{5\% + 7\% + 9\%}{3} = 7\%$$

$$几何平均收益率 = \left[\sqrt[3]{(1 + 5\%)(1 + 7\%)(1 + 9\%)} - 1 \right] \times 100\% = 6.99\%$$

（二）相对收益

基金的相对收益是指基金相对一定的业绩比较基准的收益。业绩比较基

准的选取可以服从于投资范围，可选取特定市场或特定行业指数（如沪深300指数、上证50指数等），也可选取几个指数的组合。

人们一般根据基金投资的目标选取对应的行业或市场指数，例如，以指数成分股股票收益率作为业绩比较基准，求解相对收益。假设某基金以沪深300指数作为业绩比较基准，当沪深300指数收益率为8%、该基金收益率为6%时，从绝对收益看确实盈利了，但其相对收益为-2%。这样的收益计算方式可以使投资者通过比较基金与比较基准的收益差异对基金经营业绩有更深入的认识，该业绩比较基准也为基金经理提供了投资参考。

【关键词汇】

证券	security	债券估价	bond valuation
证券市场	securities market	普通股股票	common stock
债券	bond	优先股股票	preferred stock
短期融资券	short-term financing bond	股票内在价值	stock intrinsic value
可转债	convertible bond	认股权证	warrants
固定利率债券	fixed interest securities	证券投资基金	securities investment funds
私募债券	private placement bond	公司型基金	corporate type fund
偿债基金债券	sinking fund bonds		

【思考与练习】

一、思考题

1. 什么是证券？什么是证券市场？我国证券交易市场层级是如何划分的？

2. 什么是债券？债券基本要素包括哪些？简述债券的特征。

3. 什么是短期融资券？简述短期融资券的种类和特点。

4. 简述影响公司债发行价格的因素。

5. 什么是可转债？简述可转债融资的特点和发行条件。

6. 简述债券融资的优点和局限性。

7. 简述债券投资收益构成及其债券投资收益率的方法。

8. 什么是普通股股票、优先股股票？简述两者的特征、主要区别。

9. 股票的发行价格有几种方式？为何股票一般不折价发行？

10. 什么是股票上市？简述股票上市的目的及条件。

11. 与债券融资相比，普通股融资有何特点？

12. 什么是证券投资基金？简述证券投资基金的特点和类型。

二、单项选择题

1. 公司可以将某些资产作为质押品向商业银行申请质押贷款。下列各项中，不能作为质押品的是（　　）。

A. 厂房　　　　　　　　　B. 股票

C. 汇票　　　　　　　　　D. 专利权

2. 与普通股融资相比，下列选项中不属于长期负债融资特点的是（　　）。

A. 融资风险较高　　　　　B. 融资成本较高

C. 具有资金使用期限上的时间性　　D. 不分散公司的控制权

3. 以下长期借款的保护性条款中，属于特殊性保护条款的是（　　）。

A. 不准在正常情况下出售较多资产

B. 不准公司投资于短期内不能收回资金的项目

C. 限制其他长期债务

D. 对借款公司流动资金保持量的规定

4. 甲股票目前的股价为10元，预计股利可以按照5%的增长率固定增长，刚刚发放的股利为1.2元/股，投资人打算长期持有，则股票投资的收益率为（　　）。

A. 17%　　　　　　　　　B. 17.6%

C. 12%　　　　　　　　　D. 12.6%

5. 下列融资方式中，兼具融资速度快、融资费用和资本成本低、对公司有较大灵活性的融资方式是（　　）。

A. 发行股票　　　　　　　B. 融资租赁

C. 发行债券　　　　　　　D. 长期借款

6. 与其他长期债务融资相比，下列各项中属于长期借款融资优点的是（　　）。

A. 财务风险较小　　　　　B. 融资速度快

C. 融资规模大　　　　　　D. 具有长期性和稳定性

7. 下列各项关于长期借款的表述中，正确的是（　　）。

A. 长期借款按照提供贷款的机构可分为信用贷款和抵押贷款

B. 贷款专款专用是长期借款的一般性保护条款

C. 长期借款融资限制条款较多

D. 长期借款融资借款弹性较差

8. 长期借款融资与长期债券融资相比，其特点是（　　）。

A. 利息能节税　　　　　　　　　B. 融资弹性大

C. 融资费用大　　　　　　　　　D. 债务利息高

9. 下列融资方式中，融资速度较快但在资金使用方面往往具有较多限制条款的是（　　）。

A. 发行债券　　　　　　　　　　B. 融资租赁

C. 发行股票　　　　　　　　　　D. 银行借款

10. 下列各项中，不属于债务融资优点的是（　　）。

A. 可形成公司稳定的资本基础　　B. 融资弹性较大

C. 融资速度较快　　　　　　　　D. 融资成本负担较轻

三、多项选择题

1. 下列各项中，应用于大多数借款合同的条款有（　　）。

A. 例行性保护条款　　　　　　　B. 一般性保护条款

C. 特殊性保护条款　　　　　　　D. 限制性保护条款

2. 下列关于长期借款融资的表述中，不正确的是（　　）。

A. 长期借款按照提供贷款的机构可分为信用贷款和抵押贷款

B. 短期借款融资中的周转信贷协定、补偿性余额等条件同样适用于长期借款

C. 若预计市场利率下降，借款公司应与银行签订固定利率合同

D. 与其他长期负债融资相比，长期借款融资速度比较快

3. 下列各项中属于债务融资方式的有（　　）。

A. 商业信用　　　　　　　　　　B. 融资租赁

C. 优先股　　　　　　　　　　　D. 普通股

4. 与银行借款相比，下列各项中属于发行债券融资特点的有（　　）。

A. 资本成本较高　　　　　　　　B. 一次融资数额较大

C. 扩大公司的社会影响　　　　　D. 募集资金使用限制较多

5. 设甲公司购买 A 股票 10 000 股，每股购买价 8 元，随后按每股 12 元的价格卖出全部股票，证券交易费用为 400 元，则该笔证券交易的资本利得是（　　）元。

A. 39 600　　　　　　　　　　B. 40 000

C. 40 400　　　　　　　　　　D. 120 000

6. 下列各项中，属于决定普通股股利多少的因素有（　　）。

A. 股票面值　　　　　　　　　B. 股利政策

C. 票面利率　　　　　　　　　D. 公司经营业绩

7. 下列各项中不属于普通股股东权利的是（　　）。

A. 剩余财产要求权　　　　　　B. 固定收益权

C. 转让股份权　　　　　　　　D. 参与决策权

8. 关于普通股融资方式，下列说法错误的是（　　）。

A. 普通股融资属于直接融资

B. 普通股融资能降低公司的资本成本

C. 普通股融资不需要还本付息

D. 普通股融资是公司良好的信誉基础

9. 与短期借款融资相比，短期融资券融资的特点是（　　）。

A. 融资风险比较小　　　　　　B. 融资弹性比较大

C. 融资条件比较严格　　　　　D. 融资条件比较宽松

四、计算分析题

1. 资料：甲公司拟购买另一家乙公司发行的公司债券，该债券面值为 100 元，期限为 5 年，票面利率为 10%，按年计息，当前市场利率为 8%。

要求：计算该债券市场价格。债券市场价格为多少时甲公司才能购买？

2. 资料：乙公司计划发行一种 2 年期带息债券，面值为 100 元，票面利率为 6%，每半年付息一次，到期一次偿还本金，市场利率为 7%。

要求：计算该债券市场价格。债券市场价格为多少时乙公司才会购买？

3. 资料：2023 年 2 月 9 日，M 公司购买 N 公司每股市价为 64 元的股票，2024 年 1 月 M 公司每股获现金股利 3.90 元，2024 年 2 月 9 日，M 公司将该股票以每股 66.50 元的价格出售。

要求：计算该股票投资收益率。

第七章　租赁融资

本章主要介绍租赁及租赁融资的基本理论和基本方法。通过本章学习，学生应了解租赁概念、种类和特征，熟悉租赁的基本要素、融资租赁的特点及其形式和程序，掌握融资租赁租金的计算与支付方法、租赁决策分析方法等。

【思政目标】

本章着重在两个方面加强对学生的培养：一是守法。融资租入资产的企业与出租方形成了债权债务关系。本章通过授课，培养学生处理债权债务关系的守法意识。二是诚信。融资租入资产是一项负债业务，本章在传授融资租入资产专业知识的同时，坚持知识传授和价值引领相统一的原则，告诉学生处理债权债务交易要秉持诚信理念，遵守债权债务交易规则，传承和弘扬中华传统美德，提升思想道德素质和法治素养。

【本章框图】

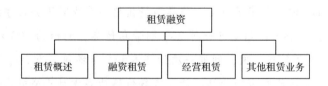

【框图说明】

租赁融资是公司"借鸡生蛋"的融资方式，它是一种通过租赁获取资产使用权的间接融资方式。之所以称为间接融资方式，是因为公司无须预先筹集购买设备和其他资产的资金，就可以获得所需要的设备，因此租赁融资是一种集"融资"与"融物"于一体的融资方式，具有商业信用和银行信用两重性。租赁可分为经营性租赁（又称服务租赁）和融资性租赁（又称金融租赁）两种形式。

第一节 租赁概述

【讨论题 7-1】租赁资产是否具有减轻税负的功能？

解答：如果承租方的有效税率高于出租方，并且租赁费可以抵税，通过租赁就可以节税。例如，租赁固定资产的租金可以在税前列支，会降低所得税税负。

一、租赁的概念和特征

（一）租赁的含义

公司必须拥有一定的物质资源才能进行生产经营活动。这些资源的取得方式有两种：一是购买，二是租赁。两者区别如图 7-1 所示[①]。

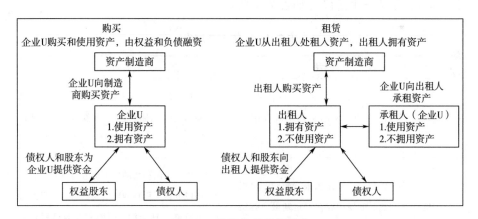

图 7-1 购买与租赁的对比

由图 7-1 可知，在购买交易中，供方失去商品或服务的所有权的同时取得货币；需方失去货币的同时取得商品或服务。而租赁（是一种契约性协议）

---

① 余绪缨. 企业理财学 [M]. 3 版. 沈阳：辽宁人民出版社, 2009.

与之不同，它规定资产所有者（出租人）在一定时期内根据一定的条件把资产交付给使用者（承租人）使用，承租人在规定的期限内分期支付租金并拥有对租赁资产的使用权。出租人可以是资产的制造商，也可以是独立的租赁公司。如果出租人是独立的租赁公司，它必须先向制造商购买有关设备，再把资产交付给承租人，租赁才生效。就承租人而言，最重要的是使用一项资产而非拥有它。租赁双方借助一份租赁合同就可取得一项资产的使用权。

综上所述，租赁是指在一定期间内，出租人将资产的使用权让与承租人以获取对价的合同[①]。资产所有者被称为出租人，允许使用资产的实体被称为承租人。一项合同要被分类为租赁，必须满足三个要素：存在一定期间；存在已识别资产；资产供应方向客户转移对已识别资产使用权的控制。如果合同一方让渡了在一定期间内控制一项或多项已识别资产使用的权利以换取对价，则该合同为租赁或者包含租赁。

租赁融资是公司通过租赁获取资产使用权的间接融资方式。公司采用这种方式获得资产的使用权，既满足了生产经营的需要，又解决了购置资产资金不足的问题。

租赁这种经济行为源远流长，其发展过程大致可划分为古代租赁、传统租赁和现代租赁三个阶段（如表 7-1 所示）。

表 7-1　租赁发展过程

阶段	内涵	特点
古代租赁	租赁双方互换物品使用，以物易物，没有固定的成文的契约形式和报酬条件	操作简单，但要求寻找到两个正好需要使用对方物品的主体，难度较大，其发展必然受到很大的限制
传统租赁	即经营租赁，它是指根据契约，出租人将物品的使用权在一定期限内有偿转让给承租人的一种经济活动	承租人以获得出租物的使用价值为目的，而出租者则以取得出租物的价值为目的，出租人与承租人订立一种契约，明确双方的权利和义务，形成实物信用关系
现代租赁	即融资租赁方式	以租赁新兴生产资料为主要业务，"融资"与"融物"有机结合

---

① 财政部《企业会计准则第 21 号——租赁》（2019）。

（二）租赁的特征

租赁作为一种经济活动，其显著特征是：资产的所有者以获得租金为条件，让渡一定时期的资产使用权给承租者；而承租者则以付出一定租金为代价取得相应时期资产的使用权。具体来说，租赁特征表现在以下方面：

（1）从租赁双方的目的看，承租人的目的是获得资产（如设备）的使用权，而出租人的目的是取得出租资产的价值（资产投资及其相应的利润）。

（2）就租赁的手段来看，是把租赁变为融通资金的手段，使实物租赁进一步转化为融资性租赁，"融物"与"融资"浑然一体。

（3）从租金的实质来看，它是出租人得以回收的投资和投资的合理利润。

（4）租赁的期限较长，基本上包括租赁资产的全部耐用期限；如果租赁期短于租赁资产的耐用年限，承租人有权以低廉的价格取得该资产的所有权，并以租金形式支付租赁资产的税金、保险和维修以及折旧等费用。

（5）租约一般不可撤销，但是发生以下情形之一可以撤销：①发生某些极为偶然的意外事件；②经出租人同意；③承租人与原出租人就同一资产或同样的资产订立了一个新的租约；④承租人支付一笔足够大的额外款项，其数额可以使人在租约开始时就相信租约肯定不会无故中断。

（三）租赁融资的作用

对于承租人来说，与其他融资方式相比，租赁融资的主要作用为：

1. 降低融资门槛，及时提供资金

公司运用股票、债券、长期借款等方式融资存在多种限制条款，相比之下，租赁融资的门槛低，限制条款较少，易于筹措资金。

租赁中融资与设备购置同时进行，缩短了设备的购进、安装时间，比借款购置设备更迅速、更灵活，使公司尽快形成生产能力，摆脱资金不足的困境。

2. 有效地降低企业风险

（1）资产淘汰风险。随着科学技术的不断进步，设备陈旧过时的风险很高，而多数租赁协议规定由出租人承担这一风险，企业可以利用租赁融资方式减少这一风险；经营租赁期限较短，到期后企业把设备归还出租人，这种风险完全由出租人承担；融资租赁的期限一般为资产使用年限的75%，不像自己购买设备那样整个期间都承担风险。

(2) 财务风险。如果公司采用借款取得资产，借款到期需要一次偿还本息，对于财务基础较弱的公司，及时还款存在困难，甚至可能造成不能偿付的风险。而租赁融资的全部租金在整个租期内分期支付，可适当降低不能偿付的风险。

3. 税收负担轻

租金可以在税前扣除，承租公司可以享受税收上的利益。

4. 租赁可提供一种新的资金来源

由于种种原因，有些公司不具备向外界筹集大量资金的能力（如负债比率过高），如果采用租赁的形式，就可使公司在资金不足而又急需设备时不付出大量资金就能及时得到所需设备。

二、租赁的基本要素

（一）租赁机构和租赁当事人

租赁机构指从事租赁业务的法人机构。

租赁有两个当事人，即出租人和承租人。出租人是物件的所有者，在租赁业务中拥有物件的所有权，并将物品租给他人使用，收取报酬。承租人是物件的使用者，租用出租人的物品，并向出租人支付一定的费用。出租人和承租人是租赁交易中必须涉及的两个基本当事人，在一些复杂的租赁交易中，除了出租人和承租人之外，还涉及其他当事人，例如融资租赁、杠杆租赁等交易中的销售商、贷款人、受托人等。

就租赁当事人的法律资格来看，出租人必须是法人，承租人则可以是法人，也可以是自然人。在数额较大的租赁交易中，出租人与承租人通常都是法人，这是因为自然人很难承担与巨额财产相对应的巨额风险。

（二）租赁标的

标的是指经济合同中当事人权利和义务共同指向的对象，对租赁而言，租赁标的是指用于租赁的物件。由于租赁让渡的是物品的使用权，因此，任何可以转让使用权的物品都可以作为租赁标的。根据我国《金融租赁公司管理办法》的相关规定，作为租赁标的的物品必须具有下列性质：租赁物件必须是实物财产，无形资产不能作为租赁标的；租赁物件使用以后仍然能够保持原有形态；租赁物件应是能够独立地发挥效用的物品。

（三）租赁期限

租赁期限即租期，指出租人出让物件给承租人使用的期限。租期长短对出租人和承租人双方十分重要，因为租赁双方是按照租期长短分别计算租赁费用或收益的，租期越长，出租人收取的报酬越多，承租人支付的费用越高。

（四）租赁费用

租赁费用主要指租金，是承租人在租期内为获得租赁物品的使用权而支付的代价。对出租人和承租人来说，租金多少不是通过使用次数衡量的，而是通过租期长短来确定的。也就是说，在租期内，不论承租人是否行使租赁资产使用权，出租人都要收取租金。对出租人来说，收取的租金中不仅包括租赁资产的投资成本，还包括租赁交易中获取的利润。

三、租赁的分类

租赁涉及法律、金融、保险、贸易、财税、会计等众多领域，这些领域在考虑租赁交易的类别时所注重的条件、考察的角度并不相同，对此作出的分类也不同。一般来说，现代租赁可以划分为以下种类。

（一）节税租赁和非节税租赁

按租赁资产所享受的税收优惠条件，租赁可划分为节税租赁和非节税租赁。

1. 节税租赁

节税租赁是指真实租赁的出租人有资格获得加速折旧、投资减税等税收优惠，并且可以降低租金的形式向承租者转让其部分税收优惠，从应纳所得税中扣除。

2. 非节税租赁

在非节税租赁中，由承租人而不是出租人作为设备的所有者享受税收优惠和期末残值，但其所付的租金不能当作费用从成本中扣除。

（二）经营租赁与融资租赁

按业务的性质不同，租赁分为经营租赁和融资租赁。

1. 经营租赁

在会计实务上，融资租赁以外的租赁都被认定为经营租赁。这种租赁方式一般只转让资产使用权，而不涉及所有权。出租方始终拥有资产的所有权，承租方只要使用资产，就要支付租金，租用完毕，承租方要将资产还给出租方。

这种租赁是承租人出于经营上的临时需要或季节性需要而发生的租入设备行为。

经营租赁的特点主要包括：

（1）租赁公司根据市场需要选定出租的设备，然后寻找承租公司。租赁设备的维修、保养由租赁公司负责。

（2）租赁期较短，短于资产的有效使用期，在合理的限制条件内承租公司可以中途解约。

（3）租赁期满或合同中止以后，出租资产由租赁公司收回。经营租赁比较适用于租用技术过时较快的生产设备。

（4）租赁合同中的租金并不足以使出租方抵消其资产的全部成本。但是租赁合同中规定的期限也比资产的预计经济寿命短得多，所以出租人可以通过再续约、租给其他承租人或卖掉资产来弥补成本。

（5）经营融资合同通常包含撤销条款，也就是基本租赁合同到期之前，如果技术发展使资产过时或承租人由于业务变化不再需要该资产，承租人有权取消租赁，返还资产。

2. 融资租赁

与经营租赁不同，融资租赁是指出租人根据承租人对租赁物和供货人的选择或认可，将其从供货人处取得的租赁物按合同约定出租给承租人占有、使用，向承租人收取租金的交易活动①。具体来说，承租公司根据自身设备投资需要向租赁公司提出设备租赁的要求，租赁公司负责融资并采购相应的设备，然后交付承租公司使用。承租公司按期交付租金，租赁期满时承租公司享有停租、续租或留购设备的选择权。融资租赁的基本方式如图 7-2 所示。

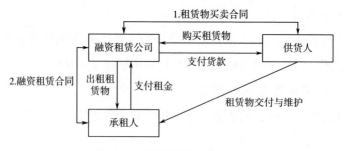

图 7-2　融资租赁的基本方式

---

① 金融租赁公司管理办法（中国银行业监督管理委员会令 2014 年第 3 号）。

融资租赁是一种适应性较强的融资方式，是集融资与融物、金融与贸易于一体的新型金融产品，已成为资本市场上仅次于银行信贷的第二大融资方式。

（三）经营租赁与融资租赁关系辨析

融资租赁与经营租赁的联系为：这两种租赁方式都是通过借款融资、运用财务杠杆进行的资本结构调整。经营租赁与融资租赁区别如表7-2所示①。

表7-2　融资租赁与经营租赁的区别

对比项目	融资租赁	经营租赁
业务原理	融资、融物于一体	无融资特征，只是一种融物方式
租赁目的	融通资金，添置设备	暂时性使用，预防无形损耗风险
租期	较长，相当于设备经济寿命的大部分	较短
租金	包括设备价款	只是设备使用费
契约法律效力	不可撤销合同	可撤销合同
租赁标的	一般为专用设备，也可为通用设备	多为通用设备
维修与保养	专用设备多由承租人负责，通用设备多由出租人负责	全部由出租人负责
承租人	一般为一个	设备经济寿命期内轮流租给多个承租人
灵活方便	不明显	明显
会计处理	不纳入承租人资产负债表	纳入承租人资产负债表
期末租赁物退租	退租或以公平市价续租和转移给承租人	以名义价格转移
租金与租赁投资回收之间的关系	非全额清偿	全额清偿
出租人的风险	信用风险和资产风险	信用风险

第二节　融资租赁的特点、形式和程序

一、融资租赁的特点

20世纪50年代的美国受第二次世界大战的影响，很多企业处在既缺资金

---

① 财政部会计资格评价中心．财务管理［M］．北京：经济科学出版社，2020．

又缺设备的困境中，于是企业先进行贷款再用贷款购买设备的经营模式应运而生。由于此模式下贷款和购买设备单独进行，一旦企业不按时偿还贷款，贷款机构对设备又无权回收处置，难以收回贷款，因此贷款风险较大。而融资与融物相结合的模式使通过贷款购买设备的企业最终能得到设备，如果贷款不按时偿还，融资租赁公司能按照合同回收并处置设备，大大降低了还贷风险。

融资租赁是一种贸易与信贷相结合、融资物所有权和使用权分离、融资与融物为一体的综合性交易和融资模式。其具体特点如下：

（1）融物代替了融资。前述融资方式的结果为通过货币资金或延期付款得到资金使用权，融资租赁的结果不是融资公司向租赁公司要求贷款，而是租入自己生产所需的机器设备，以融物代替了融资。

（2）融资租赁的对象主要是设备和土地等实物资产，其中最主要的是机械设备。

（3）租赁资产的所有权在法律上属于出租人，设备的使用权在经济上属于承租人，在租赁期间，租赁物的所有权与使用权长期分离。租赁期满，承租人按事先约定的方法处理资产，主要包括退还租赁公司、继续租赁或留购（以很低的"名义价格"，相当于以设备残值买下设备）三种选择权。

（4）不可解约性。融资租赁租赁期较长（接近于资产的有效使用期），并且租赁资产是承租人自行选定的，因此承租人不能以退还设备为条件而提前中止合同。在租期内，出租人也不能以租赁资产市价上涨为由而提高租金。总之，租期内租赁双方一般无权中止合同。

（5）融资租赁既不提供维修服务，也不能撤销，并且要摊销完全部成本（租赁合同中的租金等于出租设备的全部投资及利润）。设备的保险、保养、维护等费用及设备过时的风险均由承租人负担。

二、融资租赁的形式

融资租赁有多种形式，根据商务部《融资租赁公司监督管理办法》（商流通发〔2013〕337号）的规定，融资租赁企业可以在符合有关法律、法规及规章规定的条件下采取直接租赁、转租赁、售后回租、杠杆租赁、委托租赁、联合租赁等形式开展融资租赁业务。

（一）直接租赁

直接租赁是指先由出租人（融出方）根据承租人（融入方）提出的租赁

对象和要求购入设备，再租赁给承租人使用。直接租赁的出租人主要是制造厂商、租赁公司。除制造厂商外，其他出租人都从制造厂商购买资产出租给承租人。

承租人（融入方）选定租赁物供应商，向出租人（融出方）提出租赁请求。承租人和出租人共同与租赁物供应商关于技术、商务条款进行谈判，承租人与出租人签订融资租赁合同。租赁合同签妥，由承租人选择需要购买的租赁物，出租人向供货商购买后，将租赁物出租给承租人使用；租赁期间承租人支付租金，期满后根据出租人与承租人的约定确定租赁物的归属（如图 7-3 所示）。

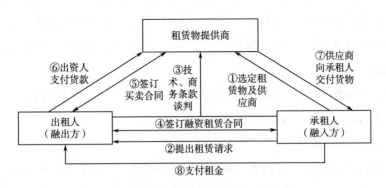

图 7-3　直接租赁模式

直接租赁期限较长，一般为 3~5 年，大型设备的租期为 10 年以上，最长可达 20 年。在租期内，出租人通过收取租金回收全部投资并取得利润，承租人通过租入设备实现的收入分期支付租金，并负责设备维修和保养，缴纳相应的保险费和税金。

直接租赁设备是承租人按其生产经营获利需要购入的，因此承租人在支付有关费用后能获得一定的利润。租赁期满，承租人可以根据具体情况续租、退租或购买。

（二）售后租回业务

售后租回业务是指承租人将自有物件出卖给出租人，同时与出租人签订融资租赁合同，再将该物件从出租人处租回的融资租赁形式[①]。售后租回业务是承租人和供货人为同一人的融资租赁方式。其形式如图 7-4 所示。

---

① 金融租赁公司管理办法（中国银监会令 2014 年第 3 号）。

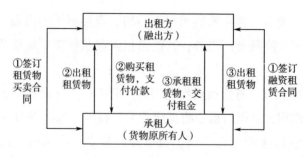

图 7-4　售后租回业务

通过售后租回业务，资产的原所有者（承租人）在保留对资产的占有权、使用权和控制权的前提下，将固定资本转化为货币资本，将资产出售时可取得全部价款，售后租回的租金则是分期支付的，从而获得所需的资金；资产的新所有者（出租人）通过售后租回交易，获得一次风险小、回报有保障的投资机会。

卖主（兼承租人）通过资产的售后回租实现固定资本向货币资本的转化，既增加了流动资金，也有助于缓解融资困难。

（三）杠杆租赁

杠杆租赁是指作为出租人的融资租赁公司以自有资金支付租赁设备价款的 20%~40%，其他设备价款通过向银行或其他金融机构借款来募集，然后将购得的设备出租给承租人的一种租赁方式。

杠杆租赁一般涉及承租人、出租人和贷款机构三方当事人。从承租程序看，它与其他形式没有太大差别，所不同的是，对于出租人而言，出租人只垫支购置资产设备所需现金的一部分（一般为 20%~40%），其余部分则以该资产为担保向贷款机构借入款项支付。杠杆租赁模式如图 7-5 所示。

采用杠杆租赁方式，出租人既是资产的出借人又是贷款的借入人，通过租赁既要收取租金又要支付债务。由于租赁收益大于借款成本，出租人借此而获得财务杠杆的好处，因此这种租赁形式被称为杠杆租赁。通常，杠杆租赁形式适用于金额较大的设备项目。

（四）转租赁

转租赁是承租人在租赁期内将租入资产出租给第三方的行为，是以同一物件为标的物的融资租赁业务。转租人从其他出租人处租入租赁物件再转租

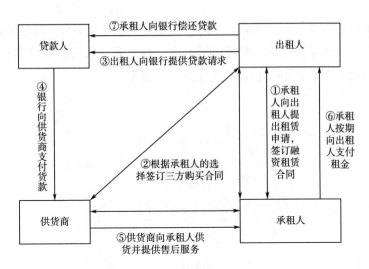

图 7-5　杠杆租赁模式

给第三人，转租人以收取租金差为目的，租赁物的所有权归第一出租方。转租赁至少涉及四个当事人：设备供应商、第一出租人、第二出租人、第二承租人。转租赁至少涉及三份合同：购货合同、租赁合同、转让租赁合同。转租赁模式如图 7-6 所示。

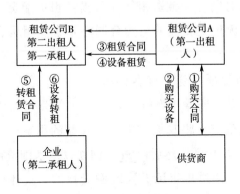

图 7-6　转租赁模式

（五）委托租赁

委托租赁是指具有从事金融租赁业务资格的公司作为出租人，接受委托人的资金或租赁标的物，根据委托人的书面委托，向委托人指定的承租人办理的融资租赁业务。在租赁期内，租赁标的物的所有权归委托人，出租人只收取手续费，不承担风险。租赁期满后，租赁标的物产权可以转移给承租人，也可以不转移给承租人。可见，委托租赁方式下，第一出租人同时是委托人，第二出租人同时是受托人。委托租赁的突出特点是让没有租赁经营权的企业可以"借权"经营。委托租赁模式如图7-7所示。

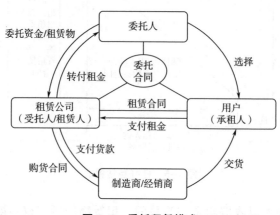

图7-7　委托租赁模式

（六）联合租赁

联合租赁是信托同融资租赁的结合运用。联合租赁是指多家有融资租赁资质的租赁公司对同一个融资租赁项目提供租赁融资。由其中一家租赁公司作为牵头人，无论是相关的买卖合同还是融资租赁合同都由牵头人出面订立。

（七）融资租赁项目资产证券化融资

融资租赁项目资产证券化融资是指融资租赁公司以租赁资产（如租赁应收款等）为基础资产，将其能产生现金收益的租赁资产加以组合，出售给特殊目的的载体（SPV），然后由SPV创立以该基础资产产生的以现金流为支持的证券产品，通过出售证券实现融资目的。具体操作方式如图7-8所示。

（1）融资租赁公司（发起人）对租赁资产（租赁应收款等）筛选打包组建资产池，按照预设的融资需求，确定将要进行证券化的基础资产。

（2）设立特殊目的载体（special purpose vehicle，SPV）。特殊目的载体是为了持有被证券化的资产而专门创设的一个特殊法律实体。它是发起人与投资者之间的中介，设立特殊目的载体的主要目的是：一方面，将证券化的资产与发起人的资产相隔离，保护投资者的利益；另一方面，将投资者对企业

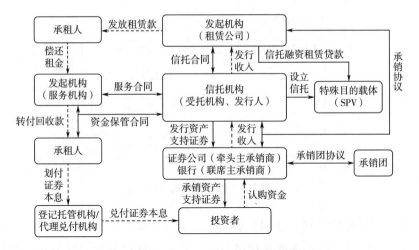

图7-8　融资租赁项目资产证券化融资操作方式

的追索权限定在已经证券化的资产方面，保护发行人企业。

（3）融资租赁公司将基础资产池委托给受托机构。例如，信托公司作为受托机构（人）管理入池资产，并支付相应款项给发起机构。

（4）受托机构设计证券和完善交易结构。受托机构将入池基础资产未来的租金收入设计成在市场上可按份销售的租赁资产支持证券。

（5）信用初评和信用增级。租赁资产支持证券初步设计完成后，受托机构会对该证券（选择外部评级机构或内部初评）进行信用初评。信用评级机构对信用增级后的融资租赁应收款支持证券进行评级。

（6）由主承销商组建承销团，在全国银行间债券市场对资产支持证券以招标的方式发行。

（7）支持证券发售成功后，受托机构按照事先约定的价格向发起机构支付基础资产的认购资金金额，以实现发起机构的融资目的。

（8）资产服务机构对基础资产所产生的现金流进行收取和记录，并将其存入资金托管人的收款专用账户进行保管。

（9）在证券的本息偿还日，受托机构通过资金保管机构与登记结算机构将本息偿还给投资者。

三、融资租赁的程序

融资租赁的程序如图7-9所示。

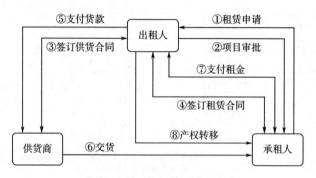

图7-9 融资租赁的程序

(1) 选择租赁公司，办理租赁委托。承租人根据市场的要求和自己的需要，决定采用租赁方式获取某项设备时，首先要获得各家租赁公司与租赁有关的信息资料，并对其进行分析比较，从中择优选择一家租赁公司。

公司选定租赁公司后，便可向其提出申请，办理委托。这时，承租公司需填写"租赁申请书"，说明所需设备的具体要求，租赁公司接到承租人的申请后派技术人员对客户（包括客户的经济效益、财务状况、偿债能力等）进行审查，出具评估报告并报公司审批。

(2) 签订购货协议。由承租公司与租赁公司的一方或双方合作组织选定设备供应厂商，并与其进行技术和商务谈判，在此基础上签订购货协议。

(3) 租赁谈判，签订租赁合同。由租赁公司、承租人、设备制造商共同参与，对有关设备的规格、型号、性能、价格、质量、技术指标、供货日期、交货方式、付款方式、索赔与仲裁等问题进行协商。最后，根据协商的结果签订有关合同。

(4) 办理验货与投保。承租公司按购货协议收到租赁设备时要进行验收，验收合格后签发交货及验收证书并提交租赁公司，租赁公司据以向供应厂商支付设备价款。同时，承租公司向保险公司办理投保事宜。

(5) 支付租金。承租公司在租期内按合同规定的租金数额、支付方式等向租赁公司支付租金。

(6) 租赁期满租赁设备的处理。融资租赁合同期满时，承租公司根据合同约定，对设备续租、退租或留购。

第三节 融资租赁租金的计算与支付

一、影响融资租赁租金的因素

融资租赁实质上是出租人和承租人之间的一种商品交换关系，即出租人为取得租金、承租人为取得某种资产使用权的一种等价交换关系，而租金则是这种交换关系中的交换价格。

租金是租赁服务产品的价格，是租赁交易按等价原则进行的具体体现。在租赁交易中，出租人要从收取的租金中获得租赁投资的补偿和租赁投资收益；承租人要确定通过使用该设备产出的收入扣除租金后还有利润。

它的确定应以耗费在租赁资产上的价值为基础。出租人耗费在租赁资产上的价值包括以下三个部分：一是租赁设备的购置成本；二是出租人为承租人购买设备所垫付资金应支付的利息；三是其他费用。

融资租赁的租金主要取决于下列因素：

（1）租赁设备的购置成本。它由设备的买价、运杂费和途中保险费等构成。

（2）租赁公司为承租公司购置设备所融资金而应计的利息，即设备租赁期间的利息。

（3）租赁手续费，包括租赁公司承办租赁设备的营业费用和一定的盈利。租赁手续费的高低一般无固定标准，可由承租公司与租赁公司协商确定。

另外，租赁设备的预计残值、租赁期限的长短、租金的支付方式也将对租金总额产生影响。

二、租金的构成

从出租人角度，为购置设备需要支付一定的代价，并以此来取得收益。这些代价或收益都需通过租金收入来补偿或取得。《民法典》规定，融资租赁合同的租金，除当事人另有约定以外，应当根据购买租赁物的大部分或者全部成本以及出租人的合理利润确定。租金构成要素如图 7-10 所示。

租金构成要素之间的关系为：租金总额＝设备购置成本＋融资成本＋手续费＋利润。

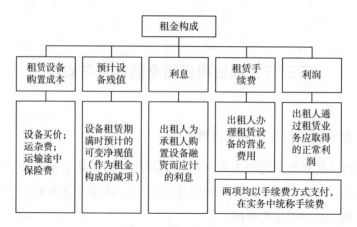

图 7-10　租金的构成

三、租金的计算

我国融资租赁实务中，租金的计算大多采用等额年金法。等额年金法下，通常要根据利率和租赁手续费率确定一个租费率，作为折现率。租金的计算方法很多，目前，国际流行的租金计算方法主要有平均分摊法、等额年金法、附加率法、浮动利率法。在我国的融资租赁业务中，一般采用平均分摊法和等额年金法。

（一）平均分摊法

平均分摊法先以商定的利息率和手续费率计算出租赁期间的利息和手续费，然后连同设备成本计算每次应支付的租金。这种方法没有充分考虑资金的时间价值因素。每次应付租金的计算公式如下：

$$每次支付的租金=\frac{\left(\begin{matrix}租赁设备的\\购置成本\end{matrix}-\begin{matrix}租赁设备的\\预计残值\end{matrix}\right)+\begin{matrix}租赁期间\\利息\end{matrix}+\begin{matrix}租赁期间\\手续费\end{matrix}}{租赁期限内支付租金次数}$$

【例7-1】某公司于2023年1月1日从租赁公司融资租入一套设备，价值为60万元，租期为6年，预计租赁期满时设备残值为1.8万元，归租赁公司所有，年利率按6%计算，单利计息，租赁手续费率为设备价值的2%。租金每年年末支付一次。租赁此套设备每次支付租金可计算如下：

$$每次支付的租金=\frac{(60-1.8)+60\times6\%\times6+60\times2\%}{6}=13.5（万元）$$

（二）等额年金法

等额年金法是指运用年金法并使各期租金均等的租金计算方法。这种方法是以现值理论为基础，从租赁开始的那个年份起每隔一段时间向出租人支付等额租金的一种租金支付方式。承租人定期支付等额租金，租赁期满，出租人收取的租金现值总额应正好等于租赁设备的本利和。在这种方法下，通常要综合利率和手续费率确定一个租费率，并以它作为贴现率。等额年金法有期初等额年金法和期末等额年金法两种计算方法。

1. 期初等额年金法

期初等额年金法，又称先付法，租金是在租赁期开始后的每期期初支付，属于即付年金。

现金流出（投资额）用 PV 表示，现金流入（每期租金）用 R 表示，租费率用 i 表示，期限用 n 表示。期初等额年金法示意图见图7-11。

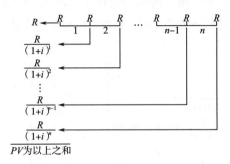

图7-11　期初等额年金法示意图

根据图7-11，有下列等式：

$$PV = R + \frac{R}{(1+i)^1} + \frac{R}{(1+i)^2} + \cdots + \cdots \frac{R}{(1+i)^{n-1}}$$

$$= R \frac{1-(1+i)^{-n}}{i}(1+i)$$

【例7-2】M租赁公司将价值为20万元的一台设备出租给N生产公司使用，租期为3年，每半年支付一次租金，租金于每期期初支付，年利率为10%。N生产公司平均每期租金计算方法如下：

$$200\,000 = R + \frac{R}{(1+5\%)^1} + \frac{R}{(1+5\%)^2} + \frac{R}{(1+5\%)^3} + \frac{R}{(1+5\%)^4} + \frac{R}{(1+5\%)^5}$$

$$= R \times \left[1 + \frac{1}{(1+5\%)^1} + \frac{1}{(1+5\%)^2} + \frac{1}{(1+5\%)^3} + \frac{1}{(1+5\%)^4} + \frac{1}{(1+5\%)^5} \right]$$

$$= R \times (1 + 0.952 + 0.907 + 0.864 + 0.823 + 0.783)$$

$$= R \times 5.329$$

根据上式求得：

$$R = \frac{200\,000}{5.329} = 37\,530（元）$$

或者：

$$200\,000 = R \times [\,1 + (P/A, 5\%, 5)\,]$$
$$= R \times [\,1 + 4.329\,]$$

根据上式求得：

$$R = \frac{200\,000}{5.329} = 37\,530（元）$$

2. 期末等额年金法

期末等额年金法又称后付法，租金在租赁期开始后的每期期末支付，具有普通年金性质。假定每期利率用 i 表示，租赁资产的本利和用 PV 表示，租期用 n 表示，则每期租金可以用以下方法求得。每期应付租金的计算示意图见图 7-12。

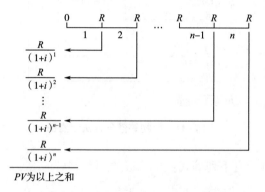

图 7-12　每期应付租金的计算示意图

$$PV = \frac{R}{(1+i)^1} + \frac{R}{(1+i)^2} + \frac{R}{(1+i)^3} + \cdots + \frac{R}{(1+i)^n}$$

$$= R \times \frac{1 - (1+i)^{-n}}{i}$$

【例 7-3】承例 7-2。该公司承租设备并于每年 6 月 30 日和 12 月 31 日各支付租金一次，其他条件不变。平均每期租金计算方法如下：

$$200\,000 = \frac{R}{(1+5\%)^1} + \frac{R}{(1+5\%)^2} + \frac{R}{(1+5\%)^3} + \frac{R}{(1+5\%)^4}$$

$$+ \frac{R}{(1+5\%)^5} + \frac{R}{(1+5\%)^6}$$

$$= R \times \left[\frac{1}{(1+5\%)^1} + \frac{1}{(1+5\%)^2} + \frac{1}{(1+5\%)^3} + \frac{1}{(1+5\%)^4} \right.$$

$$\left. + \frac{1}{(1+5\%)^5} + \frac{1}{(1+5\%)^6} \right]$$

$$= R \times 5.075$$

$$R = \frac{200\,000}{5.075} = 39\,408.87(元)$$

或者：

$$200\,000 = R \times (P/A, 5\%, 6)$$

$$= R \times 5.075$$

$$R = \frac{200\,000}{5.075} = 39\,408.87 (元)$$

四、租金的支付方式

租金的支付有以下几种分类方式：

（1）按支付间隔期长短分为年付、半年付、季付和月付等方式。

（2）按在期初和期末支付分为先付和后付。期初支付是指承租人在各个付租间隔期间的期初支付租金，承租人占用出租人资金的时间相对缩短，因此租金总额较少；期末支付是指承租人在各个付租间隔期间的期末支付租金，租金则要相对增加。

（3）按每次支付额分为等额支付和不等额支付。等额支付是指每期租金额均等。不等额支付多种多样，如季节性支付、租金逐期递增或递减等。

实务中，承租公司与租赁公司商定的租金支付方式大多为后付等额支付。

第四节　租赁决策分析

租赁决策主要是对设备的承租公司来说的。对于承租人而言，租赁确实有许多优点，但这并不等于租赁方式就一定优于其他融资或交易方式，因为租赁本身成本高、机动性小、租赁方要承担出租设备的一系列风险等。为此，承租公司要对租赁方案进行科学决策，从诸多可供选择的方案中选择最优方案，降低资产租赁风险。

一、租赁决策的内容[①]

如前所述，现代租赁的重要特点是集"融资"与"融物"于一身，租得设备等于取得了一笔长期贷款。租赁的这一特点决定了租赁决策分析的基本内容包括投资决策和融资决策两个方面。由于租赁最重要、最本质的功能是"融资"，因此，租赁决策分析的重点应放在融资决策的分析上，也就是说，租赁决策分析的主要内容就是租赁融资决策分析，具体包括以下三个方面：

（1）对影响租赁决策的各种因素进行综合分析，充分考虑在各种因素作用下进行租赁融资的可能性。

（2）对各种租赁集资的可行性方法进行综合研究，使决策分析建立在科学的基础上。

（3）将租赁方式与购买方式、租赁与举债借款购买、融资租赁与经营租赁进行对比分析，通过权衡租赁与购买、租赁与举债、融资租赁与经营租赁的得失，从中择取最优方案。

二、租赁决策分析的主要程序

租赁决策分析的主要程序如下：

（1）分析是否应该取得一项资产。这是租赁分析的前置程序。承租人在决定是否租赁一项资产之前，先要判断该项资产是否值得投资。这一决策通过常规的资本预算程序完成。通常，确信投资于该资产有正的净现值之后才会考虑如何融资的问题。

（2）分析公司是否有足够的现金用于该项资产投资。通常，运行良好的公司没有足够的多余现金用于固定资产投资，需要为新的项目融资。

（3）分析可供选择的融资途径。融资的途径包括借款和发行新股等。租赁是可供选择的融资途径之一。租赁和借款对于资本结构的影响类似，1元的租赁等于1元的借款。如果公司拟通过借款融资，就应分析借款和租赁哪个更有利。

（4）利用租赁分析模型计算租赁净现值。根据财务的基本原理，为获得同一资产的两个方案中，现金流出的现值较小的方案是好方案。如果租赁方

[①] 葛家澍，裘宗舜. 会计丛书（第一辑）[M]. 北京：中国财政经济出版社，1993.

式取得资产的现金流出的总现值小于借款融资，则租赁有利于增加股东财富。因此，租赁分析的基本模型如下：租赁净现值＝租赁的现金流量总现值－借款购买的现金流量总现值。应用该模型的主要问题是预计现金流量和估计折现率。预计现金流量包括：①预计借款融资购置资产的现金流；②与可供选择的出租人讨论租赁方案；③判断租赁的税务性质；④预计租赁方案的现金流。估计折现率是个有争议的复杂问题，实务中大多采用简单的解决办法，即采用有担保债券的税后利率作为折现率，它比无风险利率稍微高一点。

（5）根据租赁净现值以及其他非计量因素，决定是否选择租赁。对于生产当中所需的设备，既可以购置也可以租赁，这就需要作出购买或租赁的决策分析。进行这种决策的关键是比较不同方案的成本，即将两种方案的成本（费用）折算成现值，从中选出现值低的方案。

三、资产租赁或购买的选择

对于公司在生产经营中所需要的固定资产，既可采取购买的方式，也可以采取租赁的方式。为此，就要在这两种方式之间进行合理地选择。决策时，要通过比较分析租赁或购买的现金流量，确定决策方案。

🔔【提醒您】在进行长期资产决策中需要考虑以下两点：

（1）折旧的抵税效应。加大成本会减少利润，从而使所得税减少。如果不计提折旧，公司的所得税将会增加许多。折旧可以起到减少税负的作用，这种作用被称为"折旧抵税"。

（2）税后费用和税后收入。凡是可以减免税负的项目，实际支付额并不是其真实成本，真实成本应将减少的所得税剔除。扣除了所得税影响以后的费用净额被称为税后费用。

与税后费用相对应的概念是税后收入。由于所得税的作用，公司营业收入的金额有一部分会流出公司（需要纳税），公司实际得到的现金流入是税后收入［税后收入＝收入金额×（1－税率）］。这里所说的"收入金额"是指根据税法规定需要纳税的营业收入。

【例7-4】[①] M公司是一个制造公司，为增加产品产量决定添置一台设备，预计该设备将使用4年。公司正在研究通过自行购置还是租赁取得该设备。

---

① 中国注册会计师协会 . 财务成本管理［M］. 北京：中国财政经济出版社，2019.

有关资料如下：

（1）如果自行购置该设备，预计购置成本为100万元。税法折旧年限为5年，折旧期满时预计净残值率为5%，采用直线法计提折旧。4年后该设备的变现价值预计为30万元。设备维护费用（保险、保养、修理等）预计每年1万元，假设发生在每年年末。

（2）N租赁公司可提供该设备的租赁服务，租赁期为4年，年租赁费为20万元，在年初支付。租赁公司负责设备的维护，不再另外收取费用。租赁期内不得撤租。租赁期届满时租赁资产所有权不转让。

（3）M公司的所得税税率为25%，税后借款（有担保）利率为8%。

根据例7-4，M公司资产租赁或购买决策过程如表7-3所示。

表7-3 资产租赁或购买决策

租赁方案		购买方案	
（1）判断租赁的税务性质	该合同符合融资租赁的认定标准（租赁期占租赁资产可使用年限的80%等），租赁费为每年20万元，不可在税前扣除	（1）购置设备	第1年年初购置设备＝100（万元）
（2）折旧抵税	租赁资产的年折旧额 ＝80×（1-5%）÷5＝15.2（万元） 每年折旧抵税＝15.2×25%＝3.8（万元）	（2）折旧抵税（按税法规定计提折旧费）	购买资产的年折旧额 ＝100×（1-5%）÷5＝19（万元） 每年折旧抵税＝19×25%＝4.75（万元）
		（3）税后维修费用	每年年末税后维修费用 ＝1×（1-25%）＝0.75（万元）
（3）期末资产变现	设备租赁期届满，其所有权不转让： 期末资产变现流入＝0 期末资产账面价值＝80-15.2×4＝19.2（万元） 期末资产变现损失＝0-19.2＝-19.2（万元） 期末资产变现损失减税＝19.2×25%＝4.8（万元）	（4）期末资产变现	期末资产变现流入＝30（万元） 期末资产账面价值＝100-19×4＝24（万元） 期末资产变现利得＝30-24＝6（万元） 期末资产变现利得缴税＝6×25%＝1.5（万元）

续表

租赁方案		购买方案	
(4) 各年现金流量	第1年年初现金流量=−20（万元） 第1年至第3年年末现金流量 =−20+3.8=−16.2（万元） 第4年年末现金流量=3.8+4.8=8.6（万元）	(5) 各年现金流量	第1年年初现金流量=−100（万元） 第1年至第3年年末现金流量=4.75−0.75=4（万元） 第4年年末现金流量=4.75−0.75+30−1.5=32.5（万元）
(5) 租赁方案现金流量总现值	−20−16.20×2.577 1+8.60×0.735 0 =−55.43（万元）	(6) 购买方案现金流量总现值	−100+4×2.577 1+32.5×0.735 0 =−65.8（万元）

租赁方案相对购买方案的净现值=−55.43−（−65.8）=10.37（万元）

结论：采用租赁方案更有利

四、租赁或举债购买决策的选择

不管公司租赁资产还是举债购买资产，它总会由于获得该项资产的服务而产生一笔固定的"还债义务"，这笔义务必须在未来某个时期内清偿。因此，租赁决策问题就成为衡量租赁与举债购买这两种融资方式的相对得失问题。要比较租赁与举债购买两者之间的优劣，就必须借助两者的现金流量及其模式，依据相应的资本成本，分别计算两者现金流量的现值，并据此进行比较分析。其基本步骤如下：

（1）确定租金支出及其税后现金流量。

（2）确定举债购买的税后现金流量。

（3）比较租赁与举债购买的优劣，并作出决策。

【例7-5】① 设某公司已决定添置设备一台，其价值为1 000 000元。该设备预计可使用5年，5年期满后预计可收回残值150 000元，采用直线折旧法计提折旧，折旧可计提到账面价值为零。为购置设备而举债的债务成本为10%。

---

① 根据斯蒂芬·A. 罗斯等著《公司理财（原书第11版）》改编。

公司除购置设备外,也可以向有关租赁公司租用该设备,租赁期为 5 年,每年年初支付 300 000 元租金。租金包含承租人对机器的维修费用。若公司购买该设备,则每年需要花费 100 000 元的维修费进行设备维修。设公司的所得税率为 25%。根据例 7-5,该公司设备租赁或购买决策决策过程如下:

(1) 设备租赁税后现金流量现值的计算:

①计算租金的税收节约额:300 000×25%=75 000 (元)

②计算确定租赁条件下的税后现金流量:300 000-75 000=225 000 (元)

③计算确定租赁条件下的税后现金流量现值 (如表 7-4 所示)。

表 7-4　租赁下税后现金流量现值　　　　　单位:元

期间	0	1	2	3	4	5	合计
税后现金流量 (元)	300 000	225 000	225 000	225 000	225 000	-75 000	1 125 000
复利现金系数	1	0.943	0.890	0.840	0.792	0.747	—
税后现金流量现值	300 000	212 175	200 250	189 000	178 200	-56 025	1 023 600

(2) 举债购置设备税后现金流量现值:

①计算确定借款的利息。在分期等额偿还条件下,借款利息可按长期借款的分期等额偿还计划的编制方法确定 (如表 7-5 所示)。

表 7-5　借款利息计算表　　　　　单位:元

期间	1	2	3	4	5
年初本金 (1)	1 000 000	836 200	656 000	457 800	239 800
年偿还额 (2)	263 800	263 800	263 800	263 800	263 800
利息支付额 * (3)=(1)×10%	100 000	83 600	65 600	45 800	24 000
本金偿还额 (4)=(2)-(3)	163 800	180 200	198 200	218 000	239 800
年末本金 (5)=(1)-(4)	836 200	656 000	457 800	239 800	0

注:①年偿还额按年初本金 1 000 000 元除以 5 年期、10%利率的年金现值系数 3.790 8 计算,它包括本金和利息。年末本金为年初本金减去本年本金偿还额。②为计算方便,＊代表本行数据以万元为单位进行小数点后两位四舍五入,如期限 2 的利息支付额计算:836 200×10%=83 620 (元) = 8.362 6≈8.36 (万元)

②计算税后现金流出量，其计算公式为：

每年税后现金流出量=本金偿还额+维修费-税收节约额-税后残值

式中：

税收节约额=（维修费+利息费+折旧费）×25%

税后残值=残值×（1-25%）

根据每年税后现金流出量计算公式，各年现金流出量计算如表7-6所示。

表7-6 负债购置下税后现金流出量 单位：元

期间	1	2	3	4	5	合计
偿还额（1）	263 800	263 800	263 800	263 800	263 800	1 319 000
维修费（2）	100 000	100 000	100 000	100 000	100 000	500 000
利息费（3）	100 000	83 600	65 600	45 800	24 000	319 000
折旧费（4）	200 000	200 000	200 000	200 000	200 000	1 000 000
税收节约额（5）=[（2）+（3）+（4）]×25%	100 000	95 900	91 400	86 450	81 000	454 750
税后残值（6）	—	—	—	—	11 250	11 250
税后现金流出量（7）=（1）+（2）-（5）-（6）	263 800	267 900	272 400	277 350	271 550	1 353 000

③计算税后现金流出量现值（如表7-7所示）。

表7-7 举债购置下税后现金流出量现值 单位：元

期间	1	2	3	4	5	合计
税后现金流量	263 800	267 900	272 400	277 350	271 550	1 353 000
复利现值系数	0.943	0.890	0.840	0.792	0.747	
税后现金流量现值	248 763.4	238 431	228 816	219 661.2	202 847.85	113 8519.45

（3）租赁与举债购买的比较分析。根据表7-4和表7-7的结果可以看出，租赁现金流出量现值低于举债购买的现金流出量的现值，说明举债购买不合算。因此，该公司应通过租赁融资的方式获得该资产。

第五节　融资租赁的评价

一、融资租赁的优点

融资租赁是公司新的融资方式，与其他融资方式相比具有以下优点：

（一）节约资金

采用融资租赁方式添置设备，由出租人安排大部分资金甚至全部资金，公司可以在投入少量资金甚至不投入资金的情况下获得某项资产的使用权，从而节约资金，提高其使用效益。

（二）降低管理成本

融资租赁集融物与融资于一身、公司融资与投资决策为一体，不论从取得设备环节还是使用设备角度看都大大简化了管理工作，降低了管理成本。比如：从设备的取得看，租入设备比贷款自购设备能在采购环节节约大量的人力、物力、财力；从设备的使用角度看，出租人要对设备的运转调试及维修负责，从而减少承租人资金投入。

（三）避免设备过时的风险

科学技术进步越快，设备更新换代越频繁。固定资产更新换代的周期日趋缩短，公司设备陈旧过时的风险很大。如果公司自己购买设备，在整个设备使用期间都必须承担这种风险。而采用融资租赁方式添置固定资产，融资租赁的期限一般是资产可使用年限的 75%，公司可根据对设备技术更新周期的预测确定租赁期限，租赁期限届满，一旦设备过时，就选择停租，换掉旧设备，租用更新的设备，从而可以使公司减小设备陈旧过时的风险。

（四）资金调度灵活

租赁使公司有可能按照租赁资产带来收益时间周期来安排租金的支付，即在设备获利多的时候多付租金，而在获利少时少付租金或延付租金，使公司现金流入与流出同步，从而利于协调。

（五）减轻了税收负担

租金作为一种费用，在所得税前列支，这就使承租者可以从应税收益中扣除其支付的全部租金，可以抵减一部分所得税。同时，租金支出一般要大于购买设备后每年发生的折旧额，因而租赁比购买能够更有效地利用税收的抵免作用。

二、融资租赁的局限性

融资租赁的局限性主要表现为：

（1）租金高、成本大（租赁的租金比银行借款或者发行债券的利息一般要高得多）。

（2）租金支付的期限和金额固定，不利于公司资金调度。特别是在公司财务困难时，固定的租金支付会构成较重的公司负担。

【关键词汇】

经营租赁	operating lease
融资租赁	finance lease
租赁决策	lease decision
直接租赁	direct leasing
售后租回	leaseback
杠杆租赁	leveraged lease
等额年金法	level payment method

【思考与练习】

一、思考题

1. 什么是租赁？简述租赁的主要发展过程及其特点。

2. 什么是融资租赁？简述融资租赁的主要特征。

3. 与其他融资方式相比，租赁融资的作用主要表现在哪些方面？

4. 租赁的基本要素包括哪些？简述各个要素的基本内容。

5. 什么是租金？租金由哪些费用构成？

6. 按照不同分类标志，租赁可分为哪些类别？简述经营租赁与融资租赁的关系。

7. 简述融资租赁的形式。

8. 试说明融资租赁的基本程序。

9. 简述租赁决策内容、主要程序和方法。

10. 简述融资租赁的优点及其局限性。

二、单项选择题

1. 下列各项中，不计入融资租赁租金的是（　　）。

A. 租赁手续费　　　　　　　B. 承租公司的财产保险费

C. 租赁公司垫付资金的利息　　　D. 设备的买价

2. 下列各种融资方式中，融资限制条件相对较少的是（　　）。

A. 融资租赁　　　　　　　　　B. 发行股票

C. 发行债券　　　　　　　　　D. 发行短期融资券

3. 与银行借款相比，下列各项中不属于融资租赁融资特点的是（　　）。

A. 资本成本低　　　　　　　　B. 融资风险小

C. 融资期限长　　　　　　　　D. 融资限制少

4. 从财务管理的角度看，融资租赁最主要的财务特征是（　　）。

A. 租赁期长

B. 租赁资产的成本可以得到完全补偿

C. 租赁合同在到期前不能单方面解除

D. 租赁资产由承租人负责维护

5. 在融资租借中，租借物的所有权属于（　　）。

A. 承租人　　　　　　　　　　B. 出租人

C. 供货人　　　　　　　　　　D. 担保人

6. 与其他融资方式相比，下列各项中属于融资租赁最主要的缺点是（　　）。

A. 不能享有设备残值时的损失　　B. 制约因素多

C. 财务风险较高　　　　　　　　D. 资本成本较高

7. 融资租赁按其业务内容不同划分为不同形式，下列各项中不属于融资租赁形式的是（　　）。

A. 间接租赁　　　　　　　　　D. 转租赁

C. 回租赁　　　　　　　　　　D. 杠杆租赁

8. 承租人既使用该设备，又要承担设备的维修费用的租赁（　　）

A. 直接租赁　　　　　　　　　B. 售后租回

C. 融资租赁　　　　　　　　　D. 经营租赁

三、多项选择题

1. 下列关于杠杆租赁的表述中，正确的有（　　）。

A. 出租人既是债权人又是债务人

B. 涉及出租人、承租人和资金出借人三方当事人

C. 租赁的设备通常是出租方已有的设备

D. 出租人只投入设备购买款的部分资金

2. 下列项目中，影响融资租入固定资产入账价值的有（　　）

A. 融资租入固定资产占资产总额的比例

B. 融资租入固定资产支付的租赁合同印花税

C. 租赁合同规定的利率

D. 融资租入固定资产的预计净残值

E. 融资租入固定资产的预计使用年限

3. 下列关于融资租赁的表述中，正确的有（　　）。

A. 租赁期满后，租赁资产一般要归还给出租人

B. 租赁期较长，接近资产的有效使用期

C. 租赁期间双方无权取消合同

D. 一般由承租公司负责设备的维修、保养

4. 关于融资租赁与经营租赁的说法中，正确的有（　　）。

A. 对于融资租赁，租赁期内出租人提供设备维修、保养服务

B. 融资租赁的租期接近资产的有效使用期

C. 融资租赁期满后，租赁资产一般要归还出租人

D. 经营租赁比较适用于租用技术过时较快的生产设备

5. 下列各项关于租赁表述中，不正确的是（　　）。

A. 租赁降低了设备被淘汰的风险

B. 融资租赁一般包含不可取消条款

C. 经营租赁的期限比较短

D. 租赁融资成本低，有利于减轻所得税负担

6. 下列各项中，属于影响租赁租金的因素有（　　）。

A. 设备购置成本　　　　　　B. 利息费用

C. 租赁手续费　　　　　　　D. 租金支付方式

7. 公司进行借款购买或租赁的决策时，下列各项中，属于应考虑的因素有（　　）。

A. 设备价格　　　　　　　　B. 手续费

C. 借款利息率　　　　　　　D. 租金支付方式

8. 下列各项中，属于杠杆租赁主要涉及的当事人有（　　）。

A. 出租人　　　　　　　　　B. 设备生产商

C. 承租人　　　　　　　　　D. 贷款方

四、计算与分析

1. 某公司于 2020 年 1 月 1 日从租赁公司租入一套设备，价值为 60 万元，租期为 6 年，租赁期满时预计残值为 5 万元，归租赁公司。年利率为 8%，租赁手续费率为每年 2%。租金每年年末支付一次。

要求：

(1) 计算每年年末应支付的租金。

(2) 编制租金摊销计划表（见表 7-8）。

表 7-8　租金摊销计划表　　　　　　　　　　　单位：元

年份	期初本金①	支付租金②	应计租费③	本金偿还额④	本金余额⑤
2020					
2021					
2022					
2023					
2024					
2025					
合计					

2. 甲公司是一家制造公司，为扩大产能决定添置一台设备。公司正在研究诵讨自行购置还是租赁取得该设备，有关资料如下：

(1) 如果自行购置，设备购置成本为 1 000 万元。根据税法规定，设备按直线法计提折旧，折旧年限为 8 年，净残值为 40 万元。该设备预计使用 5 年，5 年后的变现价值预计为 500 万元。

(2) 如果选择租赁方式，乙公司可提供租赁服务，租赁期为 5 年，每年年末收取租金 160 万元，设备的维护费用由甲公司自行承担，租赁期内不得撤租，租赁期届满时设备所有权不转让。根据税法规定，甲公司的租赁费可以税前扣除。乙公司因大批量购置该种设备可获得价格优惠，设备购置成本为 960 万元。

(3) 甲公司、乙公司的公司所得税税率均为 25%；税前有担保的借款利率为 8%。

要求：

（1）利用差额分析法，计算租赁方案每年的差额现金流量及租赁净现值（计算过程及结果填入表7-9），判断甲公司应选择购买方案还是租赁方案并说明原因。

表7-9　租赁方案每年的差额现金流量及租赁净现值　　　单位：元

项目	第0年	第1年	第2年	第3年	第4年	第5年
差额现金流量						
折现系数						
差额现金流量的现值						
租赁净现值						

（2）计算乙公司可以接受的最低租金。

第八章　项目投资与融资

【学习目的和要求】

　　本章主要介绍项目投资与融资的理论与方法。通过本章的学习，学生应了解项目的概念、项目投融资特征，熟悉项目投融资参与者和项目投融资主体，掌握项目投融资的基本架构或结构、政府和社会资本合作项目融资模式、资产证券化项目融资模式，掌握项目现金流量的概念、内容，熟悉现金流量计算表的编制，掌握项目投资财务评价方法、投资决策评价指标及其运用。

【思政目标】

　　中国历史上所有的伟大成就，如壮观绝伦的万里长城、载人航天工程、2008 年和 2022 年奥林匹克运动会，都凝结了中华民族的聪明才智，是对人类的突出贡献，也是成功项目所创造的成果。

　　本章将专业知识与我国超级复杂的工程项目案例相结合，使学生深刻意识到我国建设成就来之不易，激发他们的爱国热情和学习动力，培养他们的家国情怀，实现思政教育和专业讲授巧妙交融；通过北盘江大桥（全球最高桥梁项目）一路攻坚克难的案例，让学生深深感受到亿万工程人对祖国所奉献的无私大爱，引导学生投身于祖国建设之中；以典型工程案例中创新举措为例，培养学生的创新思维与创新能力，传承工匠精神。

【本章框图】

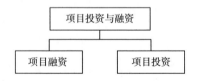

【框图说明】

"21 世纪是项目化社会。在当今社会，一切都是项目，一切也都将成为项目。"① 项目管理已成为企业管理的重要内容和技术手段。项目投资和融资活动是现代企业理财的核心内容。一个充满活力的现代企业，应该时时刻刻研究各种潜在的项目投资和融资机会，进行明智的投融资决策。

项目无论规模大小、成本高低都需要管理。项目管理是在有限的资源约束下，项目的管理者运用系统的观点、方法和理论，对项目全过程进行计划、组织、指挥、协调、控制和评价，以实现项目目标的一种系统管理方法。项目管理主要分为项目融资管理和项目投资管理。

第一节　项目融资

一、项目和项目融资

（一）项目的定义

人们所从事的各种各样的社会活动或工作（简称"活动"）基本上可以分为两大类：一类是在相对封闭和确定的环境下所从事的重复性、周而复始、持续性的活动，人们通常将其称为"作业或运作"；另一类是在相对开放和不确定的环境下开展的独特性、一次性、非日常性活动，这种活动带有一定的创新性，不确定性较高，被称为项目，例如建造一座大楼、一座工厂或一座水库，举办各种类型的活动（一次会议、一次晚宴、一次庆典等），组织一次旅行，解决某个研究课题，进行一个组织的规划等。在当今社会，一切都是项目，一切也都将成为项目。自 20 世纪以来，在大多数组织和产业中，相对于运营活动，项目活动的比重正呈现不断攀升的趋势，逐渐成为从概念到商业化驱动创新的引擎，驱动企业向着更好、更强的方向发展。

一般来说，项目是指在一定时间、成本、人力资源、环境等约束条件下，为了达到特定的目标所从事的一次性任务。该定义的内涵主要包括五个方面：

---

① 美国项目管理专业资质认证委员会主席保罗·格雷斯。资料来源：骆珣．项目管理教程[M]．2 版．北京：机械工业出版社，2021．

①项目是在一定的组织机构内，具有预定的目标，利用有限的资源（人力、物力、财力等）需要完成的任务；②项目是一项有待完成的任务，都有明确的开始和结束的时间要求；③项目是临时性的、一次性的、有限的任务，而不是某一存在物的简单重复工作；④项目所要完成的任务应满足特定的性能、质量、数量和技术指标等要求；⑤一个项目的完成意味着一个新产品或服务的出现。

🔔 【提醒您】项目侧重过程，它是一个动态概念，我们可以把一条高速公路的建设过程视为项目，但切不可将高速公路本身称为项目。项目也可以是一个组织中各个层次的任务。它可能只涉及某个人，也可能涉及很多人。有的项目仅需很短的工时即可完成，而有的项目需要数千万个工时方能完成。

💬 【讨论题 8-1】认识项目的重要前提是项目不应与日常工作相混淆。你能否列表指出例行重复工作与项目的内容？

解答：例行重复的工作与项目内容如表 8-1 所示①。

表 8-1　例行重复工作与项目的比较

例行重复工作	项目
做课堂笔记 每天将销售进款登记在分类账 对供应链需求的回复 在钢琴上练习音阶 苹果 iPod 的日常制造 在产成品上加上标签	写一篇学术论文 为专业会计会议设立信息亭 开发供应链信息系统 谱写一首新的钢琴曲 设计一台大约 2×4 英寸屏，接入 PC 并能储存 1 万首歌曲的 iPod 为通用电气和沃尔玛做线码标志法项目

（二）项目融资及其特征

1. 项目融资的内涵

项目融资有广义与狭义之分。广义的项目融资是指以下两类融资：一类是以企业有形资产的价值为担保取得融资信用，即"项目融资"，主要适用于中小型项目和多数大型工业项目，这类项目融资主要涉及传统的融资方式（如银行借款、债券融资与股票融资）以及许多创新的融资方式（如可转债、

---

① 格雷，拉森. 项目管理［M］.4 版. 北京：人民邮电出版社，2013.

资产证券化等）；另一类是将项目建成后的收益作为偿债的资金来源的融资活动，换句话说，此类融资活动以项目的资产作为抵押以取得融资信用，即"通过项目融资"，偿还所融资金的来源被限制在该项目的经济收益之内（以项目未来的现金流偿还所融资金），同时，以项目的自身资产为抵押作为所融资金的保障，但原则上对项目发起人项目之外的资产没有追索权。这些项目主要是少数超大型的基础设施项目，如电厂项目、交通项目、污水处理项目等。

狭义的项目融资专指后一种资金筹措活动，即以项目建成后的资产作为担保，以项目未来的现金流作为主要偿债资金来源的融资方式。本节项目融资为狭义的项目融资。

【讨论题8-2】"为项目融资"和"项目融资"是否是同一概念？

解答："为项目融资"是一个广义的概念，是指为建设、收购或整合一个项目所进行的融资活动，包括在证券市场上的股权融资活动（如发股票），也包括债务融资活动（如发债券或银行借款等）。"项目融资"是指一种特定的融资方式，它以一个特定的经济实体（项目）为融资对象，以项目的收益和现金流量为偿债来源，以项目资产为安全保障。

项目融资的一个重要特征是：融资不主要依赖项目发起人的信用或所涉及的有形资产。在项目融资中，提供优先债务（如银行借款）的参与方的收益在相当大的程度上依赖项目本身的效益，因此它将自身利益与项目的可行性以及潜在不利因素对项目影响的敏感性紧密联系起来[1]。

2. 项目融资方式

项目融资根据其是否有追索权分为无追索权项目融资和有限追索权项目融资两种方式。

（1）无追索权项目融资，即贷款的还本付息完全依赖项目的经营效益。无追索权包括三层含义[2]：①贷款人无权要求项目发起人（借款人）以其他资产偿还债务；②项目融资的基础是项目自身的盈利能力，其中包括现金流偿债能力；③这种无追索权的项目融资形式对贷款人来说风险很大，除要求更高的报酬外，贷款人还可以要求第三方担保人的加入。

[1]　任淮秀.项目融资［M］.2版.北京：中国人民大学出版社，2013.
[2]　任淮秀.项目融资［M］.2版.北京：中国人民大学出版社，2013.

🔔【提醒您】无追索权并不是指完全没有追索形式。通常来说，贷款人为保障自身的利益，必须从该项目拥有的资产中取得物权担保。如果该项目由于种种原因未能建成或经营失败，同时其抵押的资产或收益不足以清偿全部贷款时，贷款银行无权向该项目的发起人追索。

（2）有限追索权项目融资，即除了以贷款项目的经营收益作为还款来源和取得物权担保外，贷款银行还要求由项目实体以外的第三方提供担保。有限追索权的表现形式为：①贷款人在项目建设期内有权对项目发起人进行完全追索，但建设期后债务可能转变为无追索权形式；②担保人的责任在金额上具有限制，以他们各自提供的担保金额为限；③贷款人一般只能追索到项目实体，如果要对项目发起人行使追索权可能需要特殊约定。

3. 项目融资的特征

与传统的融资方式相比，项目融资的特征主要表现在以下方面：

（1）传统的融资方式是一个企业以自身的资信能力来安排的融资。企业外部资金提供者在决定是否投资或是否提供贷款时，主要依据是企业整体的资产负债、利润及现金流量状况，对具体项目的考虑是次要的；项目融资不主要依赖项目发起人的信贷或所涉及的有形资产，而是以单个项目为基础进行的融资，融资的目的是支持该项目的研发、生产、推广等活动，筹集的资金只能用于特定项目。

（2）传统的融资方式下，贷款人提供资金通常要求具有完全的追索权，一旦融资主体不能偿还债务，贷款人可以通过处置融资企业资产的方式得以补偿。对于项目融资主体来说，其筹集的资金一般为有限的追索权，甚至无追索权，即使贷款人行使追索权，也仅限于项目资产以及相关担保资产或增信安排。

（3）传统的融资方式下，偿还项目的资金来源是项目发起人的所有资产及其收益。而项目融资的收益在相当大的程度上依赖项目本身的效益，其还款来源为项目投产后的收益以及项目本身的资产。

（4）传统融资方式的参与者关系简单，主要有出资方、贷款方（债权人）等（如图8-1所示）。

项目融资结构复杂，因此参与融资的利益主体也比传统的融资方式多，主要包括：项目主办人和投资人、项目公司、贷款人与借款人、工程承包人、项目设备与原材料供应商、项目产品购买人、信托受托人、项目融资保证人

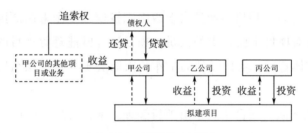

图 8-1　典型公司融资

与保险人、专业性顾问机构等。

二、项目融资参与者

任何项目从始至终需要多方人员或组织参与，即存在项目干系人，他们是积极参与项目或其利益可能受项目影响的个人或组织（如客户、发起人、执行组织或公众）。项目融资参与者如图 8-2 所示。

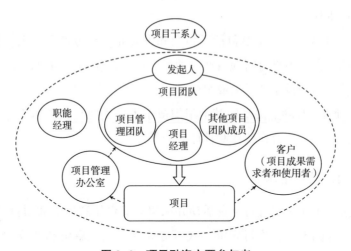

图 8-2　项目融资主要参与者

（1）发起人。发起人是以现金或者实物形式为项目提供资金的一个人或一群人。发起人的重要贡献是为项目提供资金支持。

（2）客户。客户也称为委托人或业主，即项目最终成果的需求者和使用者。客户可以是组织内部的，也可以是组织之外的，也可以是发起人。客户是项目团队获得项目信息的关键来源，它影响项目的范围，影响项目的执行过程，负责检验项目的可交付成果。

（3）项目经理。项目经理是由上级组织授权或委派来保证按照客户的需求完成项目并对项目全面负责的人员。项目经理既能理解项目的细节，又能对项目实施整体管理。项目经理的工作权限取决于项目组织结构类型和上级组织的授权。

（4）项目团队。项目团队是由项目经理、项目管理团队以及其他负责实施项目但并不参与管理工作的项目团队成员组成的，它是为实现项目的共同目标而相互依赖、协同工作的群体。在某些项目中，发起人也可能是项目团队成员之一。

（5）项目管理办公室。项目管理办公室是负责对其所辖项目进行集中协调管理的一个组织部门，其职责包括从提供项目管理支持到直接管理项目等。

（6）职能经理。职能经理是在企业行政管理部门担任管理角色的人员，如人力资源、财务、会计、研发或设计等部门经理。他们在各自领域内承担着直接管理责任。

（7）商业合伙人，主要包括承包商和供应商。承包商是依据合同而实施项目工作的一方，不具有对项目产品的所有权；供应商是为项目提供原材料、设备、工具等物资设备的个人或组织。

（8）与项目有利益关系的其他组织或个人，主要包括政府有关部门、新闻媒体、竞争对手、合作伙伴和社区公众等。

三、项目融资主体

项目融资主体是指进行融资活动并承担融资责任和风险的项目法人单位。按照融资主体的不同，项目融资方式可分为既有法人融资和新设法人融资两种（如图 8-3 所示）①。

（1）既有法人融资是指以既有法人为融资主体的融资方式。该融资方式的特点是：由既有法人发起项目、组织融资活动并承担融资责任和风险；建设项目所需的资金来源于既有法人内部融资、新增资本金和新增债务资金；新增债务资金依靠既有法人整体（包括拟建项目）的盈利能力偿还，并以既有法人整体的资产和信用承担债务担保。既有法人融资主体适合于下列情况：

---

① 张青. 项目投资与融资分析 [M]. 北京：清华大学出版社，2012.

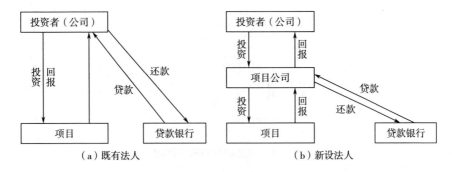

图 8-3　项目的融资方式

①既有法人具有为项目进行融资和承担全部融资责任的经济实力；②项目与既有法人的资产以及经营活动联系密切；③项目的盈利能力较差，但项目对整个企业的持续发展具有重要作用，该企业需要利用既有法人的整体资信获得债务资金。

（2）新设法人融资是指以组建新的具有独立法人资格的项目公司为融资主体的融资方式。采用这种融资方式的建设项目，其法人大多是公司法人，建设项目一般为新建项目，但也可以是将既有法人的一部分资产剥离出去后重新组建的新的项目法人的改扩建项目。

新设法人融资主体适合于下列情况：①拟建项目的投资规模较大，既有法人不具有为项目进行融资和承担全部融资责任的经济实力；②既有法人财务状况较差，难以获得债务资金，而且项目与既有法人的经营活动联系不密切；③项目自身具有较强的盈利能力，依靠项目自身未来的现金流量可以按期偿还债务。

四、项目融资的基本架构①

项目融资的基本架构由投资结构、融资结构、信用担保结构以及资金结构等四个基本模块组成，但不是它们的简单堆砌，而是这四部分的有机组合。四个基本模块相互之间的关系如图 8-4 所示②。

在项目融资的基本架构之中，投资结构最为关键。采用不同的投资结构，对项目产品、项目现金流量的控制程度，以及投资者在项目中所承担的债务责

---

① 张青. 项目投资与融资分析 [M]. 北京：清华大学出版社，2012.
② 张极井. 项目融资 [M]. 北京：中信出版社，2003.

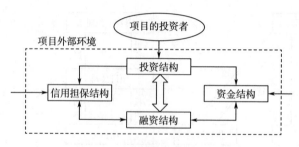

图 8-4　项目融资的基本架构

任和所涉及的税务结构会有较大差异。这些差异对项目融资的整体结构设计产生直接影响。项目融资核心部分（融资结构设计）主要围绕投资结构展开。

（一）投资结构

投资结构即项目的资产所有权结构，反映了项目投资者对项目资产权益所拥有的法律形式和项目投资者之间的法律合作关系。在项目融资活动中，投资结构有公司型合资结构、合伙制结构、非公司型合资结构、信托基金结构等多种形式。

1. 公司型合资结构

公司型合资结构是由合作双方共同组成有限责任公司（即项目公司）。以项目融资时，项目公司作为借款人，将合资公司的资产作为贷款的物权担保，以其收益作为偿还贷款的主要资金来源。项目发起人除了向贷款人作出有限担保外，不承担为项目公司偿还债务的责任。公司是与其投资者（公司股东）完全分离的独立法律实体，即公司法人，享有法律赋予公司的一切权利。简单的公司型合资结构如图 8-5 所示①。

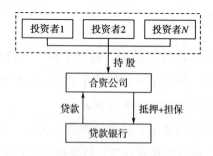

图 8-5　简单的公司型合资结构

---

① 张极井. 项目融资 [M]. 北京：中信出版社，1997.

图 8-5 中，N 个投资者根据股东协议（有时也称为合资协议）认购和合资公司股份，建立并经营合资公司。合资公司将资产抵押给银行换取贷款，独立地经营和从事市场销售活动。

2. 合伙制结构

合伙制结构是指两个以上合伙人以获取利润为目的，共同从事某项商业活动而建立的一种法律关系。合伙制结构不是一个独立的法律实体，其合伙人可以是自然人也可以是法人。

（1）普通合伙制结构。普通合伙制结构中的合伙人称为普通合伙人。普通合伙制的显著特点是所有的合伙人对于合伙制结构的经营、合伙制结构的债务以及其他经济责任和民事责任负有连带的无限责任。投资者（即合伙人）以合伙的形式共同拥有资产，进行生产经营，并以合伙制结构的名义共同安排融资。普通合伙制结构如图 8-6（A）所示。

（2）有限合伙制结构。有限合伙制结构需要包括至少一个普通合伙人和至少一个有限合伙人。在有限合伙制结构中，普通合伙人负责合伙制项目的组织、经营、管理工作，并承担对合伙制结构债务的无限责任；而有限合伙人不参与也不能够参与项目的日常经营管理（这是区别一个合伙人是否能够被定义为有限合伙人的主要标准），对合伙制结构的债务责任也以有限合伙人已投入和承诺投入合伙制项目中的资本数量为限（如图 8-6（B）所示）。

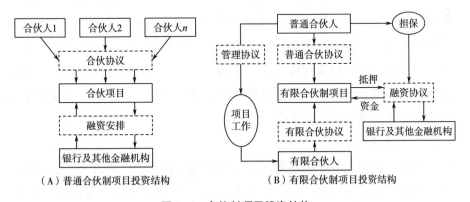

（A）普通合伙制项目投资结构　　　　（B）有限合伙制项目投资结构

图 8-6　合伙制项目投资结构

3. 非公司型合资结构

从严格的法律概念上讲，非公司型合资结构（又称契约型合资结构）不是一种法律实体，只是投资者之间所建立的一种契约性质的合作关系

（如图 8-7 所示）。

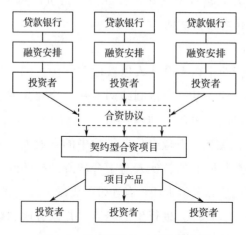

图 8-7　简单的非公司型合资结构

实务中，选择图 8-7 这种结构的原因可能是：在某些领域（例如采矿、能源开发、初级矿产加工、石油化工、钢铁及有色金属等），一个投资者开发并融资的能力有限，因此他通过联合其他投资者来共同融资、共同解决技术和管理问题并共同承担风险，但不失去对投资项目的控制。

非公司型合资结构的主要特征为：①通过一个投资者之间的合资协议建立；②每一个投资者直接拥有全部项目资产的一个不可分割的部分；③每一个投资者需要根据项目的投资计划投入相应投资比例的资金，同时直接拥有并有权独自处置其投资比例的项目最终产品；④本结构的最高决策机构是由投资者代表组成的项目管理委员会，它负责一切有关问题的重大决策，项目的日常管理由项目管理委员会指定的项目经理负责；⑤投资者之间的关系是一种合作性质而非合伙性质关系。

4. 信托基金结构

信托即信任委托，是指将信托基金划分为信托单位，通过发行信托单位来筹集资金（如图 8-8 所示）。一个信托基金的建立和运作包括以下内容：①信托契约，是规定和规范信托单位持有人、信托基金受托管理人和基金经理之间法律关系的基本协议。②信托单位持有人，是信托基金资产和其经营活动的所有者。③信托基金受托管理人，代表信托单位持有人持有信托基金结构的一切资产和权益，代表信托基金签署任何法律合同。受托基金管理人的主要作用是保护信托单位持有人在信托基金中的资产和权益不受损害，并负责控制和管理信托单位的发行和注册，以及监督信托基金经理的工作。除特殊情况外，受托管理人一般不介入日常的基金管理。④信托基金经理，由受托管理人任命负责信托基金及其投资项目的日常经营管理。信托基金结构如图 8-8 所示。

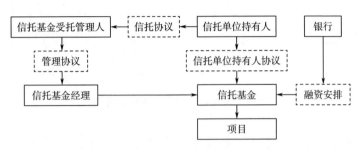

图 8-8　信托基金结构

（二）融资结构

融资结构又称融资模式，是项目融资的核心部分。融资模式包括基本模式（如投资者直接融资、通过项目公司融资），其他模式（如资产证券化融资模式、公共项目融资模式等）。

1. 融资结构基本模式

在项目融资实践中，融资模式随具体情况的变化而变化，种类繁多，但项目融资模式一般以下列两种基本模式为基础。

（1）投资者直接安排项目融资模式，是指由项目投资者以其自身的名义直接安排项目融资，并且直接承担融资安排中相应的责任和义务的融资模式，具体分为两种形式：一是统一安排融资，即项目投资者统一安排融资，由项目管理公司负责产品的销售和债务的偿还（如图 8-9 所示）；二是独立地安排融资，即项目投资者完全独立地安排融资，并负责产品的销售和债务的偿还。

图 8-9 显示的是由若干投资者根据合资协议组成的非公司型合资项目的融资结构，且按照投资比例合资组建一个项目管理公司作为项目投资者的代理人，项目管理公司分别依据与投资人签订的项目管理协议和销售代理协议来负责项目的建设、生产经营和项目的产品销售。其基本流程为：①根据合资协议规定，投资者分别在项目中投入相应比例的自有资金，并统一安排项

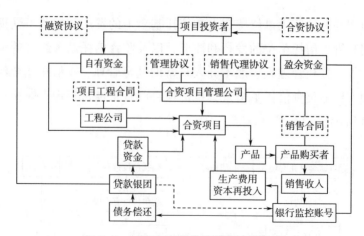

图8-9　投资者直接安排项目融资模式

目融资（由每个投资者独立与贷款银行签署协议）用于项目的建设资金和流动资金；②在建设期间，项目管理公司代表投资者与工程公司签订工程建设合同，监督项目的建设，支付项目的建设费用，而在生产期间，项目管理公司负责项目的生产管理，并作为投资者的代理人销售项目产品；③项目的销售收入将首先进入一个贷款银行监控下的账户，用于支付项目的生产费用和资本再投入，偿还贷款银行的到期债务；④最后按照融资协议的规定将盈余资金返还给投资者①。

采用直接安排项目融资模式，投资者选取融资结构及融资方式比较灵活，可以根据项目的经济强度和本身资金状况较灵活地安排债务比例。这种模式一般适用于项目发起人本身财务结构不是很复杂的情况。

（2）项目公司模式，是指投资者通过建立单一目的的项目公司以安排融资的一种模式，具体分为单一项目子公司和合资项目公司两种融资形式。

①单一项目子公司融资模式是指项目投资者通过建立一个单一目的的项目子公司的形式作为投资载体，以该项目公司的名义与其他投资者组成合资结构安排融资。单一项目子公司融资模式如图8-10所示。

该模式的特点是项目子公司代表投资者承担项目中全部的或主要的经济责任，但是由于该公司是投资者为一个具体项目专门组建的，缺乏必要的信用、经验和资金，因此可能需要投资者提供一定的信用支持和保证。

---

① 张青．项目投资与融资分析［M］．北京：清华大学出版社，2012.

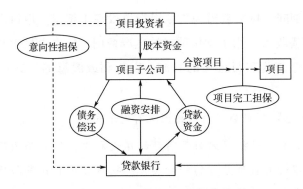

图 8-10　单一项目子公司融资模式

②合资项目公司融资模式。它是最主要的一种项目融资模式,是指由投资者共同投资组建一个项目公司(SPV),再以公司的名义拥有、经营项目和安排项目融资的一种项目融资模式(如图 8-11 所示)[①]。

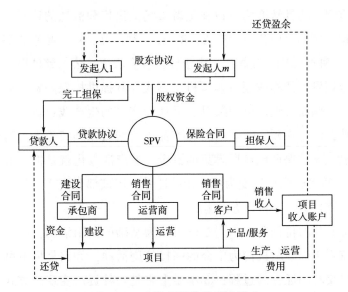

图 8-11　合资项目公司融资模式

采用这种模式,项目投资者根据股东协议组建项目公司,并注入一定的股本资金。项目融资由项目公司安排,涉及债务主要的信用保证来自项目公司的现金流量、项目资产以及项目投资者所提供的与融资有关的担保和商业

---

① 刘晓君.工程经济学 [M].北京:中国建筑工业出版社,2009.

协议。在建设期间，投资者需为贷款银行提供完工担保。项目产品产生的现金流量（如销售收入）用于支付项目的生产费用、资本再投入和偿还到期债务，盈余的资金作为项目公司的利润，以红利或股息的形式返还给项目投资者。

【讨论题8-3】项目公司与项目团队有何不同？

解答：项目公司是投资方为了项目的建设和生产经营而由项目发起人注册成立的独立经营并自负盈亏的经营实体。项目公司直接参与项目投资和项目管理，直接承担项目债务责任和项目风险。

项目团队是针对项目工程临时组建的一个具有相应专业技术和专业管理水平的协同工作集体。项目部的人员可以由建设方和投资方共同组成。

2. 资产证券化融资模式

资产证券化是指把缺乏流动性但是具有未来现金流的资产汇集起来，通过结构性重组，将其转变为可以在金融市场上出售和流通的证券，据以融通资金的过程。例如，甲公司生产A、B、C三种产品，A产品销路好、利润率高，B、C两种产品则情况相反。由于经营资金匮乏，公司整体财务状况不太好。公司曾拟发行债券或通过担保机构方式为其提供担保融资，但都因为公司财务状况问题而失败。但如果甲公司对A产品的生产线进行证券化，其融资可能成功，因为在预定的短期内A产品生产线可以连续生产出有销路、有利润的产品，能够保证偿还所筹集的资金。资产证券化就是把一部分特定资产（如A产品生产线）转变为可转让的证券，用该部分资产产生的收益作为偿付保证，支付资产支持证券的本息。

资产证券化的特征为：①它是以市场为基础的信用活动，属于直接融资的范畴，有别于以金融机构为中介的间接信用活动；②它是将不可交易的资产转化为可交易的证券的过程；③本质上它是一种资产变现的方式，以发行证券筹集资金为目的；④资产证券化所发行证券的支撑来自其背后具体的资产组合（资产池）的可预期收益。

在项目融资中，资产证券化通常涉及的参与者、基本结构及运作流程如图8-12所示①。

---

① 陈健，陶萍. 项目融资 [M]. 北京：中国建筑出版社，2008：103.

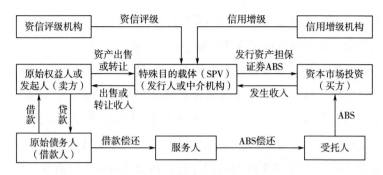

图 8-12　资产证券化运作流程

（1）明确资产证券化所要达到的目的，精心设计与组建"资产池"。"资产池"是一个很形象的比喻，是指实物资产证券化过程中选取、整合资产的过程。对实物资产的选择和组合的一个关键性问题是证券化实物资产从原始权益人向 SPV 的转移。

（2）组建特殊目的载体（SPV），实现真实出售。特殊目的载体是一个以实物资产证券化为唯一目的的、独立的信托实体，其资金全部来源于发行证券收入。特殊目的载体成立后，与发起人签订买卖合同，发起人将"资产池"中的资产过户给特殊目的载体以发行证券。

（3）信用增级与证券信用评级。经过前两个阶段，证券化交易已进入信用增级和信用评级核心环节。信用增级的目的就在于降低和消除这类风险，使资产证券化能为投资者所接受。对资产证券化的评级一般由专业的信用评级机构进行，主要工作是审查被评级资产是否已与发起人自身的信用风险相分离，从而为证券市场投资者选择证券提供依据。

（4）资产证券化的发行。这是将经过信用增级和信用评级机构评估为投资级的证券发行到投资者手中的过程。多数资产证券化的发行和承销工作由投资银行担任，由投资银行设计的实物资产证券化形式主要有公开上市发行、私募和商业票据。

资产证券化虽然通过发行证券来融资，但不同于股票、债券等传统融资方式。在资产证券化融资模式下，原始权益人能够保留完整的决策权和大部分资产收益能力，通过资产证券化表外处理，原始权益人能够保持和增强自身借款能力，提高企业资产收益率。

3. BOT 融资模式

（1）BOT 是英文"build—operate—transfer"的缩写，意为"建设—经

营—移交"，它是 20 世纪 80 年代国际上兴起的一种项目融资和项目建设模式，也是利用外资和民营资本兴建基础设施的新模式。

BOT 融资模式下，由投资人作为项目的发起人，从政府获得某项基础设施的建设特许权，然后由其独立或联合其他方组建项目公司，负责项目的融资、设计、建造和运营。整个特许期内项目公司通过项目的运营获得利润，并以利润偿还债务。特许期满，项目公司将完整的项目无偿或以极少的名义价格移交给政府。运用 BOT 融资模式建设的基础设施项目包括发电厂、机场、港口、收费公路、隧道、电信、供水和污水处理设施等。

BOT 在操作中有许多形式，根据世界银行《1994 年世界发展报告》，通常所说的 BOT 实际上至少包括以下三种基本方式（如表 8-2 所示）。

表 8-2　BOT 基本方式

方式	内涵
BOT（build—operate—transfer），即"建设—经营—移交"	政府（主要是省市级）通过特许权协议，授权私营机构（含外商）进行项目（主要是基础设施和自然资源开发）的融资、设计、建造、运营和维护，在规定的特许期（通常为 10~30 年）内向该项目的使用者收取适当（经政府批准的价格）费用，以回收项目的投资、建设、运营和维护等成本，并获得合理的回报。特许期满，项目一般免费移交给政府
BOOT（build—own—operate—transfer）即"建设—拥有—经营—移交"	私营机构融资建设基础设施项目，项目建成后，在规定的期限内拥有所有权并进行经营，期满后将项目移交给政府
BOO（build—own—operate），即"建设—拥有—经营"	私营机构根据政府赋予的特许权，建设并经营某项基础设施，但在一定时期后不将基础设施移交给政府

由于项目的地点、时间、外部条件、政府的要求及有关规定的不同，具体项目又可能有更多不同的形式。

（2）BOT 融资方式实质上是一种债务与股权相混合的产权组合形式，与传统的承包模式相比具有以下特点：①采用这种模式，项目融资责任转移给项目发起人，政府无须保证或承诺支付项目的借款，避免了政府的债务风险。②采用这种模式，由于私营机构的参与，贷款机构对项目的要求比政府更为严格。同时，私营机构为了减少风险、获得较多的收益，客观上特别关注项目的管理，严格控制项目造价。③采取这种模式，可以解决目前政府无力投资建设的基础设施项目问题，满足社会和公众的需求。④由外国公司承担的BOT项目可以给政府带来先进的技术和管理经验等。

（3）BOT融资模式参与方和程序如图8-13所示。

①采用BOT模式投资建设的项目涉及参与方，包括政府机构、发起人或股东、贷款人、供应商、保险公司、运营公司、承包商和产品购买商等。

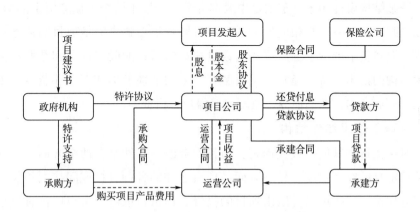

图8-13　BOT融资模式参与方和程序

②BOT项目虽然不尽相同，但每个项目一般都经过准备、实施和移交三个阶段。

第一，准备阶段。这一阶段主要选定BOT项目，通过资格预审与招标，选定项目承办人。项目承办人选择合作伙伴并取得它们的合作意向，提交项目融资与项目实施方案文件。项目参与各方草签合作合同，申请成立项目企业。政府依据项目发起人的申请，批准成立项目企业，并通过特许权协议，授予项目企业特许权。项目企业股东之间签订股东协议。项目企业与财团签订融资等主合同以后，项目企业另与BOT项目建设、运营等各参与方签订子合同，提出开工报告。

第二，实施阶段。实施阶段包含BOT项目建设与运营阶段。在建设阶段，项目企业通过顾问咨询机构对项目组织设计与施工，安排进度计划与资金营运，控制工程质量与成本，监督工程承包商，并保证财团按计划投入资金，确保工程按预算按时完工。在项目运营阶段，项目企业的主要任务是要求运营企业尽可能边建设边运营，争取早投入、早收益，特别要注意外汇资产的风险管理及现金流量的安排，以保证按时还本付息，并最终使股东获得一定的利润。同时在运营过程中要注意项目的维修与保养，以期项目以最大效益运营以及最后顺利地移交。

第三，移交阶段。在特许期期满时，项目企业把项目移交给政府。项目移交阶段包括资产评估、利润分红、债务清偿、纠纷仲裁等。

（三）资金结构

资金结构设计用于决定项目中股本资金、准股本资金和债务资金的形式、相互之间比例关系以及相应的来源。项目融资重点解决的是项目的债务资金问题，但在整个结构中也需要适当数量和适当形式的股本资金和准股本资金作为结构的信用支持。经常为项目融资所采用的债务形式有商业贷款、银团贷款、商业票据、欧洲债券、政府出口信贷、租赁等。

（四）信用担保结构

对于银行和其他债权人而言，项目融资的安全性来自两个方面：一方面是项目本身的经济强度；另一方面是项目之外的各种直接或间接的担保，即第三方担保。这些担保可以由项目的投资者提供，也可以由与项目有直接或间接利益关系的其他方面提供；可以是诸如完工担保、成本超支担保等形式的直接财务保证，也可以是长期购买项目产品的协议等间接或非财务性担保，这一切担保形式的组合就构成了项目的信用保证结构。这些担保机构、担保方式的参与，在不同程度上分散了一部分项目的风险，为项目融资设计一个强有力的信用保证结构创造了有利条件，对项目的投资者具有很大的吸引力。

第二节　项目投资

一、项目投资管理概述

（一）项目投资的内涵

项目投资有广义与狭义之分。凡是由一定投资主体投入资金并通过项目来获取未来收益的活动均称为广义的项目投资；狭义的项目投资是指以特定建设项目为投资对象，直接与新建项目或更新改造项目有关的一种长期投资行为。本节所说的项目投资指狭义项目投资。

项目投资通常形成有形资产，如房屋、建筑物、机器、设备等，也可能通过研究开发项目形成无形资产，例如研究开发的专利权或非专利技术等。项目投资的目的是直接形成生产经营能力，开展实质性的生产经营活动，或者改善生产条件以及扩大生产能力，谋求更多的利润。

项目投资中的新建项目按其涉及内容可细分为单纯固定资产投资项目和完整投资项目。前者简称"固定资产投资"，其特点是在投资中只包括为取得固定资产而发生的垫支资本投入而不涉及周转资本的投入；完整投资项目则不仅包括固定资产投资，还涉及流动资金投资，甚至包括其他长期资产项目（如无形资产）的投资。因此，不能将项目投资简单地等同于固定资产投资。

（二）投资项目的类型

投资项目按照不同的分类标准可以划分为不同类型。按所投资对象不同，投资项目可分为以下五种类型：

（1）新产品开发或现有产品的规模扩张项目。通常需要添置新的固定资产，并增加企业的营业现金流入。

（2）设备或厂房的更新项目。通常需要更换固定资产，改善企业生产经营活动环境，提高生产效率。

（3）研究与开发项目。通常不直接产生现实的收入，而是得到一项是否投产新产品的选择权。

（4）勘探项目。通常使企业得到一些有价值的信息。

（5）其他项目，包括劳动保护设施建设、购置污染控制装置等。这些决策不直接产生营业现金流入，而使企业很好地履行社会责任。

（三）项目投资的特点

开发新产品、建造生产线项目具有以下基本特征：

1. 约束条件多

在项目建设过程中，约束条件主要有三个：一是时间约束，即要求有适宜的建设期限（工期）；二是资源约束，即要求有确定的投资限额；三是质量约束，即有预期的生产能力、技术水平或使用效益目标。

2. 投资金额大

项目投资多数是以工程建设为载体的项目。项目规模庞大，例如轨道、公路、隧道、桥梁、铁路、地铁等项目，它们结构复杂，工程期长，耗费的人力、物力和财力多，管理水平要求高，因此需要雄厚的资金支撑，虽然投资次数较少，但每次投放资金量较大。

3. 影响时间长

项目投资发挥作用的时间较长，几年、十几年甚至几十年才能收回投资，投资项目对企业未来的生产经营活动和长期经济效益将产生重要影响。因此，项目投资决策的成败最终会影响企业的长期生存与持续发展。

4. 变现能力差

一般来说，项目投资以形成固定资产为特定目标。企业获取固定资产的目的是用于产品生产、提供商品或服务、出租给他人或行政管理而非出售。固定资产多以厂房、机器、设备等实物形态存在，资产一经形成，很难改变其用途，出售也很困难，固定资产的变现能力差。因此，项目投资必须具备战略眼光，作出有利于企业长远发展及获利的决策。

5. 投资风险高

投资项目的建设要消耗大量的资金、物资和人力等宝贵资源，投资决策时稍有不慎，就会带来巨大的损失。投资项目交付使用后的收益情况和项目寿命受企业内部、外部各种因素制约，而这些因素之间的相互关系又是错综复杂的，因此在投资决策中无法对未来各种因素的发展变化作出准确预测的前提下，企业的投资收益有可能达不到预期水平甚至会出现投资失败的情况，由此产生投资风险。

（四）项目投资管理和程序

项目投资管理和程序如图 8-14 所示。

二、项目投资的构成

项目投资的内涵十分丰富，具有不同的构成内容。

（一）原始总投资

原始总投资是反映项目所需现实资金的价值指标。从项目投资的角度看，原始总投资等于企业为使项目完全达到设计生产能力、开展正常经营面投入的全部现实资金，包括建设投资和流动资金投资，其中建设投资包括固定资产投资、无形资产投资和开办费。

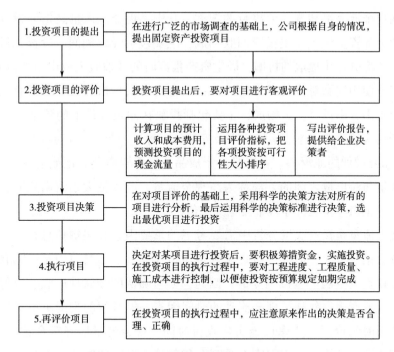

图 8-14　项目投资管理和程序

（二）投资总额

投资总额是反映项目投资总体规模的价值指标，它等于原始总投资与建设期资本化利息之和。建设期资本化利息是指在建设期发生的与购建项目所需的固定资产、无形资产等长期资产有关的借款利息。

三、投资项目的财务评价

【讨论题 8-4】项目投资决策广泛使用现金概念，现金是否仅包括货币资金？

解答：项目投资决策所使用的现金概念是广义的现金，它不仅包括各种货币资金，还包括项目需要投入的企业拥有的非货币资源的变现价值（或重置成本）。例如，一个项目需要使用原有厂房、设备和材料等，则相关的现金流量是指它们的变现价值，而不是其账面成本。

（一）投资项目现金流量的内容及其估算

1. 现金流量的概念

在项目的投融资管理中，现金流量是指与一个投资项目相联系的未来一定时期现金流入量和现金流出量的统称。其中，现金流入量是指同投资项目有关的全部资金流入，由投资回收构成，主要包括经营利润、投资项目构成固定资产部分每年提取的折旧、固定资产报废时的残值收入或中途变价收入、固定资产使用期满对流动资产的回收；现金流出量是指同投资项目有关的全部资金支出，由投资支出构成，主要包括投放在固定资产上的资金（包括固定资产购入或建造成本、运输成本及安装成本等）、投资在流动资产上的资金（包括需要增加的原材料、在产品、产成品、货币资金及其他流动资产）。现金流入量与流出量之间的差额称为净现金流量。流入量大于流出量时，净现金流量为正值，反之，净现金流量为负值。

现金流量是投资决策分析中需要考虑的重要因素和关键信息之一。在进行投资决策分析时，研究的重点是现金流量而非利润，其原因是：①利润指标是以权责发生制为基础确立的。因此，公司确认的经营性应收、应付业务列入收入或费用，忽视了现金流动的时间因素。但科学的投资决策必须认真考虑货币时间价值，考虑现金实际收付时间，现金流量恰好符合这一要求。②利润指标的计算在一定程度上受到存货估价、费用摊配和折旧计提等不同方法的影响，将其作为决策的主要依据不够科学。而采用现金流量基本上不受人为因素影响，可以保证项目评价的客观性，能使投资决策更符合客观实际情况。

2. 现金流量的作用

项目投资以现金流量作为重要价值信息，现金流量的作用主要表现在以下方面：

（1）现金流量信息可以序时动态地反映项目投资的流向与回收之间的投入产出关系，有助于决策者更完整、准确、全面地评价具体投资项目的经济效益。

（2）利用现金流量指标代替利润指标作为反映项目效益的信息，可以摆脱利润指标的局限性。

（3）现金流量信息排除了公司内部非现金收付周转的资本运动形式，简化了有关投资决策评价指标的计算过程。

（4）现金流量信息与项目计算期的各个时点密切结合，有助于在计算投资决策评价指标时应用资金时间价值的形式进行动态投资效果的综合评价。

3. 现金流量的内容

现金流量分为现金流入和现金流出两部分。现金流入量（简称"现金流入"）是指能够使投资方案的现实货币资金增加的项目；现金流出量（简称"现金流出"）是指能够使投资方案的现实货币资金减少或需要动用现金的项目。每部分具体内容如表8-3所示。

表8-3 现金流量的内容

序号	现金流入量的内容		现金流出量的内容	
	项目	内容	项目	内容
1	营业收入	指项目投产后每年实现的全部销售收入或业务收入，它是经营期主要的现金流入量项目	建设投资（含更改投资）	指在建设期内按一定生产经营规模和建设内容进行的固定资产投资、无形资产投资等投资的总称，它是建设期发生的主要现金流出量
2	回收固定资产余值	指投资项目的固定资产在终结点报废清理或中途变价转让处理时所回收的价值	流动资金投资	指在完整（工业）投资项目中发生的用于生产经营期周转使用的营运资金投资，又称为垫支流动资金。建设投资与流动资金投资合称为项目的原始总投资
3	回收流动资金	指新建项目在项目建设期完全终止时（终结点）因不再发生新的替代投资而回收的原垫付的全部流动资金投资额。回收流动资金和回收固定资产余值统称为回收额	经营成本	指在经营期内为满足正常生产经营而动用货币资金支付的成本费用。又称付现成本，它是生产经营阶段最主要的现金流出量项目
4	其他现金流入量	指以上三项指标以外的现金流入量项目	各项税款	指项目投产后依法缴纳的、单独列示的各项税款，如所得税等
5			其他现金流出	指未包括在以上内容中的现金流出项目（如营业外净支出等）

表8-3中的现金流量按发生的时间可分为以下三类：

（1）初始现金流量。初始现金流量是指开始投资时发生的现金流量，一般包括固定资产投资、流动资产投资、其他投资费用（与长期投资有关的职工培训费、谈判费、注册费用等)、原有固定资产的变价收入(固定资产更新时原有固定资产变卖所取得的现金收入)。

(2) 营业现金流量。营业现金流量是指投资项目投入使用后,在其寿命周期内由生产经营所带来的现金流入和流出的数量,这种现金流量一般以年为单位进行计算。这里现金流入通常指营业现金收入,现金支出是营业现金支出和交纳的税金。如果一个投资项目的每年销售收入、付现成本(不包折旧)等于其全年的营业现金收入和营业现金支出,那么,年营业净现金流量计算公式为:

$$每年净现金流量=每年营业收入-每年付现成本-所得税$$

或:

$$每年净现金流量=净利润+折旧$$

(3) 终结现金流量。终结现金流量是指投资项目完结时发生的现金流量,主要包括固定资产的残值收入或变价收入、原有垫支在各种流动资产上的资金收回、停止使用土地的变价收入等。

4. 现金流量的估算

准确、具体地估量各个投资项目的现金流量和时间分布,是正确评价整个投资项目经济效益的重要前提。净现金流量的计算方法有直接法和间接法。

(1) 净现金流量计算的直接法。直接法是指根据现金流量的构成项目直接计算确定净现金流量,其计算公式为:

净现金流量=现金流入量合计-现金流出量合计

$$=销售收入+\frac{成本}{降低额}+\frac{固定资产}{残值收入}+\frac{流动资产}{投资的回收}-\left(\frac{固定资产和}{流动资产上的投资额}+\frac{付现}{成本}\right)$$

🔔【提醒您】运用上式计算净现金流量时,应注意以下三点:

(1) 成本降低额是采纳新的投资方案而引起的成本水平的下降,成本降低意味着公司可以节约现金流出,它可视同现金流入。

(2) 固定资产残值收入和相关流动资产投资的收回,一般只在项目寿命期最终年份发生。一个投资方案的建设和经营期内某一年净现金流量可用下式表示:

净现金流量=销售收入+成本降低额-固定资产和流动资产上的投资额-付现成本

(3) 公式中付现成本是指需要每年支付现金的销货成本,不包括折旧费。

其公式为：

$$付现成本 = 销售成本 - 折旧$$

（2）净现金流量计算的间接法。间接法是利用财务会计提供的利润数据资料，经过适当转换而间接求得净现金流量的一种方法。净现金流量计算公式为：

$$净现金流量 = 经营利润 + 折旧 + 固定资产残值收入 + 流动资产上的投资收回 -$$
$$固定资产和流动资产上的投资额$$

上式将折旧作为现金流入加回经营利润，是因为计算经营利润时已将折旧作为费用予以扣除，而折旧仅是项目内部的转移，并未动用实际现金，因此，计算净现金流量时必须将其作为现金流入予以加回。

（3）现金流量计算表的编制。现金流量计算表是指将投资项目在整个使用期限内的现金流出和流入按照时间先后和投资收益项目的顺序排列而成的一种式式。通过这张表，可以比较直观地评价投资方案经济效益。该表是净现金流量计算公式的表格化（如表 8-4 和表 8-5 所示）。

【例 8-1】某公司计划兴建一个基建项目，完工后形成固定资产。该项目需要投资共计 100 万元，其中建设投资 60 万元、流动资金垫支 40 万元。工期为 3 年，工程款每年支付 20 万元，预计使用年限为 5 年，采用直线法计提折旧，使用期满需要拆除，期末无残值。项目建成投产的第 1、2 年每年垫支流动资产 20 万元（不包括应收账款），销售收入的正常付款期限为 3 个月，因而在应收账款上需要投资资金 60 万元（3 个月的销售额）。该项目建成投产后，预计每年可获得销售收入 240 万元，产销过程中，每年发生付现成本 200 万元。每年净利润为 20 万元。根据上述资料，分别采用直接法和间接法编制现金流量计算表（如表 8-4、表 8-5 所示）。

表 8-4　投资方案现金流量计算表（直接法）　　　单位：万元

项目	期间									合计
	1	2	3	4	5	6	7	8	9	
固定资产	(20)	(20)	(20)	(20)	(20)					(100)
应收账款				(60)					60	60
其他流动资产				(40)				40		—
销售收入				240	240	240	240	240		(1 200)

续表

项目	期间									合计
	1	2	3	4	5	6	7	8	9	
付现成本				(200)	(200)	(200)	(200)	(200)		(1 000)
现金净流量	(20)	(20)	(20)	(80)	20	40	40	80	60	100

注：表中括号中的数字表示现金流出，流动资产其他项目的收回于第8年年末，第8年第四季度的应收款于第9年收回。

上表中经营期间的现金流量也可以用间接法计算，如表8-4所示。

表8-5　投资方案现金流量计算表（间接法）　　　单位：万元

项目	期间									合计
	1	2	3	4	5	6	7	8	9	
固定资产	(20)	(20)	(20)	(20)	(20)					(100)
应收账款				(60)					60	60
其他流动资产				(40)				40		—
净利润				20	20	20	20	20		100
折旧				20	20	20	20	20		100
现金净流量	(20)	(20)	(20)	(80)	20	40	40	80	60	100

（二）项目投资决策评价指标及其运用

1　净现值法

净现值法是通过计算净现值来反映投资报酬水平并确定投资方案取舍的决策方法。其中，净现值（以 NPV 代表）是指特定投资方案未来现金流入量的现值与未来现金流出量现值之间的差额。净现值计算公式如下：

净现值＝未来各期净现金流量的总现值－原投资额的现值

如果投资在投资初始一次投出，式中原投资额的现值就是初始投资总额；如果投资分次投出，则必须将初始投资后的分次投资额按一定资本成本折算为现值。

一项投资通常支出发生在前，一系列收入发生在后。在计算投资项目经济效益时，如果简单地将现在价值的投资支出与未来价值的收入对比，就不能得出正确的结论，原因是未来的投资报酬和初始投资额发生的时点不同。根据货币时间价值观念,须将两个时点的金额统一在某时点上才能进行对比。因此,必须把未来获得的投资报酬按照一定的投资报酬率折算为初始投资时点金额,与初始投资额对比确定净现值,以判断投资项目的经济效益。

净现值可以分四步来进行计算:

第一,将每年的营业净现金流量(以 NCF 表示,下同)折算成现值。

如果每年的 NCF 相等,就按年金法折成现值;如果每年的 NCF 不相等,就先对每年的 NCF 进行贴现,然后加以合计。

第二,将终结现金流量折算成现值。

第三,计算未来报酬的总现值。

第四,计算净现值。

采用净现值指标进行项目投资决策的标准是:如果净现值大于或等于零,说明投资项目的报酬率大于或等于预定的贴现率,该方案为可行方案;如果净现值小于零,说明投资项目的报酬率小于预定的贴现率,该方案为不可行方案。

有多个备选方案时,应选用净现值是正值中的最大者,因为净现值越多,企业投资的现值报酬越高。

【例8-2】MN 公司准备投资 3 000 万元,有甲、乙、丙三个方案可供选择,其资料如表8-6所示。

表8-6　甲、乙、丙三个投资方案　　　　　单位:万元

期间	甲		乙		丙	
	年净利润	年折旧额	年净利润	年折旧额	年净利润	年折旧额
1	260	600	100	580	340	580
2	260	600	160	580	280	580
3	260	600	220	580	220	580
4	260	600	280	580	160	580
5	260	600	440	580	200	580

以上各方案的折旧额均按直线折旧法计算,其中乙、丙方案在项目寿命期终分别有 10 万元的残值收入。三个投资方案所要求的最低收益率为 10%。

根据以上资料，确定甲、乙、丙三个投资方案的净现值。

首先，计算各方案的净现金流量：

甲方案 1–5 年每年净现金流量 = 260+600 = 860（万元）

乙方案每年净现金流量依次为：680 万元；740 万元；800 万元；860 万元；1 020 万元。

丙方案每年净现金流量依次为：920 万元；860 万元；800 万元；740 万元；780 万元。

其次，计算各方案净现值：

甲方案的净现值 = $860 \times (P/A, 10\%, 5) - 3\,000 = 860 \times 3.790\,8 - 3\,000 = 260.09$（万元）

乙方案净现值 = $[680 \times (P/F, 10\%, 1) + 740 \times (P/F, 10\%, 2) + 800 \times (P/F, 10\%, 3)$

$+ 860 \times (P/F, 10\%, 4) + 1\,020 \times (P/F, 10\%, 5)] - 3\,000$

$= 618.19 + 611.54 + 601.04 + 587.38 + 633.32 - 3\,000 = 51.47$（万元）

丙方案净现值为 136.83 万元，其计算方法同乙，略。

计算结果表明，甲方案净现值最高，丙方案次之，乙方案最低。三个方案的净现值均为正数，说明每个方案实现的收益率都大于所要求的最低投资报酬率。由于三个方案原始投资额相同，所以净现值越大，收益率就越高，方案也就越优。上例中，最优方案为甲方案。

净现值法的优点是考虑了每项现金流量发生的时间先后，体现了货币时间价值的要求，能够反映各种投资方案的现值净收益，是一种较好的投资决策分析方法；缺点是不能揭示各个投资方案本身可能达到的实际报酬率，特别是当几个方案的原始投资额不同时，将净现值的绝对数作为评价投资方案的标准不可能得出正确的结论。

2. 现值指数法

现值指数法就是通过计算现值指数来反映投资报酬的水平和选择投资方案的方法。其中，现值指数（以 PVI 代表）是指投资方案的未来现金流入量现值与原始投资额现值的比率，它反映了每一元初始投资未来可以获得现金流量的现值是多少。其计算公式为：

$$现值指数 = \frac{现金流入量现值之和}{原始投资额现值之和}$$

利用现值指数指标进行项目投资决策的标准为：如果投资方案的现值指数大于或等于 1，该方案为可行方案；如果现值指数小于 1，该方案为不可行方案；如果几个投资方案的现值指数均大于 1，那么现值指数越大，投资方案就越好。

【讨论题8-5】在采用现值指数进行互斥投资方案①的选择时，是否获利指数越大，投资方案越好？

解答：正确的选择原则不是选择现值指数最大的方案，而是在保证获利指数大于1的条件下，使追加投资所得的追加收入最大化。

【例8-3】承例8-2，该公司现值指数计算过程如下：

$$甲方案现值指数 = \frac{860 \times (P/A,\ 10\%,\ 5)}{3\ 000} = \frac{860 \times 3.790\ 8}{3\ 000}$$

$$= 1.087$$

$$乙方案现值指数 = \frac{\begin{array}{c}860 \times (P/F,\ 10\%,\ 1) + 740 \times (P/F,\ 10\%,\ 2) + 800 \times (P/F,\ 10\%,\ 3)\\ + 860 \times (P/F,\ 10\%,\ 4) + 920 \times (P/F,\ 10\%,\ 5)\end{array}}{3\ 000}$$

$$= \frac{618.19 + 611.54 + 601.04 + 587.38 + 633.32}{3\ 000}$$

$$= 1.017$$

$$丙方案现值指数 = 1.046（计算过程略）$$

计算结果表明，三个方案的现值指数均大于1，说明甲、乙、丙方案都为可行方案，三个方案中最优方案为现值指数最大的甲方案。

净现值与现值指数有着内在联系。净现值的计算方式是将各年净现金流量的现值之和减去原始投资额，而现值指数的计算方式则是将各年净现金流量的现值之和除以原始投资额。两者计算公式为：

$$净现值（NPV）= 现金流入量现值之和 - 原始投资额现值之和$$

$$现值指数（PVI）= \frac{现金流入量现值之和}{原始投资额现值之和}$$

根据上式之间的联系，可将净现值和现值指数的关系表述为：

$NPV > 0$，$PVI > 1$；

$NPV = 0$，$PVI = 1$；

$NPV < 0$，$PVI < 1$。

现值指数法的优点是考虑了资金的时间价值，能够真实地反映投资项目的盈亏程度，即现值指数减1就是投资的报酬水平；现值指数是用相对数来

① 互斥方案即一组方案中的各个方案彼此可以相互代替，采纳方案组中的某一个方案，就会自动排斥这组方案中的其他方案。

表示的，所以在比较各投资项目的实际报酬时具有同口径或可比性，其适用性较为广泛。现值指数法的缺点是现值指数并不能直接揭示投资的报酬水平，它既包含投资补偿，也包括收益取得。

3. 内含报酬率法

内含报酬率法是指通过计算投资方案内含报酬率来反映投资报酬水平和选择投资方案的一种决策分析方法。其中，内含报酬率（以 IRR 代表）就是使投资方案未来报酬的总现值恰好等于初始投资的那个报酬率，也就是使投资方案的净现值等于零的报酬率。如果所求的特定投资报酬率小于预定的投资报酬率，即表明投资方案未来的现金流入不足以补偿其现金流出，这在经济上对公司不利；反之，所求的特定投资报酬率大于预定的投资报酬率，即表明投资方案未来的现金流入超出其现金流出，这在经济上对公司有利。

内含报酬率的计算视投资方案未来每期净现金流量是否相等而有所不同。

如果每期净现金流量相等，内含报酬率可以按以下步骤计算确定：

（1）计算年金现值系数。

$$年金现值系数（用 \alpha 表示）= \frac{原始投资额}{每年相等的净现金流量}$$

（2）查年金现值系数表，在相同的期数内，找出与年金现值系数相同的系数，其对应的贴现率即内含报酬率；如果找不到相同的系数，则找出与上述年金现值系数最相近的较大（用 β_1 表示）和较小（用 β_2 表示）的两个系数及对应的贴现率（分别为 i_1 和 i_2）。

（3）根据上述两个贴现率和已求得的年金现值系数，采用插值法计算该投资方案的内含报酬率。

【例 8-4】承例 8-2，甲方案内含报酬率计算过程如下：

根据题意，已知 $P=3\,000$，$A=860$，$n=5$

则年金现值系数 = P/A = 3 000/860 = 3.488 4。查年金现值系数表，在 $n=5$ 一行上无法找到恰好为 3.488 4 的系数值，于是找到大于和小于 3.488 4 的临界系数值，分别为 3.604 8 和 3.433 1，对应系数值的临界率，为 12% 和 14%。可见内含报酬率位于 12% 与 14% 之间。

利用插值法可计算得到：

$$内含报酬率（IRR）= 13.36\%$$

如果投资项目每年净现金流量不等，不能直接计算其内含报酬率，只能通过逐次测试的方法计算确定。其计算过程如下：

（1）估计一个贴现率计算投资方案的净现值。如果计算出的净现值为正数，则表示估计的贴现率低于投资方案的实际内部报酬率，应提高贴现率再进行测试；如果计算出的净现值为负数，则表示估计的贴现率高于投资方案的实际内部报酬率，应降低贴现率再进行测试，依此不断逐次测算。

（2）如果某次测算结果净现值正好为零，则估计的贴现率就是内含报酬率。

（3）如果某次测算结果净现值不为零，需要利用已计算出净现值由正到负并且比较接近零的两个贴现率，采用插值法计算出该方案的实际内含报酬率。计算公式为：

$$IRR = i_1 + \frac{NPV_1}{NPV_1 + NPV_2}(i_2 - i_1)$$

上式中，NPV_1 为贴现率较高（即 i_1）时的净现值；NPV_2 为贴现率较低（即 i_2）时的净现值。NPV 均取绝对值。

【例8-5】承例8-2，以乙方案为例，测试过程如表8-7所示。

表8-7 乙方案内含报酬率的测试

期间	净现金流量（万元）	贴现率=10%		贴现率=12%	
		贴现系数	现值	贴现系数	现值
0	-3 000	1	-3 000	1	-3 000
1	680	9 091	618.19	0.892 9	607.17
2	740	8 264	611.54	0.797 2	589.93
3	800	7 513	601.04	0.711 8	569.44
4	860	0.683 0	587.38	0.635 5	546.53
5	1 020	0.620 9	633.32	0.5 674	578.75
净现值	—	—	51.47	—	-108.18

乙方案内含报酬率 $=12\%+\dfrac{108.18}{108.18+51.47}\times(10\%-12\%)$

$=12\%+(-1.36\%)$

$=10.64\%$

4. 投资回收期法

投资回收期是指收回原投资额所需要的时间，通常以年表示。投资回收期法则是根据重新回收某项投资金额所需时间来判断方案是否可行的方法。投资回收期越短，说明投资所承担的风险越小，投资取得报酬的时间越长或可能性越大。

计算回收期的方法有两种：一是考虑货币时间价值的回收期，即动态回收期法；二是没有考虑货币时间价值的回收期，即静态回收期法。本书仅对后者加以说明。

决定投资回收期长短的因素主要有两个：一是原始投资额的多少，二是每期净现金流量的大小。所以投资回收期的计算方法因每年净现金流量是否相等而有所不同。

如果每年净现金流量相等，投资回收期可按下式计算：

$$投资回收期 = \frac{原始投资额}{每年净现金流量}$$

如果每年净现金流量不等，则要根据每年年末尚未回收的投资额予以确定。其方法是：以初始投资额扣除第一年的净现金流量，得到第一年年末尚未收回的投资额，再以该投资额扣除第二年的净现金流量，得出第二年年末尚未收回的投资额，依此类推，直至第 N 年年末尚未收回的投资额小于当年的净现金流量，即累计净现金流量出现负值时，可用下列公式计算投资回收期：

$$投资回收期 = \frac{累计净现金流量}{最后一次出现负值的年份}(N年) + \frac{该年（N年）尚未收回的投额}{(N+1)年的净现金流量}$$

【例 8-6】承例 8-2。该公司投资回收期计算过程如下：

（1）计算累计净现金流量，如表 8-8 所示。

表 8-8　累计净现金流量计算表　　　　　单位：万元

期间	甲		乙		丙	
	每年 NCF	累计	每年 NCF	累计	每年 NCF	累计
0	0	−3 000	0	−3 000	0	−3 000
1	860	−2 140	680	−2 320	920	−2 080
2	860	−1 280	740	−1 580	860	−1 220
3	860	−420	800	−780	800	−420

续表

期间	甲		乙		丙	
	每年 NCF	累计	每年 NCF	累计	每年 NCF	累计
4	860	440	860	800	740	320
5	860	1 300	1 020	1 100	780	1 100

（2）计算投资回收期：

$$方案甲投资回收期 = \frac{3\ 000}{860} = 3.49\ （年）$$

$$方案乙投资回收期 = 3 + \frac{780}{860} = 3.91\ （年）$$

$$方案丙投资回收期 = 3 + \frac{420}{740} = 3.57\ （年）$$

静态投资回收期法的优点是易于理解，它表明在投资收回以后所取得的 NCF 就是投资的报酬，同时该法计算简便。该种方法也有明显的缺陷：①没有考虑货币时间价值，对不同时期的现金流量同等看待；②只能反映投资回收速度，但投资的主要目的是通过投资取得一定的经济效益，用这种方法却得不到反映；③没有对投资与经营期间的全部现金流量予以考虑，而只考虑了现金流量中小于和等于原投资额的部分。

四、项目投资决策

（一）独立投资项目和互斥投资项目

1. 独立投资项目

独立投资项目是指没有竞争性的其他项目。例如，一台旧机报废，而市场上只有一种可替代产品，企业只能购买这种机器。

2. 互斥投资项目

互斥项目是指接受了一个就不能接受另一个的投资项目。换句话说，在同一期间内，两个互斥投资项目不能被同时选中作为投资对象。这种情况多发生于企业存在多于一种选择的项目或者有两种项目被作为决策对象，但其资金只能投资于一种项目时。例如一台旧机器报废，有两种以上的机器能替代一台报废的机器，第一种机器相对比较便宜但运营成本较高而且生产的产品质量较差，第二种机器开始成本较高但运营成本低且生产的产品质量更好。

对于这两种机器必须选择其中一种（只需要一种机器），选择了一种就得放弃另一种。

（二）独立投资方案的决策

独立投资方案是指两个或两个以上项目互不依赖、可以并存，各方案独立决策的方案。独立投资方案的决策属于筛分决策[①]，评价各方案本身是否可行，即方案本身是否达到某种预期的可行性标准。独立投资方案之间比较时，决策要解决的问题是如何确定各种可行方案的投资顺序，即各独立方案之间的优先次序。排序分析时，以各独立方案的获利程度作为评价标准。独立投资方案决策方法如下：

（1）确定方案本身是否达到某种预期的可行性标准，如净现值大于零。

（2）独立方案之间比较时，需要确定各种可行方案的优先次序，即以相对数为排序标准，内含报酬率为最佳指标。

【例8-7】M公司有足够的资金准备投资于三个独立投资项目。甲项目投资额为20 000元，期限为5年；乙项目原始投资额为36 000元，期限为5年；丙项目原始投资额为36 000元，期限为8年。贴现率为10%，其他有关资料如表8-9所示。

表8-9　独立投资方案的可行性指标　　　　　　　　　单位：元

项目	甲项目	乙项目	丙项目
原始投资额	（20 000）	（36 000）	（36 000）
每年净现金流量（NCF）	8 000	13 000	10 000
期限	5年	5年	8年
净现值（NPV）	10 328	13 284	17 350
现值指数（PVI）	1.52	1.37	1.48
内含报酬率（IRR）	28.68%	23.61%	22.28%
年金净流量（ANCF）	2 724	3 504	3 252

将上述三个方案的各种决策指标加以对比，结果如下：

（1）净现值（NPV）：丙＞乙＞甲

---

① 筛分决策指的是在一组备选项中通过一系列逐步筛选和排除最终选出最佳选项的过程。

（2）现值指数（PVI）：甲>丙>乙

（3）内含报酬率（IRR）：甲>乙>丙

（4）年金净流量（ANCF）：乙>丙>甲

从上述四项指标对比结果看，M公司准备对这三个独立投资项目的投资顺序如下：

（1）甲项目与乙项目比较：两项目原始投资额不同但期限相同，尽管乙项目净现值和年金净流量均大于甲项目，但乙项目原始投资额高，获利程度低。因此，应优先安排内含报酬率和现值指数较高的甲项目。

（2）乙项目与丙项目比较：两项目原始投资额相等但期限不同，尽管丙项目净现值和现值指数高，但它需要经历8年才能获得正的现金流。乙项目历经5年，所收回的投资可以进一步投资于其他后续项目。因此，应该优先安排内含报酬率和年金净流量较高的乙项目。

（3）甲项目与丙项目比较：两项目的原始投资额和期限都不相同，甲项目内含报酬率较高，但净现值和年金净流量都较低。丙项目净现值高，但期限长；丙项目年金净流量也较高，但它是依靠较大的投资额取得的。因此，从获利程度的角度来看，甲项目是优先方案。

综上所述，在独立投资方案比较性决策时，内含报酬率指标综合反映了各方案的获利程度，在各种情况下的决策结论都是正确的。

（三）互斥投资方案的决策

1. 互斥投资方案评价基本规则

由于互斥投资方案之间互相排斥，因此决策的实质在于选择最优方案，它属于选择决策。互斥投资方案的决策原则如下：

（1）从选定经济效益最大的要求出发，互斥决策以方案的获利数额作为评价标准。因此，一般采用净现值法和年金净流量法进行选优决策。

（2）互斥投资方案的选优决策中，年金净流量全面反映了各方案的获利数额，是最佳的决策指标。净现值指标在寿命期不同的情况下，需要按各方案最小公倍期限调整计算，在其余情况下的决策结论也是正确的。

2. 项目的寿命期相等时互斥投资方案的决策

对于独立方案，净现值和内含报酬率法能提供相同的决策。例如，如果净现值大于0，则内含报酬率也大于要求的报酬率，两个评价方法都能得出正确的决策，依此推论，在互斥方案中，净现值最高或内含报酬率最高的方案应该被采纳。项目寿命期相等的互斥投资方案决策也是如此。但净现值法在两个主要方面不同于内含报酬率法：

（1）净现值法假定收到的每笔现金流入将可按要求的报酬率进行再投资，而内含报酬率法假定每笔现金流入可以按计算出的内含报酬率进行再投资。在比较互斥方案时，按要求的报酬率进行再投资更切合实际，能得出更为可靠的结果。

（2）在衡量方案的获利能力时，净现值法采用绝对数值，而内含报酬率采用相对数值。对于独立方案，两种方法能提供相同的决策。例如，如果净现值大于0，则内含报酬率也将大于要求的报酬率。然而，对于互斥投资项目方案，当资金有限时，在竞争性的互斥方案或竞争性的方案中作选择时应选用净现值指标，而不是内含报酬率指标。

需要进一步说明的是，在进行此类决策时如果分别采用净现值法和内含报酬率法，可能得出互斥方案的不同优劣等级。

【例8-8】某公司现有A、B两个互斥设备投资方案，所要求的最低投资报酬率为12%。具体情况如表8-10所示。

表8-10 A、B设备投资方案

项目	方案 A	方案 B
设备投资（在第1年以前购买）（美元）	180 000	210 000
年收入（美元）	179 460	239 280
年运营成本（美元）	119 460	169 280
项目寿命期（年）	5	5
每年现金税后流量净额（美元）	60 000（179 460—119 460）	70 000（239 280—169 280）

根据上述资料，A、B设备投资方案的净现值指标和内含报酬率指标结果如表8-11、表8-12所示。

表8-11 方案A净现值、内含报酬率

净现值					内含报酬率
期间	现金流量	现值系数	现值（美元）	净现值	年金现值系数 = $\dfrac{180\ 000}{60\ 000} = 3$
0	（180 000）	1	（180 000）	—	查表（P/A, 5, i）= 3，得 i = 20%，
1~5	60 000	3.605	216 300	36 300	即内含报酬率为20%

表 8-12　方案 B 净现值、内含报酬率

净现值				内含报酬率
期间	现金流量	现值系数	现值（美元）	净现值	值系数 $=\dfrac{210\,000}{70\,000}=3$
0	(210 000)	1	(210 000)	—	查表（P/A，5，$i\%$）$=3$，得 $i=$
1~5	70 000	3.605	252 350	42 350	20%，即内含报酬率为 20%

由表 8-10、表 8-11 可见，方案 A 和方案 B 有着相同的寿命期（5 年）、年金现值系数（3）、内含报酬率（20%），但是公司不应认为这两个设计方案的经济效益是等同的。分析结果表明，方案 B 的净现值较大，因而所带来的公司财富增值也比方案 A 多。因此，该选择方案 B。这说明在理论上，净现值用于竞争性投资方案的分析比内含报酬率效果更优。

3. 项目的寿命期不相等时互斥投资方案的决策

比较两个寿命期不等的互斥投资项目时，仅仅评价哪一个项目方案可以接受是不够的（因为它们的净现值均为正），需要知道哪一个项目方案更好。如果一个项目方案的所有评价指标均比另一个项目方案好，在选择时不会有什么困惑。但如果这些评价指标出现矛盾（例如净现值与内含报酬率），我们应如何选择？

评价指标出现矛盾的原因主要有两种：投资额不同；项目寿命不同。如果是投资额不同引起的（项目的寿命相同），对于互斥项目应当优先采用净现值法的结果，因为它可以给股东带来更多的财富。股东需要的是实实在在的报酬，而不是报酬的比率。如果净现值与内含报酬率的矛盾是项目有效期不同引起的，可采取共同年限法或年金净流量法解决。

（1）共同年限法。如果两个互斥项目不仅投资额不同，项目期限也不同，则其净现值没有可比性。例如，一个项目投资 4 年创造了较少的净现值，另一个项目投资 8 年创造了较多的净现值，后者的盈利性不一定比前者好。共同年限法是假设投资项目可以在终止时进行重置，通过重置使两个项目达到相同的年限，然后比较其净现值的一种方法。共同年限法通常选各项目年限的最小公倍寿命为共同年限，经过重置调整后净现值最大的方案为优。

【例 8-9】① 现有甲、乙两个机床购置方案，所要求的最低投资报酬率为

---

① 财政部会计资格评价中心. 财务管理［M］. 北京：经济科学出版社，2020.

10%。甲机床投资额为 10 000 元,可用 2 年,无残值,每年产生 8 000 元现金净流量。乙机床投资额为 20 000 元,可用 3 年,无残值,每年产生 10 000 元现金净流量。问:两方案何者为优?将两方案的期限调整为最小公倍年数 6 年,即甲机床 6 年内周转 3 次,乙机床 6 年内周转 2 次。未调整之前,两方案的相关评价指标如表 8-13 所示。

表 8-13　互斥投资方案的选优决策　　　　　　　　单位:元

项目	甲机床	乙机床
净现值（NPV）	3 888	4 870
年金净流量（ANCF）	2 238	1 958
内含报酬率（IRR）	38%	23.39%

尽管甲方案净现值低于乙方案,但年金净流量和内含报酬率均高于乙方案。按最小公倍年数测算,甲方案经历了 3 次投资循环,乙方案经历了 2 次投资循环。各方案的相关评价指标如下:

甲、乙方案经过重置调整后现值流量如图 8-15、图 8-16 所示。

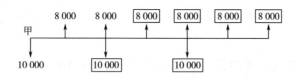

图 8-15　甲方案经过重置调整后现值流量

甲方案净现值 = 8 000×(P/A, 10%, 6)-10 000×(P/F, 10%, 4)

　　　　　　　-10 000×(P/F, 10%, 2)-10 000

　　　　　　= 8 000×4.355 3-10 000×0.683-10 000×0.826 4-10 000 = 9 748（元）

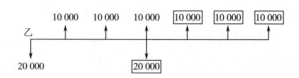

图 8-16　乙方案经过重置调整后现值流量

乙方案净现值 = 10 000×(P/A, 10%, 6)-20 000×(P/F, 10%, 3)-20 000

　　　　　　= 10 000×4.355 3-20 000×0.751 3-20 000 = 8 527（元）

上述计算说明,延长寿命期后,两方案投资期限相等,甲方案净现值

（9 748 元）高于乙方案净现值（8 527 元），故甲方案优于乙方案。

至于内含报酬率指标，可以测算出：当 $i=38\%$ 时，甲方案净现值=0；当 $i=23.39\%$ 时，乙方案净现值=0。这说明，只要方案的现金流量状态不变，按公倍年限延长寿命后，方案的内含报酬率并不会变化。

（2）年金净流量法。年金净流量法又称等额年金法，是一种用于年限不同项目比较的方法。其中，年金净流量是指项目期间全部现金净流量总额的总现值折算为等额年金的平均现金净流量，通过年金净流量反映项目经济效益。年金净流量公式如下：

$$年金净流量=\frac{现金净流量总现值}{年金现值系数}$$

年金净流量法计算步骤如下：①计算两项目的净现值；②计算净现值的等额年金额；③假设项目可以无限重置，并且每次都在该项目的终止期重置，等额年金的资本化就是项目的净现值。

年金净流量法评价投资项目规则为：①年金净流量指标的结果大于零，说明投资项目的净现值（或净终值）大于零，方案的报酬率大于所要求的报酬率，方案可行；②在两个以上寿命期不同的投资方案比较时，年金净流量越大，方案越好。

【例 8-10】承 8-12，采用年金净流量法计算甲、乙方案年金净流量，计算过程如下：

甲方案年金净流量=3 888/（P/A，10%，2）=3 888/1.735 5=2 240（元）

或：

甲方案年金净流量=9 748/（P/A，10%，6）=9 748/4.355 3=2 238（元）

乙方案年金净流量=4 870/（P/A，10%，3）=4 870/2.486 9=1 958（元）

或：

乙方案年金净流量=8 527/（P/A，10%，6）=8 527/4.355 3=1 958（元）

所以：甲方案优于乙方案。

🔔【提醒您】由于换算最小公倍期数比较麻烦，而按各方案本身期限计算的年金净流量与换算公倍期限后的结果一致，因此实务中对于期限不等的互斥方案比较，无需换算寿命期限，直接按原始期限的年金净流量指标决策。

（四）项目投资敏感性分析

1. 项目投资敏感性分析的内涵

项目投资敏感性分析（以下简称"敏感性分析"）是指通过分析预测有

关因素（如投资、价格、成本、工期等）变动，衡量净现值和内部收益率等主要经济评价指标影响程度的一种分析方法。

敏感性分析是投资决策中常用的一种重要的分析方法。它用来衡量投资方案中某个因素发生的变动对该方案预期结果的影响程度。如果某因素在较小范围内发生了变动，就会影响原定方案的经济效果，即表明该因素的敏感性强；如果某因素在较大范围内变动，才会影响原定方案的经济效果，即表明该因素的敏感性弱。敏感性分析有助于确定影响项目经济效益的敏感因素，寻找出影响最大、最敏感的主要变量因素。决策者通过计算主要变量因素的变化引起项目经济效益评价指标变动的范围，全面了解建设项目投资方案可能出现的经济效益变动情况，以减少和避免不利因素的影响，改善和提高项目的投资效果；通过各种方案敏感度大小的对比，选择敏感度小的方案，即风险小的项目作投资方案。

总之，进行敏感性分析，有助于揭示有关因素变动对投资决策评价指标的影响程度，从而确定敏感因素，抓住主要矛盾，避免决策上的失误。

2. 以净现值为基础进行敏感性分析

【例 8-11】① 某企业准备投资建造一个大型项目，其中 M 投资方案的投资额为 390 万元，建成后预计可用 8 年，每年可收回的现金净流入量为 90 万元，折现率按 10%计算，根据上述提供的资料，对这项投资方案应怎样进行敏感性分析？

（1）以投资回报率至少要达到 10%作为衡量方案可行性的标准：

$$M 投资方案的净现值 = 90 \times (P/A, 10\%, 8) - 390$$
$$= 90 \times 5.3349 - 390$$
$$= 480 - 390$$
$$= 90 （万元）$$

经过计算，该方案的净现值为正数，说明该方案如以投资回报率 10%作为衡量标准是可行的。

🔔【提醒您】以投资回报率 10%作为衡量标准可行但是有两个条件：每年的现金净流量 90 万元是可靠的；8 年有效期限是准确的。如果这两个因素发生了变化，就会直接影响到方案的可行性和最优性，因此就必须进行敏感性分析。

---

① 根据中国注册会计师教育教材编审委员会《成本管理会计》改编。

（2）进行敏感性分析。敏感性分析过程如表8-14所示。

表 8-14　敏感性分析过程

	第一步：确定每年现金净流入量的下限	第二步：确定该方案有效使用年限的下限
前提和计算过程	使用年限（8 年）不变，每年现金净流入量的下限将使该方案的净现值等于零，即： 净现值 = 每年现金净流入量×（P/A，10%，8）−390 = 0 每年现金 净流入量的下限 = $\dfrac{390}{(P/A，10\%，8)}$ 　　　　　　 = $\dfrac{390}{5.3349}$ 　　　　　　 = 73.1（万元）	有效年限的现金流量不变，仍旧为 90 万元，有效使用年限的下限临界值应是使该方案的净现值等于零，即： 90×（P/A，10%，8）−390 = 0 （P/A，10%，8）= $\dfrac{390}{90}$ = 4.3333 查一元的年金现值表，在 10%栏内与 4 相邻值为 5 年与 6 年，可采用内插法计算： 　　　年数　　　　　　　年金现值系数 $\left.\begin{array}{c}5\\n\\6\end{array}\right\}\left.\begin{array}{c}x\\\\\end{array}\right\}1\text{ 年}\quad\left.\begin{array}{c}3.791\\4.333\\4.355\end{array}\right\}\left.\begin{array}{c}0.542\\\\\end{array}\right\}0.564$ 　　　　　　$\dfrac{x}{1} = \dfrac{0.542}{0.564}$ 　　　　　　$x = 0.96$ 使用年限的下限临界值 n = 5+0.96 　　　　　　　　　　　　 = 5.96（年）
结论	该投资方案在使用年限不变的情况下，每年现金净流入量由 90 万元下降至 73.1 万元，下降 18.78%$\left(\dfrac{90-73.1}{90}\right)$可行，即还能达到 10%的投资回报率。如果低于 73.1 万元，则净现值就会出现负数，该方案就不可行了	由此可见，该投资方案假定每年的现金净流量不变，则其使用年限为至少要达到 5.96 年，方案才是可行的，如果低于 5.96 年，净现值就会出现负数，原方案便不可行
	上述分析计算结果告诉我们，这个方案的现金流入量和投资项目的寿命允许变动的范围（幅度）较大，说明方案的敏感性比较弱，此类方案投产经营后，盈利的机会较大，亏损的风险较小	

3. 以内部收益率为基础进行敏感性分析

以例 8-11 为例，假定该企业各项投资方案的取舍以其内部收益率的高低作为标准。

（1）计算 M 投资方案的内部收益率：

$$90 \times (P/A, x\%, 8) - 390 = 0$$

$$(P/A, x\%, 8) = \frac{390}{90} = 4.333\,3$$

查一元的年金现值表，在第 8 年一行与 4 相邻近的折现率在 16% 和 18% 之间，可采用内插法：

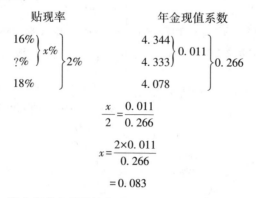

$$\frac{x}{2} = \frac{0.011}{0.266}$$

$$x = \frac{2 \times 0.011}{0.266}$$

$$= 0.083$$

该方案的内部受益率 = 18% + 0.083% = 18.083%

（2）进行敏感性分析。敏感性分析过程如表 8-15 所示。

表 8-15　敏感性分析过程

前提和计算过程	第一步：确定内部收益率变动对年现金净流入量影响	第二步：确定内部收益率变动对有效期限影响
	假如使用年限不变，内部收益率变动对年"现金净流入量"的影响： $\dfrac{390}{(P/A, 18.08\%, 8)}$ $\dfrac{390}{(P/A, 10\%, 8)}$ $\dfrac{390}{4.333\,3} - \dfrac{390}{5.334\,9} = 17$（万元）	假定年现金净流入量不变，内部收益率变动对有效期限的影响可按下式进行计算： $(P/A, 18.08\%, 8) - (P/A, 18.08\%, n)$ 　$(P/A, 18.08\%, n) = 4.333\,3$ 查一元的年金现值表，在10%栏内与4.333 3相邻值为5年与6年，可采用内插法计算： 年数　　　　　年金现值系数 $\left.\begin{array}{l}5\\n\\6\end{array}\right\}x\Big\}1\text{年}$　$\left.\begin{array}{l}3.791\\4.333\\4.355\end{array}\right\}0.542\Big\}0.564$ $\dfrac{x}{1} = \dfrac{0.542}{0.564}$ $x = 0.96$ 使用年限为： $5 + 0.96 = 5.96$（年）

续表

结论	计算结果表明，M投资方案在使用年限不变的情况下，若内部收益率降低8.08%（18.08%-10%），会使每年的现金净流量减少17万元	计算结果表明，投资方案M在每年的现金净流量不变的情况下，若内部收益率降低8.08%（即18.08%-10%），会使使用年限减少2.04年（8-5.96）

【关键词汇】

项目投资	project investment	项目现金流量	project cash flow
项目利益关系人	project takeholders	净现金流量	net cash flow
项目发展周期	project development cycle	净现值法	net present value method
项目融资	project financing	现值指数法	present value index method
项目融资架构	project financing structure	内含报酬率法	internal rate of return
项目融资模式	project finance patterns	投资回收期法	payback period
BOT投融资模式	bot investment and finacing mode	独立投资方案	independent investment plan
政府和社会资本合作	public-private partnership	互斥投资方案	mutually exclusive investment plan
资产证券化	asset securitization		

【思考与练习】

一、思考题

1. 什么是项目融资？与传统的公司融资相比，项目融资特征主要表现在哪些方面？

2. 项目融资参与者主要包括哪些？试分别说明各方的作用。

3. 什么是项目的融资主体？项目的融资主体是如何分类的？简述各种类别的特点。

4. 简述项目融资的基本架构、项目融资要素和模式。

5. 什么是项目投资？按所投资对象不同，投资项目可分为哪些类型？

6. 什么是现金流量？为什么说现金流量是投资决策分析中需要考虑的一个重要因素和关键信息？

7. 现金流量包括哪些内容？如何计算现金流量？

8. 试述净现值、现值指数和内含报酬率的含义，简述净现值、现值指数关系。

9. 举例说明净现值法的基本原理。

10. 举例说明内含报酬率法的基本原理。

二、单项选择题

1. 预计某设备投产后，第一年年初的流动资产需要额为 20 万元，结算性流动负债额为 10 万元。第二年年初流动资产需要额为 40 万元，结算性流动负债额为 15 万元。该设备投产第二年，需要垫支的营运资金投资额是（   ）万元。

A. 10   B. 15

C. 20   D. 25

2. 某投资项目某年的营业收入为 600 万元，付现成本为 400 万元，折旧额为 100 万元，所得税税率为 25%，则该年营业现金净流量为（   ）元。

A. 250   B. 175

C. 75   D. 100

3. 某公司预计 M 设备报废时的净残值为 3 500 元，税法规定净残值为 5 000 元，该公司适用的所得税税率为 25%，则该设备报废引起的预计现金净流量为（   ）元。

A. 3 125   B. 3 875

C. 4 625   D. 5 375

4. 某投资项目需要在第一年年初投资 840 万元，寿命期为 10 年，每年可带来营业现金流量 180 万元，已知按照必要收益率计算的 10 年期年金现值系数为 7.0，则该投资项目的年金净流量为（   ）万元。

A. 60   B. 120

C. 96   D. 126

5. 已知某投资项目的原始投资额现值为 100 万元，净现值为 25 万元，则该项目的现值指数为（   ）。

A. 0.25   B. 0.75

C. 1.05   D. 1.25

6. 一般情况下，使某投资方案的净现值小于零的折现率（   ）。

A. 一定小于该投资方案的内含收益率

B. 一定大于该投资方案的内含收益率

C. 一定等于该投资方案的内含收益率

D. 可能大于也可能小于该投资方案的内含收益率

7. 下列各项因素中，不会对投资项目内含收益率指标的计算结果产生影响的是（　　）。

A. 原始投资额 　　　　　　　　B. 资本成本

C. 项目计算期 　　　　　　　　D. 现金净流量

8. 某公司计划投资建设一条新生产线，投资总额为 60 万元，预计新生产线投产后每年可为公司新增净利润 4 万元，生产线的年折旧额为 6 万元，则该投资的静态回收期为（　　）年。

A. 5 　　　　　　　　　　　　B. 6

C. 10 　　　　　　　　　　　 D. 15

9. 下列各项中，并不能据以判断该独立项目具有财务可行性的是（　　）。

A. 以必要收益率作为折现率计算的项目，现值指数大于 1

B. 以必要收益率作为折现率计算的项目，净现值大于 0

C. 项目静态投资回收期小于项目寿命期

D. 以必要收益率作为折现率，计算的年金净流量大于 0

三、多项选择题

1. 下列各项中，属于项目融资参与者的有（　　）。

A. 项目发起人 　　　　　　　　B. 项目经理

C. 项目团队 　　　　　　　　　D. 项目最终成果需求者

2. 下列各项中，属于项目融资基本架构内容的有（　　）。

A. 融资结构 　　　　　　　　　B. 信用结构

C. 资金结构 　　　　　　　　　D. 投资结构

3. 采用净现值法评价投资项目可行性时，贴现率选择的依据通常有（　　）。

A. 市场利率 　　　　　　　　　B. 期望最低投资收益率

C. 公司平均资本成本率 　　　　D. 投资项目的内含收益率

4. 当各项目的投资额和计算期都不相同时，进行项目分析评价不宜采用的方法有（　　）。

A. 净现值法 　　　　　　　　　B. 内含报酬率法

C. 现值指数法　　　　　　　　D. 平均年成本法

5. 下列表述中，正确的有（　　）。

A. 净现值是未来报酬的总现值与初始投资额现值之差

B. 当净现值等于零时，项目的折现率等于内含报酬率

C. 当净现值大于零时，现值指数小于1

D. 净现值大于零，说明投资方案可行

6. 在投资决策中，现金流量指标比利润指标更为重要，其原因有（　　）。

A. 从数量上看，投资有效年限内利润与现金流量相等

B. 现金流量的分布不受人为因素影响

C. 利润分布不可避免地受人为因素影响

D. 现金流动状况比盈利状况更重要

7. 投资方案评价所利用的指标中，考虑了时间价值因素的有（　　）。

A. 会计收益率　　　　　　　　B. 回收期

C. 净现值法　　　　　　　　　D. 内含报酬率

E. 现值指数

8. 对于同一投资方案，下列表述正确的有（　　）。

A. 不可能有两个内含报酬率

B. 资本成本越高，净现值越高

C. 资本成本越低，净现值越高

D. 资本成本高于内含报酬率时，净现值为正数值

9. 某投资方案的现值指数为1，说明（　　）。

A. 投资报酬率大于预定贴现率

B. 贴现后现金流入大于贴现后现金流出

C. 贴现后现金流入等于贴现后现金流出

D. 投资报酬率等于预定贴现率

10. 下列关于项目投资财务指标评价方法表述中，正确的有（　　）。

A. 净现值是绝对数指标，反映投资的效益

B. 现值指数是相对数指标，反映投资的效率

C. 内含报酬率可以反映投资项目的真实报酬率

D. 对互斥项目进行评价时，应以内含报酬率法为主要方法

四、计算分析题

1. 资料：甲公司是一家上市公司，适用的公司所得税税率为25%。公司现阶段基于发展需要，拟实施新的投资计划，有关资料如下：

（1）公司项目投资的必要收益率为15%，有关货币时间价值系数如下：

$(P/A, 15\%, 2) = 1.625\ 7$；$(P/A, 15\%, 3) = 2.283\ 2$；$(P/A, 15\%, 6) = 3.784\ 5$；$(P/F, 15\%, 3) = 0.657\ 5$；$(P/F, 15\%, 6) = 0.432\ 3$。

（2）公司的资本支出预算为5 000万元，有A、B两种互斥投资方案可供选择。A方案的建设期为0年，需要于建设起点一次性投入资金5 000万元，运营期为3年，无残值，现金净流量每年均为2 800万元。B方案的建设期为0年，需要于建设起点一次性投入资金5 000万元，其中：固定资产投资4 200万元，采用直线法计提折旧，无残值；垫支营运资金800万元，第6年末收回垫支的营运资金。预计投产后第1—6年每年营业收入为2 700万元，每年付现成本为700万元。

要求：根据资料（1）和（2），计算A方案和B方案的静态回收期、净现值、现值指数。

2. 资料：乙公司拟购买一台新设备，该投资项目相关资料如下：

（1）新设备的投资额为1 800万元，经济寿命期为10年。采用直接法计提折旧，预计期末净残值为300万元。假设设备购入即可投入生产，不需要垫支营运资金，该公司计提折旧的方法、年限、预计净残值等与税法规定一致。

（2）新设备投资后第1—6年每年为公司增加营业现金净流量400万元，第7—10年每年为公司增加营业现金净流量500万元，项目终结时，预计设备净残值全部收回。

（3）假设该投资项目的贴现率为10%，相关货币时间价值系数如表8-16所示。

表8-16 相关货币时间价值系数表

期数（n）	4	6	10
$(P/F, 10\%, n)$	0.683 0	0.564 5	0.385 5
$(P/A, 10\%, n)$	3.169 9	4.355 3	6.144 6

要求：

（1）计算项目静态投资回收期。

（2）计算项目净现值。

（3）评价项目投资可行性并说明理由。

第九章 资本成本、杠杆利益和资本结构

【学习目的和要求】

本章主要介绍资本成本、杠杆利益和资本结构的基本理论和方法。通过本章学习,学生应了解资本成本、杠杆利益和资本结构的概念,熟悉资本成本、杠杆利益和资本结构相关基本理论,掌握资本成本、杠杆利益和资本结构的计算及其分析方法。

【思政目标】

本章引导和培育学生正确的价值观念,使学生懂得任何工作都存在成本的道理,树立学生的成本管理责任感和使命感。本章通过杠杆利益教学,使学生理解财务杠杆是指企业在制定资本结构决策时对债务融资的利用,懂得企业在融资时可以选择一部分利率可浮动的债务资金,从而达到转移财务风险的目的。本章在教学的同时教育学生,在为股东、企业谋划价值创造的同时,要心系社会和国家之核心利益,即"始谋企业之财,终计国家之利"。

【本章框图】

【框图说明】

前已述及,在企业财务管理的诸多内容中有两个最基本而且最引人关注的内容,即融资与投资。融资离不开融资成本的分析和计算,而投资所需资金的供应渠道的选择也必须以融资成本为决策的依据。这里所说的融

资成本可统称为资本成本。随着我国资金市场的逐步完善，企业所需资金的供应渠道、融资方式以及投资的机会日益多元化，企业的许多决策分析，如融资与投资决策、资本结构决策、资金效益决策等都离不开资本成本的计算。

第一节　资本成本

一、资本成本概述

（一）资本成本的定义

资本成本是企业为筹集和运用资金而支付的费用或减少收益所付出的代价，它是投资者因让渡资本使用权所期望的最低回报率（或报酬率）。在这里，资本特指由债权人和股东提供的长期资金来源，包括长期负债与主权资本（又称权益资金或权益资本）。

在市场经济条件下，资本成本是资金所有权与使用权相分离的产物。当企业需要从外部筹措资金时，无论资金来源渠道在何处，也无论融资方式如何，筹集资金都不是无偿的，企业要为之付出代价。资金的所有者绝不会将资金无偿地让渡给需要者使用，因为资金的让渡意味着资金所有者失去获利机会。同样，资金的使用人也不能无偿地占用别人的资金，因为一旦得到资金的使用权，意味着获得了盈利机会，根据收益与成本匹配原则，资金的使用人要为此付出代价。

（二）资本成本的性质

【讨论题 9-1】某企业有 A、B 两个项目，A 项目的报酬率是 10%，B 项目的报酬率是 12%。该企业为如期进行项目投资，与银行达成了贷款协议，金额为 200 万元，利率为 8%。在这种情况下，如果企业选择了 B 项目进行投资，那么，对 B 项目进行投资收益评价时的适用资本成本是多少呢？

解答：资本成本应当是被放弃的 A 项目的报酬率，即 10%，它是选择 B 项目进行投资的机会成本。从财务理论的角度而言，资本成本的实质就是机会成本。

关于资本成本的性质可归纳如下：

（1）资本成本源于资本所有权与使用权的分离。它是资本使用者向其所有者或中介人支付的费用，也是资本所有者或中介人的一种投资收益。尽管资本成本与投资收益的构成内容相同，但在会计核算中，有的资本成本计入当期损益（如利息），而有的资本成本则作为利润分配项目（如股息等）。

（2）资本成本属于资金使用付费。从资本成本支付的基础看，它属于资金使用付费，会计上称其为财务费用，即非生产经营费用，也就是说这种成本只与资金的使用有关，并不是一种实际的活劳动和物化劳动耗费，并不直接构成产品的生产成本。

（3）资本成本属于预测成本，具有不确定性。从资本成本的计算与应用价值看，它属于预测成本，计算资本成本的目的在于通过成本大小的比较来规划融资方案，因此，规划方案在前，实施方案在后。作为规划融资方案的一种有效手段，计算不同融资方式下的资本成本，有利于降低其投资成本，提高投资效益。因此，资本成本计算是规划融资方案前的一项基础性工作，相应地，其计算结果也为预测数。

（4）资本成本是投资者所要求的必要报酬率。投资者所要求的必要报酬率会随着被投资企业或项目风险水平的不同而不同，企业无法左右投资者所要求的必要报酬率，亦即无法决定资本成本的大小。资本成本只能针对投资者所要求的报酬率加以衡量。

（5）资本成本是机会成本。由于资源的稀缺性，投资者将资金投资于某一企业或项目，就不能再投资于另一个企业或项目。投资于另一个企业或项目的收益就是投资者投资的机会成本。因此，投资者所要求的报酬率不应低于其机会成本。而投资者的报酬率对企业来说就是资本成本。可见，资本成本是机会成本。

（三）资本成本的作用

正确计算资本成本，对企业进行融资决策、资本投资决策、营运资本管理和业绩的评价都有重要作用，具体表现在以下三个方面：

1. 资本成本与融资

资本成本是比较融资方式、选择追加融资方案的依据，表现为：①个别资本成本是比较各种融资方式的重要标准。企业融通长期资金有多种方式可供选择，它们的融资费用与使用费用各不相同。企业通过资本成本的计算与比较，将方案按成本高低进行排列，并从中选出成本较低的融资方式。②综合成本是企业进行资本结构决策的基本依据。企业全部长期资本通常是采用多种方式融资组合构成的，这种融资组合有多个方案可供选择，综合成本的高低将是比较各融资组合方案、作出资本结构决策的依据。③边际资本成本是企业追加融资成本的依据，通过边际资本成本的计算，能对追加融资量就单一融资或组合融资方式的资本成本进行比较，从而确定追加融资的方案。

2. 资本成本与投资

资本成本是评价投资项目、比较投资方案和追加投资决策的主要经济标准。一般而言，项目的投资收益率只有大于其资本成本率才是经济合理的，否则投资项目不可行。这就表明，资本成本率是企业项目投资的"最低收益率"和判断项目可行性的"取舍率"。

3. 资本成本与经营成果的评价

资本成本在一定程度上成为判断企业经营业绩的重要依据。从资本投资者来看，资本成本是投资者的收益（即要求的报酬率），企业获利水平（资本利润率）只有大于资本成本率时，投资者的收益期望才能得到满足，才能表明企业经营有方；否则被认为是经营不力。可见，资本成本在正确判断和评价企业业绩发挥着重要作用。

（四）影响资金成本的因素

在市场经济条件下，企业资金成本的高低受多方面因素的影响，主要有外部因素和内部因素两个方面。

1. 外部因素

外部因素表现为资金市场环境变化的影响，如果市场上资金的需求和供给发生变动，投资者就会相应改变其所要求的投资收益率。一般来说，当货币需求增加而供给没有相应增加时，投资者就会要求提高其投资收益率，企业的资金成本就会上升；反之，则会降低其要求的投资收益率，资金成本就可能下降。

2. 内部因素

内部因素主要是指企业的经营和融资状况，集中体现为经营风险和财务风险的大小对企业资金成本的影响。经营风险表现在企业预期资产收益率的变动上，财务风险反映企业融资结构和到期偿还债务的可靠性程度。如果企业的经营风险和财务风险大，投资者所要求的风险溢价就会提高，企业的资金成本就会上升；反之，投资者可能降低对风险溢价的要求，资金成本就会下降。

二、个别资本成本的计算

【讨论题9-2】资本成本计算有误将导致哪些不良后果？

解答：采用净现值法时，会把错误的折现率应用于投资项目的评价。如果资本成本偏小，按这个偏小的资本成本算出来的净现值为正而按正确资本成本算出来的净现值为负时，就可能会接受减少股东财富的项目。反之，如果资本成本偏大，按这个偏大的资本成本算出来的净现值为负值而按正确资本成本算出来的净现值为正值时，则决策者可能会拒绝能增加股东财富的项目[1]。可见，正确掌握资本成本计算方法具有重要意义。

个别资本成本是指各种长期资本的成本。企业的长期资本一般有长期银行借款、长期债券、优先股、普通股、留存收益等，其中前两者可统称为债务资本，后三者统称为权益资本。

为了便于分析比较，资本成本一般不用绝对金额表示，而用相对数即资本成本率表示。资本成本率是企业资金使用费与实际融资额的比率，用公式表示为：

$$资本成本率 = \frac{资金使用费}{筹资金额 - 筹资费用}$$

上式中，融资费用作为融资总额的扣减项的主要原因是：①融资费用在融资之时已作为一次性费用发生耗费，不属于资金使用期内的预计持续付现项目。②分母扣减融资费用后即为融资净额，在资金使用过程中，可被企业利用的也是融资净额而不是融资总额。按照配比原则，只有融资净额能与使用费用配比。③从出让资金的投资者看，资本成本即为投资报酬，而投资报酬主要表现为在投资期间获得的收益额，显然，融资费用并非投资者的收益，不宜作为分子计入其投资报酬率之中。

（一）长期借款成本的计算

长期借款成本是指借款利息和融资费用。由于借款利息在税前支付，具

---

[1]　阿特利尔. 财务管理基础［M］. 6版. 北京：机械工业出版社，2014.3.

有减税效应，因此，长期借款资本成本公式为：

$$长期借款成本=\frac{借款年利息\times（1-所得税率）}{借款额\times（1-筹资费用率）}$$

当长期借款的融资费很小时，也可以忽略不计。

【例9-1】某公司取得 5 年期长期借款 500 万元，年利率为 10%，每年付息一次，到期一次还本，融资费用率为 0.6%，公司所得税率为 25%。该项长期借款的资本成本为：

$$长期借款成本=\frac{500\times10\%\times（1-25\%）}{500\times（1-0.6\%）}$$

$$=7.55\%$$

或

$$长期借款成本=\frac{10\%\times（1-25\%）}{1-0.6\%}$$

$$=7.55\%$$

（二）债券成本的计算

债券成本中的利息在税前支付，具有减税效应。债券的融资费用一般较高，这类费用主要包括申请发行债券的手续费、债券注册费、印刷费、上市费以及推销费用等。债券成本的计算公式为：

$$债券成本=\frac{债券每年支付的利息\times（1-所得税税率）}{债券发行价格\times（1-债券筹资费率）}$$

【例9-2】某公司发行一笔期限为 10 年的债券，债券面值为 1 000 万元，票面利率为 10%，每年付一次利息，发行费率为 3%，所得税税率为 25%，债券按面值等价发行。

则该笔债券的成本为：

$$债券成本=\frac{1\ 000\times10\%\times（1-25\%）}{1\ 000\times（1-3\%）}$$

$$=7.73\%$$

（三）普通股成本的计算

普通股成本是指筹措普通股所需的成本。这里的筹资成本是指面向未来的成本，而不是过去的成本。计算普通股成本需要说明几点：①普通股的特点是没有到期日，股利从税后利润中支付，每年的股利不固定。②普通股资金成本即投资必要收益率，是使普通股未来股利收益折成现值的总和等于普通股现行价格的折现率。③增加普通股有两种方式，一种是增发新的普通股，另一种是留存收益转增普通股。这里的普通股是指公司新发行的普通股。④从理论上看，作为股东的投资期望收益率即为企业普通股成本。⑤普通股资本成本算法主要有资本资产定价法、股利增长法和债券收益率风险调整法。这里主要介绍股利增长法。

股利增长法是一种将未来的期望股利收益折为现值，以确定其成本率的方法。从投资者角度看，股票投资价值等于各年股利收益（即 D，并假定每年收益呈 g 的递增率序列）的折现值，因此股票的收益现值必须大于现在购买时的股票成本（即股价 Pg），才有利可图。用公式表示如下（注意：下式的应用前提是股利不固定但每年稳定增长，如果没有规律可循，公式就不适用）：

$$普通股资本成本=\frac{第一年发放的普通股的股利}{普通股筹资总额\times(1-筹资费率)}+普通股股利预计每年增长率$$

【例9-3】某公司发行面值为 1 元的普通股 500 万股，融资总额为 1 000 万元，融资费率为 4%，已知第一年每股股利为 0.25 元，以后各年按 5%的比率增长，则其成本应为：

$$普通股资本成本=\frac{500\times0.25}{1\,000\times(1-4\%)}+5\%=18.02\%$$

🔔【提醒您】若公司破产，股东的求偿权位于最后，与其他投资者相比，普通股股东所承担的风险最大，因此，普通股的报酬应最高。所以，在各种资金来源中，普通股的成本最高。

（四）优先股成本的计算

公司发行优先股，既要支付融资费用，又要定期支付股利。它与债券不同的是股利在税后支付，且没有固定到期日。优先股成本的计算公式为：

$$优先股成本=\frac{优先股每年的股利}{发行优先股总额\times(1-优先股筹资费率)}$$

【例9-4】某公司按面值发行 100 万元的优先股，融资费率为 4%，每年支付 12%的股利，则优先股的成本为：

$$优先股成本=\frac{100\times12\%}{100\times(1-4\%)}=12.5\%$$

企业破产时，优先股股东的求偿权位于债券持有人之后，优先股股东的风险大于债券持有人的风险，这就使得优先股的股利率一般大于债券的利息率。另外，优先股股利要从净利润中支付，不减少企业的所得税，所以，优先股成本通常高于债券成本。

（五）留存收益资本成本的计算

【讨论题9-3】留存收益是公司税后利润未进行股利分配形成的自有资本，公司形成留存收益未付出代价也未发生成本，因此，留存收益无资本成本。

留存收益成本是指股东因对外投资而未分配股利产生的机会成本。留存收益资本成本属于机会成本，而不是实际成本，所以只能进行估算。

留存收益从本质上讲是由收益形成的，属于资本增值部分。该部分必须在留存盈利收益与分派股利之间进行分配。因此，留存收益是企业资金的一种重要来源，是投资者对公司进行的追加投资。作为企业的一种资金来源，留存收益并不像其他融资方式那样直接从市场中取得，虽然形成留存收益不产生融资费用，但它确实存在资本成本，这种成本是投资者失去对外投资的机会成本。投资者对留存收益所要求的收益率等同于普通股，两者计算资本成本的方法基本相同，所不同的是，计算留存收益资本成本不考虑融资费用。

【例9-5】某公司普通股目前市价为56元，估计年增长率为12%，本年发放股利2元，采用股利增长法计算留存收益成本的过程为：

$$留存收益成本 = \frac{2 \times (1+12\%)}{56} + 12\% = 16\%$$

三、综合资本成本的计算

综合资本成本是指以各种资本所占比重为权数，对个别资本成本进行加权平均确定的资本成本。

通常，受多种因素的制约，企业所需要的全部资金很少由出资者出资这一种方式形成，而要通过多种渠道、多种方式融集。各种融资方式的资本成本率又各不相同，为便于进行融资决策，就需要计算确定企业全部资金的综合资本成本。企业综合资本成本的大小是以综合资本成本率表示的，它通过计算各种资金来源的资本成本率和各种资金来源所得的资金在全部资金中所占的比重的加权平均数求得。

以 Kw 代表综合资本成本，K_I 代表第 I 种个别资本成本，W_I 代表第 I 种个别资本占全部资本的比重。综合资本成本计算公式为：

$$K_W = \sum K_I \times W_I$$

【例9-6】2023年12月31日，某公司资本结构及个别资本成本资料如表9-1所示。

表9-1　资本结构及个别资本成本资料

资本结构	金额（万元）	相关资料
长期借款	200	年利息率为8%，借款手续费不计
长期债券	400	年利息率为9%，融资费率为4%
普通股股本	800	每股面值10元，共计80万股，预期每股股利2元，普通股股利年增长率为5%，融资费率为4%
留存收益	600	—
合计	2 000	公司所得税率为25%

根据表9-1，该公司加权平均资本成本计算过程如下：

$$\text{长期借款成本} = \frac{200 \times 8\% \times （1-25\%）}{200} = 6\%$$

$$\text{长期债券成本} = \frac{400 \times 9\% \times （1-25\%）}{400 \times （1-4\%）} = 7\%$$

$$\text{普通股成本} = \frac{2 \times （1+5\%）}{10 \times （1-4\%）} + 5\% = 26.88\%$$

$$\text{留存收益成本} = \frac{2 \times （1+5\%）}{10} + 5\% = 26\%$$

$$\text{加权平均资本成本} = 6\% \times \frac{200}{2\,000} + 7.03\% \times \frac{400}{2\,000} + 26.88\% \times \frac{800}{2\,000} + 26\% \times \frac{600}{2\,000} = 20.56\%$$

四、边际资本成本

（一）边际资本成本的概念

加权平均资本成本是企业过去融资或目前使用的资本成本。随着时间的推移或融资条件的变化，各种资本成本不断变化，加权平均资本成本也不是一成不变的。企业进行投资，不仅要考虑目前所使用的资本成本，还要考虑为投资项目新融资的成本，这就需要计算资金的边际成本。

边际资本成本是指企业每新增一元资金所增加的资本成本。实务中，这一定义的适用性较差，原因有两点：第一，企业追加投资数额大小不同，同一类资本成本也会随资本数额的变动而变化；第二，追加的投资项目不止一项，不同项目的资本来源不可能是唯一的。对此，应将"边际资本成本"的内涵广义地解释为企业追加融资所带来的资本成本。

边际资本成本是企业追加融资时的成本，通过边际资本成本的计算，能对追加融资量以单一融资方式或组合融资方式的资本成本进行比较，从而确定追加融资的方案。

（二）边际资本成本的计算

1. 新增资本成本等同于原有同类资本成本

当企业筹措各类新增资本时，如果各类新增资本成本仍然等同于原有同类资本成本，不管追加融资的数额发生什么变化，加权平均边际资金成本都与原来的加权平均资本成本相等。

【例9-7】某公司原有资本结构为长期债券占15%，长期借款占25%，优先股占20%，普通股占40%。现准备追加融资500万元。各类资金的成本分别为长期债券（7%）、长期借款（6%）、优先股（10%）、普通股（14%）。公司的资本结构未发生变化（不考虑税收）。

原有资本结构未发生变化，资本结变动按原有资本结构计算其加权平均资金成本。

$$加权平均资金成本 = 15\% \times 7\% + 25\% \times 6\% + 20\% \times 10\% + 40\% \times 14\%$$
$$= 1.05\% + 1.5\% + 2\% + 5.6\%$$
$$= 10.15\%$$

追加融资500万元后，其边际资本成本状况如表9-2所示。

表9-2　边际资本成本计算表

资本种类	资本结构（%）	追加融资（万元）	个别资本成本（%）	加权平均边际资本成本（%）
	(1)	(2)	(3)	(4) = (1) × (3)
长期债券	15	75	7	1.05
长期借款	25	125	6	1.5
优先股	20	100	10	2.0
普通股	40	200	14	5.6
合计	100	500	—	10.15

可见，当追加融资仍然保持原来的资金结构时，不管追加融资的数额发

生怎样的变化，加权平均边际资本成本都与原来的加权平均资本成本相等。

2. 新增资本结构与原有同类资本结构不同

如果新增资金改变了原有的资金结构，资本成本随融资额的增加而发生相应变化，加权平均边际资本成本就不同于原来的资本成本，可以重新根据新的资金结构来计算加权平均边际资本成本。

【例 9-8】承例 9-7，如果新融资的资本结构为长期债券 20%、长期借款 25%、优先股 20%、普通股 35%，原有资本结构保持不变。重新计算加权平均边际资本成本如下：

$$加权平均资金成本 = 20\% \times 7\% + 25\% \times 6\% + 20\% \times 10\% + 35\% \times 14\%$$
$$= 1.4\% + 1.5\% + 2\% + 4.9\%$$
$$= 9.8\%$$

资本结构变化边际资本成本计算过程如表 9-3 所示。

表 9-3　边际资本成本计算表（资本结构变化）

资本种类	资本结构（%）	追加融资（万元）	个别资本成本（%）	加权平均边际资本成本（%）
	(1)	(2)	(3)	(4) = (1) × (3)
长期债券	20	100	7	1.4
长期借款	25	125	6	1.5
优先股	20	100	10	2.0
普通股	35	175	14	4.9
合计	100	500	—	9.8

可见，当资本结构发生变化，资本成本也随之变化，由资本结构变动前的 10.15% 下降至 9.8%。

第二节　杠杆利益

【讨论题 9-4】古希腊著名的物理学家阿基米德曾说："给我一个支点，我可以撬起地球。"其名言讲的是物理学中的杠杆效应。该效应对企业理财有何启迪？

解答：这一杠杆效应在企业理财中也很重要，它是指改变销售额引起利润的较大幅度的变动。而发生作用的支点或是生产的固定成本，或是融资时预付货款方的利息，前者叫营业杠杆，后者叫融资杠杆。二者可以单独发挥作用，也可一起产生作用。

一、杠杆原理

杠杆原理在不同领域具有不同的含义。自然科学的杠杆原理是指通过杠杆的使用，只用一个较小的力量便可以产生较大的效果。财务管理中的杠杆原理则是指由于固定性成本或费用的存在，当某一业务量发生较小变化时，利润会产生较大的变化，带来一定的效应，即杠杆效应。

企业固定性成本或费用主要有两类：①在生产经营过程中发生的固定性生产经营费用，如折旧、研发、管理人员工资等。这部分固定费用的杠杆效应叫经营杠杆或营业杠杆。②负债、融资租赁及优先股融资时发生固定费用（利息和股利），这部分杠杆效应叫财务杠杆（也叫融资杠杆或负债经营杠杆）。

财务管理中的杠杆效应是一把"双刃剑"，既可以给企业带来额外的收益，也可能带来风险；既可以使企业利润加速上升，也可使其加速下降。因此，在企业的经营决策和融资决策中必须高度重视杠杆效应所带来的双重影响。

成本按性态分类是研究杠杆问题的前提，所以，本节首先介绍成本按性态的分类，然后说明经营杠杆、财务杠杆和复合杠杆。

（一）成本按性态分类

成本性态是指成本总额对业务量的依存关系。在现实经济活动中，当企业业务量发生变化后，各项成本以不同形态出现，有些成本不受业务量影响，有些成本随着业务量的变动成正比例变化，而有些成本的发生额虽然受业务量变动影响，但与业务量变动幅度并不保持严格的比例关系。进行成本性态分析，就是从数量上掌握成本与业务量之间的规律性联系，为采用变动成本法、开展量本利分析和短期经营决策打下基础。这里所讲的业务量反映的是企业生产经营活动水平的标志量，它既可以是产品的产销数量，也可以是直接人工小时数或机器工作小时数等。

根据成本性态，可以将企业的全部成本分为固定成本、变动成本和混合成本三类。

1. 固定成本

固定成本是指在一定期间内其总额不直接受业务量变动影响，相对固定不变的成本，如按使用年限法计算的固定资产折旧费、保险费、管理人员工资、办公费等。这些费用每年支出水平基本相同，产销量在一定范围内变动，它们保持固定不变。固定成本总额在一定期间、一定范围内保持不变，而单位产品分摊的固定成本则随着业务量的增减呈反方向变动。随着业务量的变化，固定成本总额与单位产品分摊的固定成本其状态如图9-1所示。

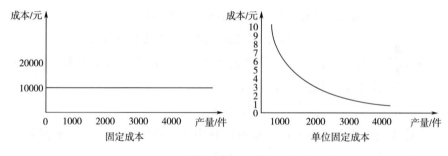

图9-1　固定成本总额和单位固定成本

固定成本的"固定性"是相对的、有条件的，是就其特定期间和某一特定业务量水平范围而言的。比如企业现有生产能力已不能满足对其产品的需求，需要添置机器设备适应市场发展的要求，对此，固定成本总额就会增加。可见，从较长时间看，固定成本也会随着企业经营方针的变化而变化。

2. 变动成本

变动成本是指其总额会随着业务量的变动而成正比例变动的成本。在一定技术条件下和一定时期内，变动成本总额会直接随着业务量的变化而成比例变动，而企业业务量的变动成本却不受业务量增减变动的影响，如直接材料、直接人工等成本。变动成本总额随着业务量成正比例变动也是有条件的。超过了特定条件，业务量与成本总额之间的同比例变化关系也就不存在了。

随着业务量的变化，变动成本总额和单位业务量分摊的变动成本的状态如图9-2所示。

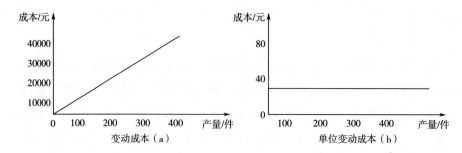

图 9-2 变动成本总额和单位变动成本

由于成本总额可按其性态分为固定成本和变动成本两类，总成本性态模型可用下列公式表示：

产品成本总额=固定成本总额+变动成本总额

=固定成本总额+（单位变动成本×业务量）

现设产品总成本为 Y，固定资产总额为 a，单位变动成本为 b，业务量为 x。上述产品成本总额公式可改写为：

$$Y=a+bx$$

若能求出公式中 a 和 b 值，就可以利用这个直线方程进行成本预测、成本决策和其他相关短期决策的分析，此模型极为重要。

3. 混合成本

混合成本是指同时包含固定成本和变动成本的成本。这类成本的发生额虽然受业务量变动影响，但其变动幅度并不同业务量的变动保持严格的比例关系。

（二）贡献毛益和息税前利润

根据成本按性态的分类，可引出以下两个概念。

1. 贡献毛益

贡献毛益是反映产品盈利能力的一个重要指标，是指产品销售收入减去变动成本后的差额。它反映了产品盈利能力，如果企业取得的贡献毛益不足以抵补固定成本支出，经营期就会发生亏损；如果贡献毛益恰好抵补固定成本，则企业处于保本状态；只有贡献毛益超过固定成本，企业才能盈利。

贡献毛益有两种表现形式：一是单位贡献毛益，即产品的销售单价减去产品的单位变动成本；二是贡献毛益总额，即各种产品的销售收入总额减去各种产品变动成本总额。用公式表示如下：

$$贡献毛益总额=销售收入总额-变动成本总额$$
$$=销售数量\times（销售单价-单位变动成本）$$

【例9-9】某公司生产一种产品，每月固定成本为10 000元，单位售价为60元，单位变动成本为45元，销售数量为800件。该产品贡献毛益为：

$$单位贡献毛益=60-45=15（元）$$
$$贡献毛益总额=800\times60-800\times45=12 000（元）$$

2. 息税前利润

息税前利润是指企业支付利息和交纳所得税之前的利润，是企业经营收益在支付债权人利息费用、上缴企业所得税之后的部分，属于股东的净利润。计算公式为：

$$息税前利润=净利润+所得税+利息费用$$

这个指标完整地反映了企业的经营能力和业绩，例如将支付借款利息加回指标中，反映了企业融资能力和付出的代价。支付的借款利息是企业创造的收益，如果不加回净利润指标中会低估经营者的业绩。

二、营业杠杆

（一）营业杠杆的定义

营业杠杆也称经营杠杆，是指在某一固定成本比重下销售量变动对息税前利润产生的影响。

前已述及，企业成本有固定成本和变动成本之分，由于固定成本的存在而出现息税前利润变动率大于或小于业务量变动率的现象。如果其他条件不变，业务量（例如产销量）增加一般不会改变固定成本总额，但会降低单位固定成本，从而提高单位利润，使息税前利润的增长率大于业务量的增长率；反之，业务量的减少会提高单位固定成本，降低单位利润，使息税前利润下降率大于产销量下降率。可见，营业杠杆效应的存在可以使企业获得营业杠杆利益，也可能使企业遭受营业风险损失，因此营业杠杆是一把"双刃剑"。

🔔【提醒您】如果不存在固定成本，所有成本都是变动的，那么边际贡献就是息税前利润，这时息税前利润变动率就同产销量变动率完全一致。

经营杠杆现象的存在可通过下例予以说明：

【例9-10】某公司产品销售单价为10元，每件产品的变动成本为4元，每年的固定经营成本为 40 000 元。年销售量分别为 10 000 件、12 000 件及 20 000 件时息税前利润情况如表 9-4 所示。

表 9-4   息税前利润表

销售量（件）	10 000	12 000	20 000
销售收入（元）	100 000	120 000	200 000
减：变动成本（元）	40 000	48 000	80 000
贡献毛益（元）	60 000	72 000	120 000
减：固定成本（元）	40 000	40 000	40 000
息税前利润（元）	20 000	32 000	80 000

（1）当销售量由 10 000 件增至 12 000 件时，销售量增加的百分比为 20%，即：

$$\frac{12\ 000-10\ 000}{10\ 000}=20\%$$

由此引起的息税前利润增加的百分比为 60%，即：

$$\frac{32\ 000-20\ 000}{20\ 000}=60\%$$

（2）当销售量由 12 000 件增至 20 000 件时，销售量增加的百分比为 67%，即：

$$\frac{20\ 000-12\ 000}{12\ 000}=67\%$$

由此引起的息税前利润增加的百分比为 150%，即：

$$\frac{80\ 000-32\ 000}{32\ 000}=150\%$$

可见，息税前利润的增加幅度高于销售量的增加幅度，即营业杠杆现象。息税前利润的变化幅度被放大了，以销售量由 12 000 件增至 20 000 件为例，放大的倍数为 2.24 倍（150%÷67%）。

需要注意的是，营业杠杆具有双重效应，也存在息税前利润的下降幅度高于销售量的下降幅度的现象。例如，例 9-10 中，如果销售量不由 12 000 件上升至 20 000 件，而是减少至 10 000 件，在此，销售量的下降幅度为 16.7% $\left(\frac{10\ 000-12\ 000}{12\ 000}\right)$；而息税前利润下降程度为 60% $\left(\frac{20\ 000-32\ 000}{20\ 000}\right)$。

可见，当企业销售量下降时，企业的息税前利润以更大的幅度下降。

（二）营业杠杆的计算

只要存在固定成本，经营杠杆就会发挥作用。企业不同，其营业杠杆发挥作用的程度也不同，为此，需要计算营业杠杆作用程度，也就是计算经营杠杆系数。

营业杠杆系数是指息税前利润变动率相当于产销量变动率的倍数。一般而言，营业杠杆系数越大，对营业杠杆利益的影响越大，经营风险也越大。营业杠杆系数为反映营业杠杆的作用程度、估计营业杠杆利益的大小、评价经营风险的高低提供了重要依据。营业杠杆系数计算公式为：

$$营业杠杆系数 = \frac{息税前利润变动百分比}{销售变动百分比}$$

用 DOL 代表营业杠杆系数，Q 和 ΔQ 表示销售数量及销售数量变动额，可用下式表示：

$$DOL = \frac{\frac{\Delta BEIT}{EBIT}}{\frac{\Delta Q}{Q}}$$

此外，经营杠杆系数也可采用下列公式计算：

$$营业杠杆系数 = \frac{销售量 \times （单位售价 - 单位变动成本）}{销售量 \times （单位售价 - 单位变动成本） - 固定成本总额}$$

$$营业杠杆系数 = \frac{销售收入 - 变动成本总额}{销售收入 - 变动成本总额 - 固定成本总额}$$

用 P 代表单位产品销售价格，V 代表单位产品变动成本，F 代表固定成本，DOL 可用公式表示如下：

$$DOL = \frac{(P - V)Q}{(P - V)Q - F}$$

【例9-11】某公司生产 A 产品，固定成本为 112 000 元，变动成本占销售额的比重为 30%。当该公司的销售额分别为 600 000 元、300 000 元和 200 000 元时，营业杠杆系数计算结果如下：

$$DOL（1） = \frac{600\,000 \times （1 - 30\%）}{600\,000 \times （1 - 30\%） - 112\,000} = 1.36$$

$$DOL（2） = \frac{300\,000 \times （1 - 30\%）}{300\,000 \times （1 - 30\%） - 112\,000} = 2.14$$

$$DOL（3） = \frac{200\,000 \times （1 - 30\%）}{200\,000 \times （1 - 30\%） - 112\,000} = 5$$

通过计算可以看出：当公司的销售量下降时，营业杠杆系数增加。在固定成本不变的情况下，销量越大，营业杠杆系数越小，营业风险越小；反之，销量越小，营业杠杆系数越大，营业风险越大。

🔔【提醒您】①在固定成本不变的情况下，营业杠杆系数说明了营业收入增长（减少）所引起利润增长（减少）的幅度。②在固定成本不变的情况下，营业收入越大，营业杠杆系数越小，营业风险也就越小；反之，营业收入越小，营业杠杆系数越大，营业风险也就越大。③企业一般可以通过增加营业收入、降低产品单位变动成本、降低固定成本比重等措施使营业杠杆系数下降，降低经营风险。

（三）营业杠杆与经营风险

营业杠杆只是影响企业经营风险的一个重要因素，其本身并不是利润不稳定的根源。即使企业不受营业杠杆的影响，也要面临企业其他风险因素的影响。但是，产销量增加时，息税前利润将以营业杠杆系数倍数的幅度增加；而产销量减少时，息税前利润又将以营业杠杆系数倍数的幅度减少。可见，营业杠杆扩大了市场和生产等不确定因素对利润变动的影响。而且营业杠杆系数越高，利润变动越激烈，企业的经营风险就越大。于是，企业经营风险的大小和营业杠杆有着重要关系。在其他因素不变的情况下，固定成本越高，营业杠杆系数越大，经营风险越大。

三、财务杠杆

（一）财务风险与财务杠杆

1. 财务风险

前已述及，财务风险将导致企业信用或形象受损，财务状况恶化导致企业陷入融资成本上升、被债权人申请破产等窘境。一旦企业借入资本进行负债经营，不论经营利润多少，债务利息是不变的。当企业在资本结构中增加固定性债务融资成本的比例时，固定的现金流出量就会增加，特别是在利息费用的增加速度超过息前税前利润增加速度的情况下，企业负担较多的债务成本将引发净收益减少，发生丧失偿债能力的概率也会增加，导致财务风险增加；反之，当债务资本比率较低时，财务风险较小。

2. 财务杠杆

在影响财务风险的因素中，债务利息或优先股股息这类固定性融资成本是基本因素。

在一定的息税前利润范围内，债务融资的利息成本是不变的，随着息税前利润的增加，单位利润所负担的固定性利息费用就会相对减少，单位利润可供股东分配的部分会相应增加，普通股股东每股收益的增长率将大于息税前利润的增长率。反之，当息税前利润减少时，单位利润所负担的固定利息费用就会相对增加，单位利润可供股东分配的部分相应减少，普通股股东每股收益的下降率将大于息税前利润的下降率。

如果不存在固定性融资费用，则普通股股东每股收益的变动率将与息税前利润的变动率保持一致。这种在某一固定的债务与权益融资结构下由息税前利润的变动引起每股收益产生更大变动程度的现象被称为财务杠杆效应。固定性融资成本是引发财务杠杆效应的根源，但息税前利润与固定性融资成本之间的相对水平决定了财务杠杆的大小，即财务杠杆的大小是由固定性融资成本和息税前利润共同决定的。

3. 财务杠杆收益

财务杠杆收益是指利用债务融资这个杠杆而给企业所有者带来的额外收益。在企业资金结构一定的条件下，企业从息税前利润中支付的债务利息数额是相对固定的，当息税前利润增加时，每一元息税前利润所负担的债务利息就会相应地降低，扣除所得税后可分配给企业所有者的利润就会更快速地增加，从而给企业所有者带来额外的收益。

财务杠杆的运用对分配给出资者的利润具有很大的影响。这是由于利息费用是固定的，因此净利润的增长比例会快于息税前利润的增长比例。假设某公司息税前利润为 100 万元（其中利息为 20 万元），若按 33% 的比率征收的所得税为 26.4 万元，则净利润为 53.6 万元。如果息税前利润降低 20%，则净利润为 21.12 万元，下降 25%；如果利息和税前利润提高 10%，则净利润为 46.8 万元，上升 12.5%。利息费用对净利润的这种影响称为倍率影响。倍率影响既有正面作用，也有负面作用。负面作用即当利息和税前利润下降时净利润会以更大的比例下降。所以财务杠杆作为举债经营的手段，只有借入资本产生的利润大于其利息费用时才对企业有利。

（二）财务杠杆的计算

运用财务杠杆，一般都要计算财务杠杆系数指标。

财务杠杆系数是指净利润变动百分比与利息和息税前利润变动百分比之

比。其含义是：在资产总额及负债融资额保持不变的前提下，资本利润率将以息税前利润的倍数增长。财务杠杆系数计算公式为：

$$财务杠杆系数 = 净利润变动百分比 / 利息和息税前利润变动百分比$$

财务杠杆系数也可用一种简便方法计算，公式为：

$$财务杠杆系数 = \frac{息税前利润}{息税前利润 - 利息}$$

用 DFL 代表财务杠杆系数；用 $EBIT$ 代表息税前利润；I 代表利息。财务杠杆系数计算公式如下：

$$DFL = \frac{EBIT}{EBIT - I}$$

【例 9-12】甲公司、乙公司、丙公司三家公司的资本总额均为 4 000 万元，债务资本在公司全部资本中的比重为：甲公司为 20%，乙公司为 40%，丙公司为 60%。2023 年三家公司产销量相同，息税前利润均为 400 万元，三家公司净利润如表 9-5 所示。

表 9-5　甲公司、乙公司、丙公司净利润

项目	甲公司	乙公司	丙公司
息税前利润	400	400	400
利息（税率10%）	80	160	240
税前利润	320	240	160
所得税（税率25%）	80	60	40
净利润	240	180	120

根据表 9-5 资料，3 家公司财务杠杆系数计算过程如下：

$$DFL（甲公司） = \frac{400}{400 - 80} = 1.25$$

$$DFL（乙公司） = \frac{400}{400 - 160} = 1.67$$

$$DFL（丙公司） = \frac{400}{400 - 240} = 2.5$$

通过计算可以看出：当各公司的其他情况相同、只有负债比例不同时，财务杠杆系数会随着全部资本中负债比例的增大而增大，财务风险也随之增大。

第三节　资本结构

一、资本结构概述

（一）资本结构的内涵

资本结构又称融资结构，是指企业各种资本的构成及其比例关系。它有广义与狭义之分，广义的资本结构是指全部资金的来源构成，包括长期资本和短期负债；狭义的资本结构是指长期资本（长期债务资本与所有者权益）的构成及其比例关系。将短期债务资本列入营运资本进行管理的原因是：短期资金的需要量和融集是经常变化的，且在整个资金总量中所占比重不稳定，因此不列入资本结构管理范围。本书采用狭义的概念。

关于资本结构应着重理解以下内容：

第一，企业采用不同的融资方式必然形成一定的资本结构。资本结构是企业资本的组合，最优的资本结构也就是企业最佳的资本组合形式。

第二，资本结构与财务结构不同。财务结构是指企业全部资产的对应项目，系指资产负债表右边的全部项目是如何构成的及它们之间的比例关系等；与企业财务结构密切相关的是资金结构，它是指企业长久性融资的各有关项目，主要有普通股权益、优先股股本、长期借款和长期债券等融资项目，但不包括短期融资项目，即资产负债表贷方除去短期负债以外的全部项目构成及比例关系（如图9-3所示）。

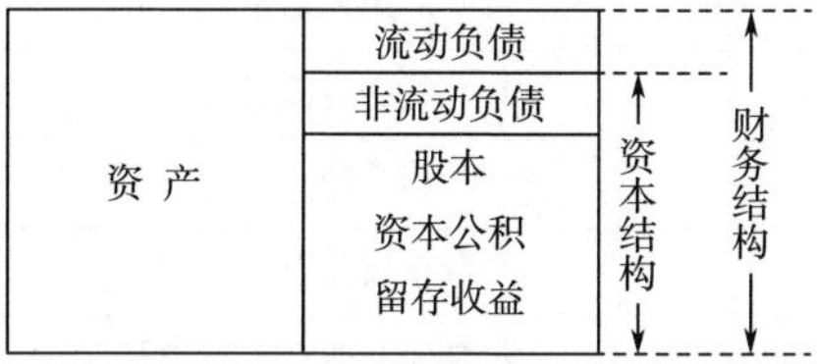

图9-3　资本结构和财务结构

第三，用以衡量企业资本结构是否合理的主要标准涉及企业综合资本成本的高低、融资的充分性、股票市价增长趋势、股东财富的多少、企业总体价值的大小以及企业财务风险的高低。

第四，资本结构问题的根本是债务资本比率的安排。保持合理的债务资本比率可以降低综合资本成本、获得财务杠杆利益，同时带来一定的财务风险，企业必须在财务风险和资本成本之间慎重权衡，确定最优资本结构。

资本结构的合理性不仅影响到企业的风险和收益，还对企业的治理结构及其效率具有重要的影响。衡量资本结构的目的在于通过一定的指标反映企业的资本结构状况，以便进一步进行深入分析。

（二）资本结构的种类

企业的资本结构可以分为不同的种类，依据资本权属和资本期限，可区分为资本的权属结构和资本的期限结构。

1. 资本的权属结构

一个企业的全部资本就其权属而言通常分为两大类：一类是股权资本，另一类是债务资本。企业的全部资本按权属区分则构成资本的权属结构。资本的权属结构是指企业不同权属资本的价值构成及其比例关系。这两类资本构成的资本结构就是企业的资本权属结构。

2. 资本的期限结构

一个企业的全部资本就其期限而言一般可以分为两大类：一类是长期资本，另一类是短期资本。这两类资本构成企业资本的期限结构。资本的期限结构是指不同期限资本的价值构成及其比例关系（如表9-6所示）。

表9-6　资产负债表　　　　　　单位：万元

资产	金额	负债及股东权益	金额
流动资产	12 000	负债	
非流动资产	8 000	短期借款	2 000
		应付债券	8 000
		负债合计	10 000
		股东权益合计	10 000
资产总额	20 000	负债及权益总计	20 000

根据表计算，该公司资本的权属结构为 1:1，或者说债务资本和股权资本各为 5 000 万元（或各占 50%）。资本的权属结构涉及公司及其股东和债权人的利益和风险。

该公司短期资本为 2 000 万元，长期资本为 18 000 万元，或者说长期资本占 90%，短期资本占 10%（资本的期限结构为 9：1）。资本的期限结构涉及公司一定时期的利益和风险，可能影响公司股东和债权人的利益和风险。

（三）资本结构的类型

资本结构的三种类型如下。

（1）稳健型：稳健型资本结构介于保守型与激进型之间，其风险性和收益性也介于两者之间。

（2）保守型：保守型的资本结构往往会导致一个企业流动资产规模达到当期的最大化，但是企业的收益性相对较差。

（3）激进型：激进型的资本结构与保守型相反，一个企业的流动资产规模将会达到最小，而由于风险较大，其收益性也会相对较好。

三、最佳资本结构

最优资本结构的确定是企业融资决策的中心问题，所以企业在进行任何融资决策之前首先应根据一定的理财目标确定最优资本结构，并在以后各项融资活动中有意识地保持这种最佳结构。

（一）最佳资本结构的标准

最佳资本结构是指企业在一定时期内使加权平均资本成本最低、企业价值最大的资本结构。其判断标准有四个：①有利于最大限度地增加所有者财富，能使企业价值最大化；②企业加权平均资本成本最低；③资产保持适宜的流动，并使资本结构具有弹性；④财务风险低。

从理论上讲，最合理的资本结构在企业风险和报酬得以平衡的基础上才能求得，这个资本结构要使企业股价最高，同时使整个企业资本成本最小。这是企业资本结构决策所追求的理想目标。

（二）最佳资本结构的选择

根据现代资本结构理论，企业确实存在最佳资本结构。在资本结构的最佳点上，企业的加权平均资本成本最低，而企业的市场价值最高。因此，资本结构确定的任务在于根据企业的具体情况对众多的资本结构方案进行比较、分析和选样，确定适合企业的资本结构。

反映最佳资本结构的常用方法主要有比较资本成本法、EBIT-EPS 无差别点分析法。

1. 比较资本成本法

在众多资本结构方案（或融资方案）中，加权平均成本最低的方案为最佳方案。企业在作出融资决策之前，先拟定若干个备选方案，分别计算各方案加权平均资本成本，并根据加权平均资本成本的高低来确定资本结构。这种方法通俗易懂，计算过程也不十分复杂，是确定资本结构的一种常用方法。

比较资本成本法计算不同资本结构的加权平均资本成本，并以此为标准选择其中加权平均资本成本最低的资本结构。

【例9-13】某公司拟融资规模确定为150万元，有三个备选方案。方案A：长期借款100万元、权益资本50万元；方案B：长期借款75万元、权益资本75万元；方案C：长期借款110万元、权益资本40万元。比较资本成本法计算步骤如下：

①确定各方案的资本结构（如表9-7所示）。

表9-7　A、B和C三种融资方案　　　　单位：万元

融资方式	方案 A		方案 B		方案 C	
	融资额	资本成本	融资额	资本成本	融资额	资本成本
长期借款	100	15%	75	14%	110	14%
权益资本	50	15%	75	15%	40	15%
合计	150	—	150	—	150	—

②确定各融资方案的加权平均资本成本。

方案 A 加权平均资本成本 =（100÷150）×15%+（50÷150）×15%=15%

方案 B 加权平均资本成本 =（75÷150）×14%+（75÷150）×15%=14.5%

方案 C 加权平均资本成本 =（110÷150）×14%+（40÷150）×15%=14.27%

③进行比较，选择最佳的资本成本。

由上述加权平均资本成本计算结果可知，方案 C 的资本成本最低，因此，选择长期借款110万元、权益资本40万元的资本结构。

2. EBIT-EPS 无差别点分析法

每股收益是指每股净收益，是本期净利润与流通在外普通股股数的比值。它反映了每股普通股在一个会计期间所获得的净利润或发生的净亏损。企业财务目标是使股东财富或企业价值最大化，每股收益（EPS）可以作为衡量股东财富的主要替代变量，它被认为是影响企业股票价格的重要指标。每股

收益计算公式为：

$$每股收益 = \frac{(EBIT-利息) \times (1-所得税税率)}{发行在外普通股股数}$$

企业在融资决策过程中，假定未来项目的预期投资收益（EBIT）存在变动性，因此可以通过比较不同融资方式对 EPS 影响的大小来进行优化选择。这就是 EBIT-EPS 无差别点分析法。

每股收益无差别点的分析核心是在计算不同融资方案下每股收益（EPS）相等时所对应的息税前利润（EBIT）的基础上，比较在企业预期盈利水平下的不同融资方案的每股收益。EBIT-EPS 无差别点分析法基本步骤如下：

（1）预计拟投资项目的预期 $EBIT$ 水平，判断预期 $EBIT$ 值的变动性。

（2）分别测算负债、权益两种融资方式下的 EBIT-EPS 无差别点。无差别点是指使不同资本结构的每股收益（EPS）相等时的息税前利润（$EBIT$）点，也称息税前利润平衡点。此点的性质为：第一，不论采用何种融资方式，该点每股收益额不受影响，它是每股收益额保持不变的息税前利润水平；第二，此点的不同融资方式形成的资本结构无最佳与否之分，也就是只有当息税前利润低于此点或高于此点时，方有最佳资本结构。EBIT-EPS 无差别点计算公式为：

$$EPS = \frac{(EBIT - I)(1 - T) - PD}{N} = \frac{(S - VC - a - I)(1 - T) - PD}{N}$$

式中：息税前利润用 $EBIT$ 表示；每年支付的利息用 I 表示；所得税税率用 T 表示；优先股股利用 PD 表示；普通股股数用 N 表示；销售收入总额用 S 表示；变动成本总额用 VC 表示；固定成本总额用 a 表示。

（3）根据 EBIT-EPS 无差异点计算公式，可分析判断在追加融资量的条件下，应选择何种方式来进行资本筹集，并合理安排和调整资本结构。资本结构是否合理，要通过每股盈余的变化来分析，能提高每股盈余的资本结构是合理的，反之则不够合理。然而，每股盈余的变化不仅受资本结构影响，还受到销售收入的影响。

【例9-14】M 公司目前有债务资本 4 000 万元（利率为 10%，年利息为400 万元）；普通股资本 6 000 万元（普通股 6 000 万股，每股 1 元），该企业由于扩大经营规模，需要追加筹资 8 000 万元，所得税税率为 25%，不考虑筹资费用因素。有三种融资方案（如表 9-8 所示）。

表 9-8　甲、乙、丙三种融资方案

方案	增发普通股（万股）	每股发行价（元）	负债融资（万元）	
			银行借款（利率10%）	公司债（利率15%）
甲方案	2 000	3	2 000	—
乙方案	1 000	3		5 000（溢价） 3 000（面值）
丙方案	—	—	2 000	6 000（溢价） 4 000（面值）

三种方案各有优劣：增发普通股能够减少资本成本的固定性支出，但股数增加会降低每股收益；采用债务筹资方式能够提高每股收益，但增加了固定性资本成本负担，受到的限制较多。基于上述原因，筹资方案需要两两比较。具体分析过程如下：

（1）甲、乙方案比较：

$$\frac{(EBIT-400-200)\times(1-25\%)}{6\,000+2\,000}=\frac{(EBIT-400-450)\times(1-25\%)}{6\,000+1\,000}$$

EBIT＝2 600 万元，它是甲、乙两个筹资方案的每股收益无差别点。在此点上，两个方案的每股收益相等，均为 0.19 元。

（2）乙、丙方案比较：

$$\frac{(EBIT-400-450)\times(1-25\%)}{6\,000+1\,000}=\frac{(EBIT-400-800)\times(1-25\%)}{6\,000}$$

EBIT＝3 300 万元，它是乙、丙两个筹资方案的每股收益无差别点。在此点上，两个方案的每股收益相等，均为 0.26 元。

（3）丙、甲方案比较：

$$\frac{(EBIT-400-800)\times(1-25\%)}{6\,000}=\frac{(EBIT-400-200)\times(1-25\%)}{6\,000+2\,000}$$

$EBIT$＝3 000 万元，它是丙、甲两个筹资方案的每股收益无差别点。在此点上，两个方案的每股收益相等，均为 0.23 元。

筹资方案两两比较时，产生了三个筹资分界点，上述分析结果如图 9-4 所示。从图 9-4 可以看出：企业 EBIT 预期为 2 600 万元以下时，应当采用甲筹资方案；EBIT 预期为 2 600～3 300 万元时，应当采用乙筹资方案；EBIT 预期为 3 300 万元以上时，应当采用丙筹资方案。

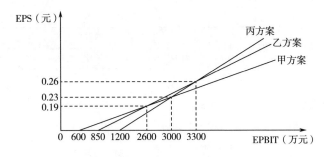

图 9-4　每股收益无差别点分析图

3．比较资本成本法

企业在作出融资决策之前，先拟定若干个备选方案，分别计算各方案加权平均资本成本，并根据加权平均资本成本的高低来确定资金结构的方法叫作比较资金成本法。

【例 9-15】N 公司原来的资本结构为：债券融资 800 万元，年利率为 10%；普通股融资 800 万元（每股面值 1 元，发行价 10 元，共 80 万股），资本共计 1 600 万元。该公司现拟增资 400 万元（今年期望股利每股 1 元，预计以后每年增加股利 5%，计划年初资本成本为 10%），以扩大生产经营规模，现有以下三个方案可供选择。

甲方案：增加发行 400 万元的债券，因负债增加，投资风险加大，债券利率增至 12% 才能发行，预计普通股股利不变，但由于风险加大，普通股市价降至 8 元/股。

乙方案：发行债券 200 万元，年利率为 10%，发行股票 20 万股，每股发行价 10 元，预计普通股股利不变。

丙方案：发行股票 36.36 万股，普通股市价增至 11 元/股。

为了确定上述三个方案哪个最好，下面分别计算其加权平均资金成本（假设公司所得税税率为 25%）（如表 9-9 所示）。

表 9-9　加权平均资金成本

项目		计划年初	增资方案		
			甲方案	乙方案	丙方案
债券	资本比重	$\dfrac{800}{1\,600}\times100\%$ $=50\%$	$\dfrac{800}{2\,000}\times100\%=40\%$ $\dfrac{400}{2\,000}\times100\%=20\%$	$\dfrac{200+800}{2\,000}\times100\%$ $=50\%$	$\dfrac{800}{2\,000}\times100\%$ $=40\%$

续表

项目		计划年初	增资方案		
			甲方案	乙方案	丙方案
债券	资本成本	$10\% \times (1-25\%)$ $=7.5\%$	$10\% \times (1-25\%)$ $=7.5\%$ $12\% \times (1-25\%)$ $=9\%$	$10\% \times (1-25\%)$ $=7.5\%$	$10\% \times (1-25\%)$ $=7.5\%$
普通股	资本比重	$\frac{800}{1\,600} \times 100\%$ $=50\%$	$\frac{800}{2\,000} \times 100\% = 40\%$	$\frac{200+800}{2\,000} \times 100\%$ $=50\%$	$\frac{400+800}{2\,000} \times 100\%$ $=60\%$
	资本成本	$\frac{1}{10}+5\%=15\%$	$\frac{1}{8}+5\%=17.5\%$	$\frac{1}{10}+5\%=15\%$	$\frac{1}{11}+5\%\approx14.1\%$
加权平均资本成本		$50\%\times7.5\%+50\%\times$ $15\%=11.25\%$	$40\%\times7.5\%+20\%\times9\%+$ $40\%\times17.5\%=11.8\%$	$50\%\times7.5\%+50\%\times$ $15\%=11.25\%$	$40\%\times7.5\%+$ $60\%\times14.1\%$ $=11.46\%$

　　从以上计算结果可以看出，乙方案的加权平均资本成本最低，所以应选用乙方案，即该公司应保持原来的资本结构，50%为负债资本，50%为自有资本。这种方法通俗易懂，计算过程也不十分复杂，是确定资本结构的一种常用方法。但因所拟定的方案数量有限，故有把最优方案漏掉的可能。

四、降低资本成本的途径

　　企业应采取下列措施降低资本成本。

（一）正确制订融资计划

　　由于投资是分阶段、分时期进行的，因此，企业要正确制订融资计划，从总体上周密安排企业在一定时期内的融资数量、资金需要的时间等。融资时，企业可以按照投资的进度来合理安排融资期限，既降低了资本成本，也减少了资金的闲置和浪费。

（二）合理利用利率变化

　　企业应当积极研究资金市场的供需变化，合理预期利率的变化趋势，根据利率的变化趋势安排企业的融资计划。当利率趋于上升时，应积极融集长期资金，并且尽量采用固定利率的计息方式，以减少利息支出；当利率趋于下降时，则应当采用浮动利率进行短期融资，以减少利息支付。

（三）确定合理的资金需用量和融资期限

企业筹措资本要有一个合理的融资数量，融资过多，会降低资本使用效率，甚至造成资本浪费，增加其资本成本；反之，融资不足，会使企业的经营陷入困难，增加财务风险。

在经营过程中企业各期资金使用量不同，企业应合理地确定融资期限，按计划投放和回收资金，提高资金使用效率，减少资金闲置，降低资本成本。

（四）优化企业内部资本结构，保持合理的负债比率

合理安排债券资本比例可以降低企业的综合资本成本率。负债经营还可以发挥财务杠杆作用，给企业带来财务杠杆利益，降低资本成本，提高经济效益。企业应该根据自身的财务状况和经营规模选择合适的融资方案，在企业可接受的最大融资风险以内确定企业权益资本和负债资本加权资本成本最低的资本结构，同时使企业价值达到最大化。最佳方案可以为企业节约大量的资金使用成本和融资成本，提高资金利用率。在投资收益率大于债务成本率的前提下，企业应积极利用负债经营，取得财务杠杆效益，降低资本成本，提高投资效益。

【关键词汇】

资本成本	capital cost
财务杠杆	financial leverage
资本结构	capital structure
综合资本成本	composite cost of capital
边际资本成本	marginal cost of capital

【思考与练习】

一、思考题

1. 什么是资本成本？资本成本的作用主要表现在哪些方面？

2. 权益资本的来源有哪些？为什么说使用留存收益也会有成本？

3. 简述资本成本、综合资本成本和边际资本成本的意义、作用及其相互关系。

4. 当对单个项目进行投资评价时，企业是否应该采用其综合的加权平均资本成本？为什么？

5. 如何理解"资本成本也是一种机会成本"？

6. 试解释"经营风险是不可避免的，而财务风险是可选择的"这句话。

7. 什么是经营杠杆、财务杠杆及总杠杆？有关这些杠杆系数的知识对企业的经营管理者有何用处？

8. 什么是边际资本成本？

9. 为什么说留存收益也是企业资金的一种重要来源？

二、单项选择题

1. C公司的固定成本（包括利息费用）为600万元，资产总额为10 000万元，资产负债率为50%，负债平均利息率为8%，净利润为800万元，该公司适用的所得税税率为20%，则税前经营利润对销量的敏感系数是（　　）。

A. 1.43
B. 1.2
C. 1.14
D. 1.08

2. 下列各项中，通常会引起资本成本上升的情形是（　　）。

A. 预期通货膨胀率呈下降趋势
B. 投资者要求的预期报酬率下降
C. 证券市场流动性呈恶化趋势
D. 公司总体风险水平得到改善

3. 某公司发行了期限为5年的长期债券10 000万元，年利率为8%，每年年末付息一次，到期一次还本，债券发行费率为1.5%，公司所得税税率为25%，该债券的资本成本率为（　　）。

A. 6%
B. 6.09%
C. 8%
D. 8.12%

4. 某公司的经营杠杆系数为1.8，财务杠杆系数为1.5，则该公司销售额每增长1倍，就会造成每股收益增加（　　）。

A. 1.2倍
B. 1.5倍
C. 0.3倍
D. 2.7倍

5. 甲公司设立于2022年12月31日，预计2023年年底投产。假定目前的证券市场属于成熟市场，根据优序融资理论的基本观点，甲公司在确定

2023 年融资顺序时，应当优先考虑的融资方式是 (　　)。

　　A. 内部融资　　　　　　　　　B. 发行债券

　　C. 增发普通股票　　　　　　　D. 增发优先股票

　　6. 某公司所有者权益和长期负债比例为 5 : 4，当长期负债增加量在 100 万元以内时，资金成本为 8%；当长期负债增加量超过 100 万元时，资金成本为 10%，假定资本结构保持不变，则融资总额分界点为 (　　) 万元。

　　A. 200　　　　　　　　　　　　B. 225

　　C. 385　　　　　　　　　　　　D. 400

　　7. 某公司负债和权益资本的比例为 1 : 3，加权平均资本成本为 12%，若个别资本成本和资本结构不变，当公司发行 25 万元长期债券时，总融资规模的突破点是 (　　) 万元。

　　A. 100　　　　　　　　　　　　B. 75

　　C. 50　　　　　　　　　　　　 D. 125

　　8. 公司财务人员在进行追加融资决策时，所使用的资本成本是 (　　)。

　　A. 个别资本成本　　　　　　　B. 综合资本成本

　　C. 边际资本成本　　　　　　　D. 所有者权益资本成本

　　9. 在计算个别资本成本时，无需考虑融资费用影响因素的是 (　　)。

　　A. 长期借款成本　　　　　　　B. 长期债券成本

　　C. 普通股成本　　　　　　　　D. 留存收益成本

　　10. 在融资突破点范围内融资，原来的资本成本率不会改变；超过融资突破点融集资金，即使维持现有的资本结构，其资本成本率 (　　)。

　　A. 会增加　　　　　　　　　　B. 不会增加

　　C. 保持不变　　　　　　　　　D. 可能降低

　　11. 某公司全部资本为 200 万元，负债比率为 40%，债务利息率为 12%，每年支付优先股股利 1.44 万元，公司所得税税率为 40%，公司息税前利润为 32 万元，则公司的财务杠杆系数为 (　　)。

　　A. 1.43　　　　　　　　　　　B. 1.53

　　C. 2.67　　　　　　　　　　　D. 1.6

　　12. 甲公司 2016 年销售收入为 1 000 万元，变动成本率为 60%，固定成本为 200 万元，利息费用为 40 万元。假设不存在资本化利息且不考虑其他因素，该公司联合杠杆系数是 (　　)。

    A. 1.25   B. 2

    C. 2.5   D. 3.75

13. 甲公司只生产一种产品，产品单价为 6 元，单位变动成本为 4 元，产品销量为 10 万件/年，固定成本为 5 万元/年，利息支出为 3 万元/年。甲公司的财务杠杆系数为（   ）。

    A. 1.18   B. 1.25

    C. 1.33   D. 1.66

14. 甲公司向 A 银行借入长期借款以购买一台设备，设备购入价格为 150 万元，已知融资费率为融资总额的 5%，年利率为 8%，公司的所得税税率为 25%。则用一般模式计算的该笔长期借款的融资成本及年利息数值分别为（   ）。

    A. 8.42%、12 万元   B. 6.32%、12.63 万元

    C. 6.32%、12 万元   D. 8.42%、12.63 万元

三、多项选择题

1. 关于银行借款融资的资本成本，下列说法错误的有（   ）。

A. 银行借款手续费会影响银行借款的资本成本

B. 银行借款的资本成本仅包括银行借款利息支出

C. 银行借款的资本成本率一般等于无风险利率

D. 银行借款的资本成本与还本付息方式无关

2. 关于经营杠杆系数，下列说法中正确的有（   ）。

A. 盈亏临界点的销量越大，经营杠杆系数越小

B. 边际贡献与固定成本相等时，经营杠杆系数趋近于无穷大

C. 经营杠杆系数就是息税前利润对销量的敏感度

D. 经营杠杆系数表示经营风险程度的大小

3. 在计算下列各项资金的融资成本时，需要考虑融资费用的有（   ）。

    A. 普通股   B. 债券

    C. 长期借款   D. 留存收益

4. 总杠杆作用是财务杠杆与经营杠杆的连动作用，下列关于总杠杆构成意义的表述正确的有（   ）。

    A. 估计销售量（额）变动对息税前利润的影响

B. 估计销售量（额）变动对每股收益的影响

C. 估计息税前利润变动对每股收益的影响

D. 估计息税前利润变动对销售量（额）的影响

5. 下列关于财务杠杆的表述正确的有（　　）。

A. 财务杠杆是负债与主权资金的比率

B. 财务杠杆系数越大，融资风险越大

C. 财务杠杆与财务风险无关

D. 财务杠杆系数越大，经营杠杆系数越小

6. 下列计算公式中，正确的有（　　）。

A. 经营杠杆系数 = $\dfrac{销售量 \times （单价 - 单位变动成本）}{销售量 \times （单价 - 单位变动成本）- 总固定成本}$

B. 财务杠杆系数 = $\dfrac{普通股收益变动率}{息税前利润变动率}$

C. 总杠杆系数 = 营业杠杆系数 + 财务杠杆系数

D. 财务杠杆系数 = $\dfrac{息税前利润}{息税前利润 - 债务利息}$

7. 下列关于财务杠杆系数的表述中，正确的有（　　）。

A. 在资本总额、息税前利润不变的情况下，负债资本比率越高，财务杠杆系数越高

B. 财务杠杆系数表示的是息税前利润增长引起每股收益增长的幅度

C. 若公司负债资本为零，则财务杠杆系数为零

D. 任何公司的财务杠杆系数都必然大于1

8. 下列关于经营杠杆系数表述中，正确的有（　　）。

A. 在固定成本不变的情况下，经营杠杆系数说明销售额变动引起利润变动的程度

B. 当销售额达到盈亏临界点时，经营杠杆系数趋近于无穷大

C. 财务杠杆系数表明债务对股东权益的影响

D. 财务杠杆系数表明息税前利润增长所引起的每股盈余的增长幅度

9. 下列关于资本成本的表述中，正确的有（　　）。

A. 它是比较融资方式、选择融资方案的依据

B. 它是衡量资本结构是否合理的依据

C. 它是评价投资项目可行性的主要标准

D. 它是评价公司整体业绩的重要依据

四、计算分析题

1. 资料：公司在 2023 年有计划地进行外部融资，其部分资金的融资方案如下：溢价发行 5 年期公司债券，面值总额为 900 万元，票面利率为 9%，发行总价为 1 000 万元，发行费用率为 2%；另向银行借款 4 200 万元，年利率为 6%。公司适用的所得税税率为 25%。

要求：根据资料，不考虑货币时间价值，计算下列指标：①债券的资本成本率；②银行借款的资本成本率。

2. 资料：某公司目前已有 1 000 万元长期资本，均为普通股，股价为 10 元/股。现公司希望再实现 500 万元的长期资本融资以满足扩大经营规模的需要，有三种融资方案可供选择。方案一：全部通过年利率为 10% 的长期债券融资。方案二：全部依靠发行优先股融资，发行股利为 12% 的优先股融资；方案三：全部依靠发行普通股股票融资，按照目前的股价，需增发 50 万股新股。公司所得税税率为 25%。

要求：

(1) 计算长期债务和普通股融资方式的每股收益无差别点。

(2) 计算优先股和普通股融资的每股收益无差别点。

(3) 假设公司预期的息前税前利润为 210 万元，若不考虑财务风险，该公司应当选择哪一种融资方式？

(4) 若追加投资前公司的息税前利润为 100 万元，追加投资后预期的息税前利润为 210 万元，计算融资前的财务杠杆系数和按三个方案融资后的财务杠杆系数。

(5) 若追加投资前公司的息税前利润为 100 万元，如果新投资可提供 30 万元或 200 万元的新增息税前利润，在不考虑财务风险的情况下，公司应选择哪一种融资方式？

3. 某上市公司适用的公司所得税税率为 25%，相关资料如下：

资料一：2023 年 12 月 31 日发行在外的普通股为 10 000 万股（每股面值 1 元），公司债券为 24 000 万元（该债券发行于 2021 年年初，期限为 5 年，每年年末付息一次，利息率为 5%），该年息税前利润为 5 000 万元。假定全年没有发生其他应付息债务。

资料二：B 公司打算在 2024 年为一个新投资项目融资 10 000 万元，该项目当年建成并投产。预计该项目投产后公司每年息税前利润会增加 1 000 万元。现有甲、乙两个方案可供选择，其中：甲方案为增发利息率为 6% 的公司债券；乙方案为增发 2 000 万股普通股。假定各方案的融资费用均为零，且均在 2024 年 1 月 1 日发行完毕。部分预测数据如表 9-10 所示。

表 9-10　预测数据

项目	甲方案	乙方案
增资后息税前利润（万元）	6 000	6 000
增资前利息（万元）	—	1 200
新增利息（万元）	600	—
增资后利息（万元）	(A)	—
增资后税前利润（万元）	—	4 800
增资后税后利润（万元）	—	3 600
增资后普通股股数（万股）	—	—
增资后每股收益（元）	0.315	(B)

要求：

（1）根据资料一计算 B 公司 2024 年的财务杠杆系数。

（2）确定表 9-10 中用字母表示的数值（不需要列示计算过程）。

（3）计算甲、乙两个方案的每股收益无差别点息税前利润。

（4）用 EBIT-EPS 分析法判断应采取哪个方案，并说明理由。

第十章　投资与融资风险

【学习目的和要求】

本章主要介绍投融资风险管理的理论和方法。通过本章学习，学生应了解投融资风险及其管理的概念、范围，熟悉投融资风险管理程序，掌握投融资风险管理方法。

【思政目标】

本章通过将丰富、生动的风险理论和风险管理实践成果呈现到课堂，引导学生树立风险防范意识、忧患意识，理性看待工作和生活中遇到的困难，培养学生正确的世界观、人生观、价值观以及社会责任感，增强学生的国家自豪感和爱国主义情怀。

【本章框图】

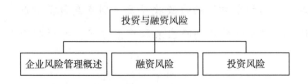

【框图说明】

纵观人类的历史，生存总与风险相伴。企业开展融资和投资活动也要面对来自其内部和外部的种种风险。这些风险对企业实现经营目标产生了重要影响，这种影响具有双重性，既可能给企业带来超出预期的损失，也可能带来超出预期的收益。投融资风险管理的目标是以最小的成本取得最大的安全保障，其中风险识别和风险衡量是风险管理的基础，选择合理的风险处理手段是风险管理的关键。

第一节　企业风险管理概述

【讨论题 10-1】为什么人们通常把风险视为不利事件发生的可能性？你是如何看待风险的？

解答：人都有一种趋利避害的本能。无论是投资者还是融资方，通常对意外损失的关注程度要大于对意外收益的关注程度。因此人们研究风险的目的侧重减少损失，主要从不利的方面来考察风险，经常把风险看成不利事件发生的可能性。

在当今社会，"风险"是一个使用非常频繁的术语，对风险的研究日益增多，但对于什么是风险，迄今为止，尚无权威性定义。20世纪以来，对风险的理解主要有三种观点：①风险是一种损失或损害的可能性；②风险是损失的不确定性；③风险是实际结果和预期结果的离差[①]。三种观点虽然表述有所不同，但实际上均将风险同"不确定性"相联系，用不确定性来解释，风险的实质是不确定性。不确定性就是对未来收益和损失的分布和状态不能确知，表现为未来收益（或损失）与预期收益（损失）的偏离。

一、企业风险的内涵

在市场经济条件下，任何企业都在不同的风险环境下求生存、谋发展，在投融资活动中也时刻面对防范和管理各种风险问题。

什么是企业风险？企业风险是指未来的不确定性对企业实现其经营目标的影响[②]，一般可分为战略风险、财务风险、市场风险、运营风险、法律风险、纯粹风险和机会风险等（如图 10-1 所示）。

由于风险的存在，实际结果和预期结果之间总会存在一定偏差，风险管理就是将这种偏差控制在可接受的范围内。

企业风险这一定义表明：①风险是指"未来的不确定性"，过去和现在属

---

① 财政部企业司. 企业财务风险管理［M］. 北京：经济科学出版社，2004.
② 《中央企业全面风险管理指引》（国资发改革〔2006〕108 号）。

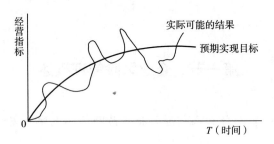

图 10-1　企业风险

于已发生和正在发生的领域，没有风险，但所有的人都不确定将来的事情，因此，将来存在风险。②企业风险与其经营目标紧密相关，反映了经营目标与其实际结果之间的变动程度，经营目标不同，企业面临的风险也就不同。企业目标定得越高，风险越大，目标定得越低，风险越小。③企业是一系列可能发生的结果，而不是单一的结果，一系列结果对应了众多的不确定性。④风险是一把"双刃剑"，表现为风险损失和风险收益。多数人仅关注风险不利的一面，但风险未必是坏事，风险也孕育着机会，是机会存在的基础。

二、企业风险的种类和内容①

企业面对的主要风险，按其因素来自企业内部还是外部，可分为外部风险和内部风险两大类，具体类别如图 10-2 所示。

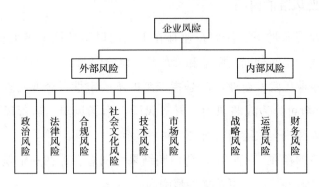

图 10-2　企业风险种类

---

① 中国注册会计师协会组织．公司战略与风险管理［M］．北京：中国财政经济出版社，2022.

（一）外部风险

外部风险是指来自企业自身之外的风险。外源性和不可控性是外部风险的主要特征。外部风险的具体范围包括：

1. 政治风险

政治风险是指完全或部分由政府官员行使权力和政府组织的行为而产生的不确定性，例如限制投资领域、设置贸易壁垒、外汇管制规定等。

2. 法律风险与合规风险

法律风险与合规风险都是现代企业风险体系中重要的部分，两者有重合，又各有侧重。

（1）法律风险是企业在经营过程中自身经营行为的不规范或者外部法律环境发生重大变化造成不利法律后果的可能性，例如法律环境变化风险、违规风险、违约风险、侵权风险、怠于行使权利的风险、行为不当的风险。法律风险通常分为三个方面：①法律环境因素，例如立法不完备、执法不公正等；②市场主体自身法律意识淡薄，在经营活动中不考虑法律因素等；③交易对方的失信、违约或欺诈等。

（2）合规风险是因违反法律或监管要求而受到制裁、遭受金融损失以及因未能遵守所有适用的法律、法规、行为准则或相关标准而给企业信誉带来损失的可能性，例如法律法规风险（与法律风险有交集）、监管政策与行业惯例风险、企业内部规章制度风险、企业普遍遵守的商业伦理风险等。

3. 技术风险

技术风险有广义和狭义之分。广义技术风险是指某一种新技术给某一行业或某些企业带来增长机会的同时，对另一行业或另一些企业形成巨大威胁的可能性，例如高性能塑料和陶瓷材料的研制和开发严重削弱了钢铁业的获利能力。狭义的技术风险是指在创新过程中由技术本身复杂性和其他相关因素变化的不确定性而导致技术创新遭遇失败的可能性。

4. 社会文化风险

社会文化风险是与文化相关的不确定性因素给企业经营活动带来的影响，例如跨国经营活动引发的文化风险、企业并购活动引发的文化风险、组织内部因素引发的文化风险。

5. 市场风险

市场风险是企业外部市场环境的不确定性给企业带来的与经营相关的风险，例如，能源、原材料、配件等物资供应的充足性；主要客户或主要供应商的信用变化；税收政策和利率、汇率的变化等。

（二）内部风险

内部风险是指来自企业自身经营或管理的风险。内源性和可控性是内部风险的主要特征。内部风险包括：

1. 战略风险

战略风险是企业在战略管理过程中产生整体性损失和战略目标无法实现的可能性及损失，包括宏观政策及形势把握风险、新产品推广策略风险、战略性伙伴合作风险、市场潜在的威胁风险、对新市场开发投入风险、投资和融资策略风险、员工的素质和雇员关系风险、企业的信息及监控系统风险、并购风险等。

2. 运营风险

运营风险是企业在运营过程中失败或运营活动达不到预期目标的可能性及损失，主要是企业内部流程和信息系统、人为因素或外部事件给企业带来的不确定性。其中：①流程风险是指交易流程中出现错误而导致损失的风险，例如在销售流程中（包括定价、记录、确认、出货等环节）出错而导致损失的风险；②信息系统风险是指系统失灵、数据的存取和处理、系统的安全和可用性、系统的非法接入与使用而导致损失的风险；③人为因素是指企业员工缺乏诚信道德而导致的舞弊行为，或缺乏知识和能力而导致的错误和重大损失；④外部事件风险是指火灾、天然灾害、市场扭曲等导致的风险。

3. 财务风险

财务风险有广义和狭义之分。狭义财务风险是指企业因借入资金而产生的丧失偿债能力的可能性；广义财务风险是指企业在一定时期内所获得的财务收益（或损失）与预期收益（或损失）发生偏差的可能性。

企业风险除上述分类外，还可以按照以下标志进行分类（如图10-3所示）。

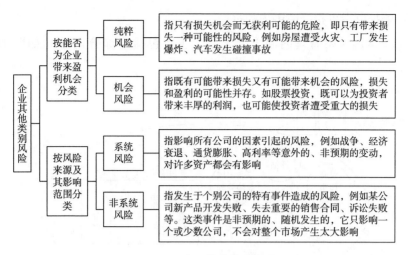

图 10-3　企业其他类别风险

三、企业全面风险管理

【讨论题 10-2】有人讲：全面风险管理就是针对企业所有风险进行无遗漏管理和控制，可以给企业提供绝对的保证。你是如何认识全面风险管理的？

解答：全面风险管理并不能给企业提供绝对的保证，而只能为企业实现其经营目标提供一个合理的保证。所谓合理的保证，打一个比方来讲，就是企业的领导、股东或者董事会有信心，如果不发生百年不遇千年不遇的情况，企业的战略目标就能实现，所以全面风险管理是一个一般性的过程和方法，只能为企业实现风险管理总体目标提供一个合理的保证。

（一）全面风险管理主要内容

现代风险管理是一种全面的风险管理。全面风险管理是指企业围绕总体经营目标，通过在企业管理的各个环节和经营过程中执行风险管理的基本流程，培育良好的风险管理文化，建立健全全面风险管理体系，包括风险管理策略、风险理财措施、风险管理的组织职能体系、风险管理信息系统和内部控制系统，从而为实现风险管理的总体目标提供合理保证的过程和方法[①]。简言之，全面风险管理是企业在实现其未来战略目标的过程中将不确定性所产

---

① 《中央企业全面风险管理指引》（国资发改革〔2006〕108 号）。

生的影响控制在可接受范围内的过程。

企业全面风险管理内涵十分丰富，主要包括三部分内容（如图 10-4 所示）。

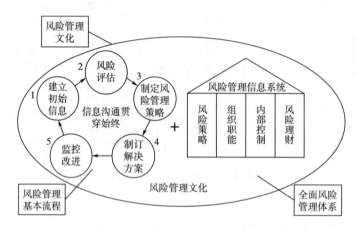

图 10-4　企业全面风险管理内容

（1）一个健全的全面风险管理体系，包括风险管理策略、风险理财措施、风险管理的组织职能体系、风险管理信息系统、内部控制系统等。

（2）一套规范的风险管理基本流程，包括：①收集风险管理初始信息；②进行风险评估；③制定风险管理策略；④提出和实施风险管理解决方案；⑤风险管理的监督与改进。这个基本流程既适用于对整个企业层面的风险管理，也适用于对企业内某一项业务或某一个环节的风险管理。

（3）　种良好的风险管理文化，即：以企业文化为背景，在风险管理活动中，员工普遍认同、自觉遵守的风险管理理念、风险价值观念和风险管理行为规范或准则。风险管理文化是风险管理体系的灵魂，能够促进企业风险管理水平、员工风险管理素质的提升，促进企业建立系统、规范、高效的风险管理机制，保障企业风险管理目标的实现。

（二）全面风险管理目标

全面风险管理目标是指企业开展全面风险管理活动想要达到的状态和标准，它为企业全面风险管理活动指明了方向。所以，人们把全面风险管理目标比喻为风险管理活动的"北斗星"。企业风险管理的基本目标是在风险成本最小化的同时实现企业价值最大化。根据《中央企业全面风险管理指引》，企业开展全面风险管理要努力实现以下风险管理总体目标（如图 10-5 所示）。

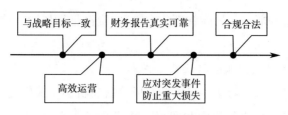

图 10-5　风险管理总体目标

1. 与战略目标一致

全面风险管理要确保将风险控制在与总体目标相适应并可承受的范围内。

2. 财务报告真实可靠

全面风险管理要确保内外部尤其是企业与股东之间实现真实、可靠的信息沟通，包括编制和提供真实、可靠的财务报告。

3. 合规合法

全面风险管理要确保遵守有关法律法规。

4. 高效运营

全面风险管理要确保企业有关规章制度和为实现经营目标而采取的重大措施的贯彻执行，保障经营管理的有效性，提高经营活动的效率和效果，降低实现经营目标的不确定性。

5. 应对突发事件，防止重大损失

全面风险管理要确保企业建立针对各项重大风险发生后的危机处理计划，保护企业不因灾害性风险或人为失误而遭受重大损失。

总之，全面风险管理不是消除风险，而是管理风险。全面风险管理能够为企业创造价值、实现企业经营目标提供合理的保证。

（三）全面风险管理的作用

全面风险管理对企业和社会的正常运转和健康发展起到了重要作用，具体表现在以下方面：

1. 为企业战略目标的实现提供支持与保障

一个企业的生存与发展能力高度依赖它能否选择和实施一个好的战略，而全面风险管理为企业战略目标的实现提供支持与保障。

2. 有助于提升核心竞争力

在一定程度上，良好的风险管理能力体现了企业的核心竞争力。全面风险管理可以提高企业整体层面多种风险的综合管理能力（如提供产品或服务的综合能力、盈利能力、风险管理能力等），提高抵御风险的能力，增强核心竞争力。

3. 有助于正确认识风险与收益的关系

风险和机会犹如一对孪生兄弟，有风险就有机会，人们之所以愿意冒险，是因为风险能带来相应的机会和回报。开展全面风险管理，正确地估计和计量风险，有助于优化企业业绩的增长与风险收益回报之间的关系，提高发现机会和将风险变为机遇的能力。

4. 有助于企业合理配置资源，提高运营效率及效益，保护资产安全

全面风险管理在企业内部搭建了相互联系、相互依存的关系网络，使企业的资源配置和使用更为合理和有效。企业风险管理能够找出企业的风险点（如损失发生点或盈利失去点），提高运营效率，发挥多重独立风险对策的成本传导作用，以节省可观的费用，提高企业盈利能力。风险管理是资产管理的有机组成部分，每项资产都可能受到风险的影响，加强风险管理，有助于保护企业资产质量和安全。

5. 有助于促进企业决策科学化

风险管理利用科学系统的方法，预防和管理各种风险，有利于企业作出正确的决策，帮助企业减少和消除生产风险、经营风险、决策失误风险等。

（四）企业风险管理组织系统

风险管理组织系统通过确定一定的组织结构和组织关系，使企业各部门各成员协调工作，对风险管理的整个过程进行具体的规划，以实施有效的监督和控制，从而保证风险管理目标的实现（如图 10-6 所示）[1]。

根据图 10-6，企业风险管理组织系统分工如下：

（1）在董事会中通常设立"风险管理委员会"，由风险管理部门主管及其他业务部门主管参与，负责董事会的日常风险管理工作，并定期向董事会报告风险管理方面出现的有关问题。风险管理委员会的主要职责包括：制定公司风险合理的政策和风险管理流程，确保公司整体风险的识别、监控和管理；建立独立的风险管理单位来度量、控制和报告风险；建立核控查制度和稽核处罚制度；督促各项内部管理措施和规章制度的贯彻实施，保证独立履行监督反馈职能；定期检查风险程度；经常重新评估审视"风险管理政策"。

---

① 何文炯. 风险管理［M］. 大连：东北财经大学出版社，1999.

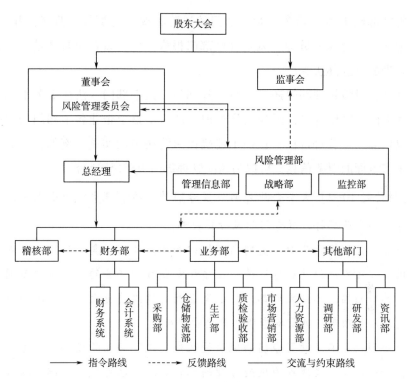

图 10-6　企业风险管理组织系统

（2）风险管理部是风险管理委员会下设的、在风险管理和控制上独立于各业务部门和高层管理人员的风险管理执行机构。它通常设有管理信息部、战略部和监控部。管理信息部负责风险管理信息的收集、筛选、整理、传递、报告等工作。战略部的职责是分析、评估企业所面临的主要风险，制定公司的风险管理政策和风险管理流程，建立风险评估量化系统以及相应的风险测量模型和标准等，并针对各业务部门风险管理执行过程中出现的问题及时修订、改进已有的风险管理策略及风险管理度量模型和标准。监控部的职责是根据战略组制定的风险度量模型对风险进行衡量，随时监测各业务部门风险的发展变化，并及时、全面地向战略部汇报企业的风险状况；监督风险管理策略的执行情况，使各业务部门生产遵循风险管理程序，并通过对各业务部门的工作审核评价其风险管理业绩。

（3）各业务部门是各项风险管理策略的具体执行者，企业可以结合各业务部门的特点设置风险管理小组，风险管理小组根据企业的风险管理战略制定本部门具体的风险管理制度，策划本部门具体的风险管理工作，认真执行风险管理部门下达的指令，对本部门的风险状况进行测量、监督，并及时、全面地向风险管理委员会及风险管理部门报告；也可以针对具体情况，提出风险管理的改进办法等。

此外，风险管理部门还应该与财务部门、人事部门、法律事务部门、数据处理部门等密切合作，因为风险管理工作需要整个企业各个部门的共同参与，只依靠风险管理部门，往往不能确保风险决策的实施。例如，财务部门掌握了多方面的财务信息，可以为风险管理部门提供风险分析。

【讨论题 10-3】 大型企业为何设置专门的风险管理部？中小型企业是否应该像大型企业那样设置专门的风险管理部？

解答：大规模企业由于受到内部组织和生产过程的复杂性、信息沟通的相对困难以及各部门具有盲目追求业绩和完成目标任务的冲动等诸多因素的影响，其所面临的各种风险都比中小型企业的风险要更大些，因而一般设有专门的风险管理部，并配备专职的风险管理人员。

中小型企业不必设置专门的风险管理部，风险管理的任务可由专职人员承担，如由厂长或经理作为风险管理的总负责人，也可赋予各部门操作和信息反馈的权利。

第二节　融资风险

一、融资风险概述

（一）融资风险的概念

融资风险是指企业未来融资（或筹资）效益的不确定性对其实现经营目标的影响，例如未来融资的不确定性致使企业丧失偿债能力，甚至被迫宣告破产的可能性。

关于融资风险概念着重说明以下三点：

（1）融资风险是支付风险，是企业负债经营后收不抵支或现金流量不足，导致企业不能够按时支付到期债务本息的风险。

（2）融资风险是财务杠杆风险，是企业负债经营后没有合理利用财务杠杆效应，使股东权益遭受损失的风险。

（3）融资风险主要是指长期负债的融资风险。因为短期流动负债的融资风险比较容易纠正，损失较小；而长期负债的融资决策一旦失误，就很难纠正，以致在较长的时期内都难以挽回损失。因此，长期负债比流动负债有更大的风险性。

（二）融资风险内容

按企业融资方式的不同，融资风险可以分为以下类别：

1. 银行借款融资风险

银行借款融资风险是指企业利用银行借款方式筹集资金时，利率、汇率及有关融资政策等未来不确定性因素对企业实现其经营目标的影响，即使企业盈利遭受损失的可能性。

2. 证券融资风险

证券融资风险包括债券融资风险、股票融资风险和基金融资风险。其中：①债券融资风险是指企业以债券方式筹措资金时，由于对债券发行时机、发行价格、票面利率、还款方式等因素考虑欠佳，其经营成果遭受损失的可能性。债券融资风险主要包括发行风险、通货膨胀、可转债的转换风险等。②股票融资风险是指企业在股票融资的过程中，由于股票发行数量不当、融资成本过高、时机选择欠佳等给企业带来经营损失的可能性，以及因经营成果无法满足投资者的投资报酬期望，引起企业股票价格下跌，导致其再融资难度加大的可能性。③证券投资基金融资风险，即基金募集风险，是指基金管理公司根据有关规定提交募集申请文件、发售基金份额、募集基金过程中，由于收益的不确定性而可能导致的收益损失。

3. 租赁融资风险

租赁融资风险是指企业利用租赁方式融资时，租期过长、租金过高、租期内市场利率变化等不确定性对企业实现其经营目标的影响。租赁融资风险主要包括技术落后风险、利率变化风险、租金过高风险等。

4. 项目融资风险

项目融资风险是指项目融资过程中一些不确定性因素对企业实现项目融资目标的影响。例如，融资方案实施中可能存在的资金落实不到位导致的资金供应风险、利率和汇率变动导致资金成本上升风险等，这些风险可能使投资者、项目法人、债权人等各方蒙受损失。

（三）融资风险的表现形式

1. 企业支付能力下降的风险①

企业的支付能力是指企业清偿到期债务本息的能力。这类风险产生的主要原因包括：

（1）资金性融资风险，即企业在某时点上的现金流出量超过现金流入量导致不能偿付到期债务本息的风险。这种风险可能是理财欠妥或资本结构安排不当引起的，无论何种原因，它是一种支付风险，与企业是否盈余无关。

（2）收支性风险，即企业因入不敷出，不能偿还到期债务本息的风险。如果企业发生不可估量的损失，不再具有偿还债务的能力。这种风险是整体风险，除理财不当外，主要源于经营失败。

2. 企业自有资金收益水平不稳定的风险

企业的借款利息随着借入资金的增加而增加，企业费用总水平也随之上升。在企业息税前利润率下降或者借款利率超过息税前资金利润率时，自有资金利润率以更快的速度下降，甚至发生亏损。借款可能使企业自有资金收益水平不稳定，导致经济效益下降。

二、债务融资风险分析

（一）债务融资风险的内涵

债务融资风险又称举债融资风险，是指举债给企业经营成果带来的不确定性。债务融资包括商业信用、银行信贷、公司债券、租赁等类型。

企业负债融资，一方面满足了进行投资、扩大规模以提高收益的需要，另一方面增加了按期还本付息的融资负担。由于市场瞬息万变，竞争日益激烈，企业投资收益率和借款利息率都具有不确定性，使企业投资收益率水平可能高于或低于借款利息率。如果企业决策正确，管理有效，可以实现投资收益率高于借款利息率的经营目标；反之，可能决策失误、管理措施失当，造成投资失败和受到重大创伤，使企业面临丧失偿债能力融资风险。

（二）债务融资风险影响因素

债务融资风险程度的大小受到负债规模的影响，负债规模越大，风险程度越大；反之亦同。由于负债资金规定了严格的还款方式、还款期限和还款

---

① 杨晔. 投融资学 [M]. 3 版. 上海：上海财经大学出版社，2017.

金额，企业一旦负债过度、经营不善，无力偿还到期债务，就会陷入财务困境甚至于破产倒闭。可见，债务融资风险存在于负债经营的企业。如果企业没有负债，企业经营的全部资本由投资者投入，则不存在财务风险。

1. 负债融资规模

负债融资规模是指企业负债总额在资产总额中所占比重。"天下没有免费的午餐"，债务融资也如此。从绝对数值看，利息费用随负债融资规模的扩大而增长，债务融资数额越大，利息费用越高，还款压力就越大，企业无力偿还债务的可能性也就越大，破产的可能性也随之增大，过度负债成为财务危机的根源。

2. 负债融资结构

（1）企业负债融资与其自有资金比例是否适当，与企业融资利益及其融资风险密切相关。当投资利润率高于利息率时，如果扩大负债规模，适当提高负债资金与自有资金之间的比率，财务杠杆的作用就会使企业的权益资本收益率提高；反之，在投资利润率低于利息率时，负债越多，借入资金与自有资金比例越高，权益资本收益率也就越低，严重时会导致企业亏损甚至破产。

（2）负债期限结构不当。在负债规模一定时，债务期限安排的不合理也会给企业带来融资风险。如果长期与短期债务比例不合理，短债长用、短债长贷，一旦还款期限集中，会使企业还债压力过大，资金周转不灵，影响企业的正常生产经营，加大企业的融资风险。

此外，负债利率结构不合理等也会对债务风险产生影响。

3. 经营活动的成败

企业收益是偿还负债本息的最终资金来源。如果经营管理不善、长期亏损，企业无法按期支付债务本息，给企业带来偿还债务的压力。倘若企业融资信誉受损，不能有效地再融资，会导致企业陷入财务危机境地。

4. 利率和汇率变动

企业筹措资金可能面临利率变动风险。利率高低直接决定企业资本成本的大小。当负债利率降低时，企业融资成本低，融资风险小；反之，企业要承担较大的融资风险。同理，如果企业筹借外币期间汇率提高，借款到期偿还本息的价值要高于借入时的价值，使企业承受汇率变动风险；当汇率下降时，借入外币贬值，借款到期后，按借款合同额、合同利率支付本息，归还借款本息价值也就减少。

三、融资租赁风险分析

融资租赁业务涉及的范围相当广泛，三方当事人（出租人、承租人、供货商）中任何一方运作发生障碍时其他方都会受到损失，就会有风险存在。

融资租赁是一种贸易与信贷相结合、融资与融物为一体的综合性租赁交易方式，其表现形式为融物，实质内容为融资。融资租赁主要风险来源如图 10-7 所示。

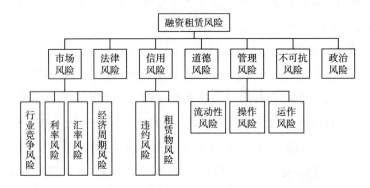

图 10-7　融资租赁主要风险来源

（一）法律风险

法律风险包括：融资租赁合同不能受到法律应予的保护而无法履行；融资租赁合同条款不周密、各种犯罪及不道德行为对融资租赁资产安全构成威胁；企业在融资租赁活动中违反法律法规而受到的法律制裁；等等。

（二）市场风险

对于融资租赁业务来说，利率风险和汇率风险是两种最主要的市场风险。

1. 利率风险

利率风险是指企业在以短期或浮动利率融资而以长期固定利率收回租金的过程中，市场利率的波动引起融资租赁资本化价值的变动。利率风险是机遇性风险，利率上升，存款人获益而借款人受损；利率下降，则存款人受损而借款人获益。利率风险一般主要表现为出租人融资购置租赁设备时的风险，对承租人影响不大。

2. 汇率风险

汇率风险是指融资租赁交易以外币结算时，汇率的变动导致租赁双方发生损失的风险，主要包括外汇结算风险、外汇评价风险和外汇预测风险。

此外，市场风险还包括经济周期风险、政策风险、承租人经营风险、购买力风险、竞争对手造成的风险等。

（三）信用风险

信用风险是所有融资租赁企业所面临的基本风险，按其产生的原因可分为违约风险和租赁物风险。

1. 违约风险

违约风险是指融资租赁业务当事人因违约而形成的风险。在融资租赁交易中涉及出租、承租和供货三方当事人，他们都存在着违约的可能，例如：承租人不愿或无力支付租金而导致租赁公司遭受损失；出租公司未按购货合同如期付款，造成供货商拒绝或推迟交货，导致承租人蒙受损失。

2. 租赁物风险

租赁物风险是融资租赁特有的一种风险，是指承租人选用的技术和设备落后或者租用的设备发生严重无形磨损从而影响其经济效益和偿付租金的能力的风险。租赁设备技术落后，造成承租人产品在市场上竞争力下降，进而影响其租金的支付。

（四）管理风险

管理风险是指租赁公司内部的管理缺失给公司造成利益损失的风险。这种风险来源于租赁公司本身经营中的信贷风险预测机制、风险转移机制、风险控制机制不健全或不协调或不统一等。

（五）不可抗力风险

不可抗力风险是指租赁双方的任何一方无法控制、签订合同前无法合理防范、情况发生时无法合理回避或克服的风险，不是对方造成的风险。概括地讲，融租租赁业务参与者无法控制的因素，如自然灾害、火灾、水灾、地震、战争、政治动荡和罢工等，大大影响了出租人、承租人、供货商或产品的市场。不可抗力风险贯穿融资租赁活动的始终。

四、股权融资风险分析

（一）股权融资风险的含义

股权融资风险是指未来的不确定性对企业实现股权融资目标的影响。股权融资风险主要来源于两方面：①企业采取吸收直接投资方式形成企业股权资本时，这种融资方式的融资成本较高，有时产权关系不够明晰，产权交易不活跃，并且投入实物形式资本比重较大，对其价值的评估又受到外界多种因素的影响，可能导致股权融资风险的产生。②以发行股票方式融资时，股票发行的时机、数量、价格等因素导致融资成本过高，后续经营业绩下滑，股票价格下跌，利润分配政策无法满足投资者的投资报酬期望，使企业股权融资可能面临众多风险。

（二）股权融资风险的主要内容

与债务融资相同，企业股权融资也会面临众多风险，如法律风险、机会风险、经营风险、财务风险、政策风险等，但以下风险不同于债务融资风险。

1. 公开发行股票融资风险

（1）恶意收购风险①。所谓"恶意收购"，是指利用对方经营不善、出现问题、股市下跌的机会，在市场上进行操作，实现对其收购或控制，并最终对其进行改组。被收购企业的原管理者们在企业改组之后一般会被"炒鱿鱼"。目前我国股票市场上恶意收购的事件少有发生。

（2）退市风险，是指上市公司的业绩不佳，公司股票可能存在终止上市的风险。公司退市并不等同于破产、解散。公司终止上市后，如果没有破产，可以由合格的证券公司为终止上市的公司提供代办股份转让服务，以使股东权益得到法律保护。

2. 控制权稀释风险

控制权稀释风险是指投资方获得公司的一部分股份，导致被投资公司原股东的控制权被稀释，可能丧失实际控制权的风险。例如，公司以股权融资方式引入投资者时，忽略了股权转让的比例结构，导致股权比例稀释，原股东很可能失去对公司的控制权。

3. 财务风险

股权融资财务风险主要有：

（1）企业股权融通的资金未按合同约定收到，使企业相应业务未按预期发展而带来的损失。

（2）企业股权融通的资金未能有效地用于核心业务，企业可能遭受损失。

---

① 张琦. 与股票融资的相关风险及防范［J］. 审计理论与实践，2003（9）.

五、项目融资风险分析①

（一）项目融资风险的含义

项目融资风险是指未来的不确定性对企业实现项目融资目标的影响，表现为项目融资未来行为结果与预期目的之间存在的差异，差异大小与其风险成正比，所以，项目融资风险具有客观性。项目融资风险大小又与决策者的风险偏好程度相关，所以，项目融资风险又具有主观性。由于项目融资时间长、规模大、参与方多、结构复杂，因而对于项目融资风险的识别、评估与控制的理论与方法日益受到重视。事实上，项目融资是一种更具风险的新型大规模融资方式，对风险的管理十分严格。

【讨论题10-4】项目风险与企业风险同为企业风险，两者有无区别②?

解答：项目融资是近年来出现的新型融资方式，它与传统企业融资有很大的区别。企业融资是指依赖一家现有企业的资产负债及总体信用状况（通常企业涉及多种业务及资产），为企业（包括项目）筹措资金，属于完全追索权融资，主要包括发行公司股票、公司债券、获得银行借款等形式。而项目融资通常是无追索或有限追索形式的融资方式。其基本特征表现为融资主体不同、融资基础不同、追索程度不同、风险分担程度不同、债务比例不同、会计处理不同以及融资成本不同等多个方面。

（二）项目融资风险分类

由于项目融资风险具有主观性，因此出于研究和决定对策的不同需要，对项目融资风险可以有不同的分类方法。

1. 按照项目建设的进展阶段划分

（1）项目建设阶段的风险。项目建设前所从事的项目规划、可行性研究、工程设计、地质勘探等工作所带来的风险由项目融资投资者承担；项目建设阶段，购买工程用地、设备和支付工程价款等工作所带来的风险，由贷款银行承担。

（2）项目试生产阶段的风险。项目产品的产量和质量、原材料、能耗等技术经济指标在规定的时间范围内达到项目融资文件的具体规定，才可以被

---

① 张青. 项目投资与融资分析［M］. 北京：清华大学出版社，2020.
② 戴大双. 项目融资［M］. 3版. 北京：机械工业出版社，2018.

贷款银行认定为正式完工。

（3）项目生产经营阶段的风险，包括生产经营风险、市场风险、政治风险、法律风险等。随着债务的偿还，贷款银行的风险逐步降低。

（4）项目完工风险是指项目延期完工或完工后无法达到设计运行标准的风险，是项目融资的核心风险之一，主要表现为：项目竣工延期、项目建设成本超支、达不到规定的设计指标；在特殊情况下，项目完全停工放弃。项目融资风险阶段如图10-8所示。

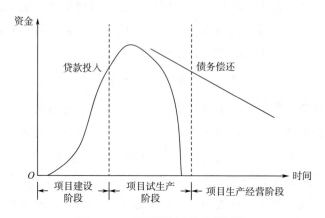

图10-8 项目融资风险阶段划分

2. 按其控制性划分

项目融资风险按其可控制性划分，分为项目核心风险（非系统性风险）和项目环境风险（系统性风险）。前者与项目建设和生产经营有直接关系，是项目的投资者和经营者可了解并且有能力管理控制的风险。后者一般超出企业控制的范围，较难预测，风险管理难度较大。

3. 按其表现的类型划分

项目融资风险按其表现的类型划分，其类别如表10-1所示。

表10-1 项目融资风险表现类型

风险种类	内涵	备注
信用风险	指项目有关参与方不能履行协定责任和义务而出现的风险	信用风险贯穿于项目始末
完工风险	指项目无法完工、延期完工或者完工后无法达到预期运行标准而带来的风险	存在于项目建设阶段和试生产阶段

续表

风险种类	内涵		备注
生产风险	指在项目试生产阶段和生产运营阶段中存在的各种风险因素的总称		技术风险、资源风险、能源和原材料供应风险、经营管理风险
市场风险	指在一定的成本水平下能否按计划维持产品质量与产量，以及产品市场需求量与市场价格波动所带来的风险		价格风险、竞争风险和需求风险
金融风险	指项目融资中利率风险和汇率风险		汇率波动、利率上涨、通货膨胀、国际贸易政策的趋向等，这些因素会引发项目的金融风险
政治风险	国家风险	如国家政治体制的崩溃、对项目实行国有化、对项目产品实行禁运等	借款人和贷款人需要承担的风险
	国家政治经济政策的稳定性风险	税制的变更、规税调整、外汇管理的变化	
法律风险	法律条款的变动给项目带来的风险		
环境保护风险	指项目的建设运营可能对生活环境和自然资源造成破坏，由于可能发生的环境污染或保护环境的开支而给项目和贷款人造成损失的风险、为满足环保法规要求而增加的新资产投入或迫使项目停产等风险		

4. 按照项目投入要素划分

项目在开发和经营的过程中需要投入的要素可以划分为五大类：人员、时间、资金、技术和其他要素。因此从项目投入要素的角度看，可以对上述项目风险做出以下分类：①人员风险，例如人员技术熟练程度、管理人员素质、市场销售能力、质量控制水平。②时间风险，例如生产计划及执行、决策程序和时间，原材料运输，建设期购买项目土地，设备延期、工程建设延期的可能性，达到设计生产水平的时间等。③资金风险，例如融资成本及变化、产品销售价格变化、汇率变化、通货膨胀因素、年度项目资本开支预算、现金流量、原材料及人工成本、可利用的税收优惠、项目生产运行成本、土地价值。④技术风险，例如综合项目技术评价、设备可靠性及生产效率、产品的设计或生产标准。⑤其他风险，例如产品需求、产品替代的可能性、市场竞争能力、投资环境及环境保护立法、项目的法律结构和融资结构、知识产权、其他不可抗力因素等造成的风险。

第三节　投资风险

一、投资风险管理概述

（一）投资风险的含义

投资风险是指企业在各类投资活动中，未来的不确定性对其实现投资目标和其他经营目标的影响。在企业的各类投资活动中，不论是实物资产投资还是金融资产投资，人们进行投资的动机是将来获得更多的收益。但未来的政治、经济、法律、政策等因素的影响使其投资目的能否实现存在很大的不确定性，不确定性程度越高，对实现投资目标和其他经营目标的影响越大，投资风险越高，反之，则投资风险越低。关于投资风险着重说明几点：

（1）投资风险具有一定程度的可测性。根据历史经验，投资收益经常表现出一定的规律性。根据收益与风险匹配原则，投资收益规律性变化也使投资风险具有一定程度的可测性，不是指一切变化都可测。

（2）投资风险一般与投资结果的不确定性相关。例如，一项投资拥有确定的收益率，为10%，那么这项投资被称为无风险的投资；另一项投资可能会获得12%的预期回报率，但是同样可能会在经济不好的时候损失10%，在经济好的时候获利30%，那么这项投资就被称为有风险的投资。图10-9展示了三种风险逐步增大的投资。基于风险的定义，投资 C 的风险最大，因为结果的不确定性最大①。

（二）投资风险的种类

投资总会伴随着风险，投资的不同阶段有不同性质的风险，投资风险所产生的后果也不相同。投资风险可以按照不同标志进行分类（如图10-10所示）。

---

① 赫特，布洛克. 投资管理学［M］. 北京：中国人民大学出版社，2009.

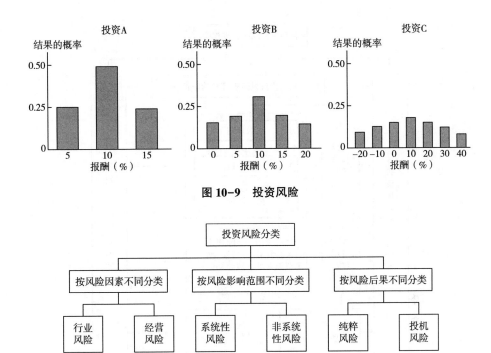

图 10-9　投资风险

图 10-10　投资风险种类

图 10-10 中的每类投资风险概念已有说明，不再赘述。

（三）投资风险管理

1. 投资风险管理的含义

投资风险管理是指通过对风险的识别、衡量和控制，以最少的管理成本将风险导致的各种不利影响减到最小的科学管理方法。按照投资风险管理主体不同，投资风险管理可分为风险内部控制（投资企业）、行业自律与政府监管三个层次。

从投资企业看，投资风险管理是指对投资活动所面临的各种可能承受的风险而制定的一系列政策和采取的程序与措施的总和。

2. 投资风险管理过程

投资风险管理过程可以分为六个步骤（如图 10-11 所示）。

（1）收集投资风险管理初始信息。这是整个投资风险管理的第一步，在企业开展投资风险评估工作之前，首先需要收集风险和风险管理相关的内部、外部初始信息，包括历史数据和未来预测，作为投资风险评估的准备。

（2）投资风险评估。风险评估是指对各个风险以及各风险之间的关系进

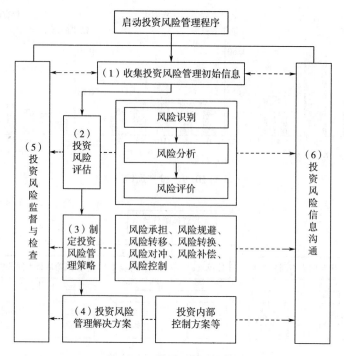

图 10-11 投资风险管理过程

行辨识、追根溯源和评价的过程。它是一套系统的方法，用于分析潜在未来事件对公司实现目标的影响。一般来说，风险评估包括风险识别、风险分析和风险评价三方面内容。

【讨论题 10-5】按词义理解"风险识别"就是对每个可能的风险逐一识别，你认为这种表述正确吗？

解答：风险识别的目的并不只是罗列每个可能的风险，而是识别那些可能对运营产生影响的风险。风险识别程序应在企业内的多个层级得以执行。

①风险识别是指查找与投资相关业务活动、重要业务流程中的风险，对所面临的潜在风险进行判断、归类和鉴定的过程。②风险分析是指分析风险发生的可能性和对企业目标实现的影响程度，以便为制定风险应对策略、选择应对措施提供依据。③风险评价是评估风险对企业实现目标的影响程度、风险的价值等。

（3）制定投资风险管理策略。风险管理策略由风险偏好和风险承受度（承担什么风险？承担多少？）、全面风险管理的有效性标准（如何衡量风险管理工作成效）、风险管理的工具选择（怎样管理重大风险？）以及全面风险管理的资源配置（如何安排人力、财力、物资、外部资源等风险管理资源?）四部分组成。

一般情况下，投资风险管理可选择的管理工具包括风险承担、风险规避、风险转换、风险控制等。其中：风险承担是指企业对投资所面临的风险采取被动接受的态度，承担风险后果；风险规避是指企业回避、停止或退出蕴含某风险的投资活动或投资环境；风险转移是指企业通过合同将投资风险转移到第三方，不再拥有风险所有权；风险转换是指企业通过战略调整等手段将企业投资面临的风险转换成另一个风险。

（4）投资风险管理解决方案是指对投资风险进行识别、分析、衡量并确定采取的管理方案后，执行制订的投资风险管理方案。方案一般应包括投资风险解决的具体目标，所需的组织领导，所涉及的投资管理及业务流程，所需的条件、手段等资源，风险事件发生前、中、后所采取的具体应对措施以及投资风险管理工具（如关键风险指标管理、损失事件管理等）。

（5）投资风险监督与改进。投资风险监督与改进的实质是关注投资风险管理的目标，深思熟虑地对投资风险管理进行分析，集中发现关于重大投资风险、重大投资事件、重要投资管理及业务流程的风险管理的缺陷，并根据变化情况进行改进，持续提升投资风险管理水平。

（6）投资风险沟通是指投资风险评估者、投资管理者以及其他相关方为了更好地理解投资风险及相关问题和决策而就风险及其相关因素相互交流信息的过程。

投资风险伴随投资过程始终，不仅是企业生存与开拓的动力，更是企业成功与发展的机遇。企业如果不敢冒风险，就会失去很多投资机会；如果不善于冒风险，有可能产生重大的失败。因此，企业必须建立有效的投资风险管理机制，防止和减少或消除投资风险的不利影响，以最低成本实现投资目的。

二、流动资产投资风险分析

（一）货币资金风险

货币资金风险是指企业在生产经营循环中，由于未来不确定性，企业无法按时回收到期的货款或无法及时偿还到期债务的可能性，影响企业经营目标的实现。

企业货币资金风险可以分为三类：安全风险、短缺风险和使用效率风险①。

1. 安全风险

安全风险是指资金被挪用、诈骗和贪污的风险，主要源自内部控制的不完善，没有很好地执行内部牵制原则，例如同一人兼任不相容职务等。

2. 短缺风险

短缺风险是指企业不能及时、足额地筹集到资金来满足生产经营的需要，从而导致企业不得不放弃供应商提供的优惠的现金折扣，低价甚至亏本出售存货和项目，不能及时清偿债务导致信用等级恶化，被迫破产、重组或被收购等。

3. 使用效率风险

使用效率风险是指多余现金获得的收益低于贷款利率的风险。例如企业每天现金余额都高于最低的现金需要量，如果将该部分多余现金以活期存款方式存入银行，其利息收益远低于银行借款，此时，企业存在现金使用效率的风险。使用效率风险可能源于年度货币资金预算编制不准确、预算执行不到位、管理层财务管理知识缺乏等，导致大量资金闲置。

（二）应收账款风险

赊销虽然能使企业扩大销售和增加利润，但也会产生应收账款的信用风险。具体表现在以下方面：

1. 应收账款增加了企业成本

应收账款大量存在，尤其是逾期应收账款的比例不断上升，必然加入企业催收款项成本，如果占用的是债务资金，因借款时间被延长，利息费用也在不断增加，即使是自有资金，应收账款占用的资金也丧失了盈利机会，加大了企业机会成本风险。

2. 虚增收入、夸大经营成果

一般来说，企业确认应收账款增加了收入，但没有流入现金。随着赊销业务的扩大，应收账款也迅速膨胀，企业间相互拖欠货款现象加剧，坏账损失日益增多，现金流量严重不足，给企业未来经营带来很大的不确定性。大量应收账款延长了企业营业周期，降低了资金周转速度，增加对延迟付款追

---

① 杨小舟.中国公司的财务风险管理［M］.北京：经济科学出版社，2010.

踪调查的管理成本，存在夸大经营成果、可能承担未能足额纳税的法律风险。

（三）存货风险分析

存货风险是指未来的不确定性对企业实现存货经营目标的影响。主要表现在以下方面：

（1）企业制定存货资金回收策略不当，误判市场对本企业产品或服务的需求，战略合作伙伴关系不坚固，主要客户、供应商及竞争对手情况掌握不充分等状况，对战略目标影响的不确定。

（2）受各种市场环境因素的影响。存货市场价格风云变化，使企业存货随时面临价格上涨或下降的风险。市场价格的不确定性可能导致存货采购成本波动，造成进货太多、占用资金、资金紧张局面，也可能因存货太少无货可销而出现销售违约，影响企业的信誉和竞争力，产生市场风险。

（3）经营风险。以高价购进原材料、库存商品，当市价下降后廉价处理库存材料和产成品，会使企业蒙受重大损失风险；税收政策和利率、汇率、股票价格指数变化，会造成经营风险；企业对最优存货数量把握不准，导致产品积压占用企业资金或存货储备不足，从而产生供应中断、停工待料、延迟合同供货等风险；对存货质量把关不严，会导致退款退货等风险。此外，可能发生流程风险、信息系统风险等。

（4）法律风险。发生与存货相关的法律纠纷案件，可能使企业遭受损失风险，例如存货的入库、出库、结存记录不真实的法律风险。

三、项目投资风险分析

（一）项目投资风险的内涵

企业要持续发展，就要配置资金形成项目投资，有投资就有风险。项目投资风险是指企业在投资过程中，由于未来各种因素的不确定性，对企业实现其项目投资目标的影响。

众所周知，项目投资涉及的金额大，对企业影响面广、影响时间长，具有很高的风险性。项目投资风险是企业经营安全的严重隐患，加强项目投资风险管理对于保障企业经营安全具有十分积极的意义。

（二）项目投资风险的种类

1. 投资决策风险

投资决策风险主要体现在项目定位不准和决策程序的遗漏上。每个项目都存在特定的行业，投资者对项目所处行业、行业周期、市场环境不了解，会造成行业定位风险。

投资决策正确与否直接影响到企业的生死存亡。如果投资决策合理有效，会促进企业资金流动，使资金周转加速，不断增强企业活力。反之，如果投资决策失误，不仅造成投资本身的浪费，即使新建或扩建项目建成，预期的经济效益也难以实现，会导致企业资金利润率低下，经济效益滑坡，大量负债的本息到期无法偿还，使企业陷入破产或濒临破产困境。因此，投资决策必须持科学、客观、谨慎的态度，切忌主观武断。

2. 建造风险①

项目建设属于高风险领域，因为大多数项目投资额大、技术复杂、施工难度大、建设工期长及工程参与方众多，存在众多不确定性因素。项目建造一般可分为前期准备、施工阶段、验收阶段三个阶段。每个阶段风险状况如表 10-2 所示。

表 10-2　项目建造风险

阶段		风险状况
前期准备	项目论证风险	立项目标不明确，整体规划布局不合理，重复投资，给立项预期目标的实现带来风险
	估算风险	对投资总额、销售量以及建设工期等预测和估算与实际情况有出入，带来估算风险
	手续办理风险	项目前期办理规划、土地、环保等一系列相关手续会受到各种政策变动的影响，存在较大的不可控性
	项目设计风险	设计部门和建设部门之间沟通不畅或者工作人员能力不足，出现造价超标、设计漏项等风险
	成本风险	设计方案缺乏技术与经济相结合的多方案比选，地勘资料欠缺，造成设计保守，施工设计多次返工，增加设计成本风险
施工阶段	材料采购风险	材料、设备以及施工等单位的选择没有招标或比选，缺少价格竞争，使采购价格偏高，带来采购成本风险；物流运输规划不合理，使运输成本增加

---

① 邓辉. 军工固定资产投资项目风险管理研究 [J]. 行政事业资产与财务, 2022 (9).

续表

阶段		风险状况
施工阶段	建安工程风险	受拆迁、征地、新建等影响可能出现工期拖延风险。建设中，施工单位缺乏资质、双方未能有效沟通、恶劣天气等因素，带来延工和返工的风险。施工人员素质原因以及采购的建筑材料未经检测或检测不合格，造成质量隐患风险
	设备采购风险	采购的设备未按照合同规定的时间、地点交付或质量不合格，进口设备受到他国的出口管制、禁运影响等，可能产生影响整个项目进程的风险
	工期风险	为赶工程进度，项目发生重大设计变更，建筑材料和设备运输时间大幅延迟，各类人员频繁流动，承包商无法预估的恶劣天气条件等造成合同工期无法实现，形成工期风险
	施工成本风险	在施工阶段，不可抗力造成的财产损失；工程造价信息不对称，造成预算脱离实际，导致工程造价增加
	技术风险	投资项目可行性研究和评估时，拟定的生产工艺、技术方案和机器设备方案可能在项目建设和实施中变更或发生预想不到的问题，导致经营成本、经济效益、投资效益不确定
验收阶段		部门之间衔接不通畅，验收手续的办理缓慢，影响整个工程的验收工作，导致建设周期进一步延长的风险

3. 法律风险

企业项目投资的全过程涉及众多法律、法规、规定、办法、细则、标准、准则等。一旦企业的投资项目在涉及法律法规的部分处理不准确，就可能会违反法律、法规或规定，或侵害其他利益相关者的权益，导致企业遭受经济（停止投资项目损失）或声誉损失。

4. 偿债风险

如果企业负债融资进行项目投资，融资风险在所难免。此外，融资压力、利率波动以及宏观经济调整等因素都会增大投资风险。

5. 市场风险

市场风险是竞争性项目常遇到的重要风险，主要表现在项目产品销路不畅、产品价格低迷等，以致产量和销售收入达不到预期的目标。

6. 政策风险

对投资项目产生影响的国家政策性因素主要有经济政策、技术政策、产业政策、财税和金融政策、投资和土地政策、环保政策、经济管理体制等。这些政策性因素的变化，不仅影响投资项目的经济效益，还可能存在使项目原定目标难以实现的可能性，给项目投资带来较大风险。

7. 物价变动风险

项目投资建设期间机器设备、建筑材料等价格变化会对项目投资额产生影响；项目建成投产后所需原材料、燃料、动力等价格的变化会对产品生产成本产生影响；项目寿命周期内，项目产品销售价格变化会对产品销售收入和销售利润产生影响。这些价格变动都是重要的不确定因素。

8. 利率和汇率风险

对于利用国内或国外银行借款建设的投资项目，利率或汇率的变动都会使项目实际支付的利息发生变化，从而影响投资项目的总成本。

四、证券投资风险分析

【讨论题 10-6】如何理解"股市有风险，入市需谨慎"这句话的含义？

解答：在股票投资活动中，由于市场信息的不对称、投资知识与认识的差异性、股价变化的随机性、股票市场的被操作性等因素的存在，投资者在买卖股票时的实际收益和预期投资收益存在较大差距，有时还会出现本金的损失（即股票投资的风险）。有风险就有回报，股市风险高回报也高，但投资股市不是碰运气或投机，要先想好计划和对策（谨慎），不冲动不着急，采用正确的投资方式和投资方法。

（一）证券投资风险的内涵

证券投资风险是指投资主体以资金购买证券而证券未来收益达不到预期目标或遭受各种损失的可能性。

企业进行证券投资必然要承担一定的风险，这是证券投资的基本特征之一。在证券投资活动中，投资者投入资金的目的是得到预期收益，但本金投入是当前行为，而取得收益是未来理财行为，在证券持有期间，有很多因素可能导致投资者获得的实际收益与其预期收益发生背离，使证券投资实际收益率同预期收益率之间产生偏差，偏差越大则风险越大，偏差越小则风险越小。

（二）证券投资风险来源

证券投资风险主要来源于以下方面：

1. 信用风险

信用风险有市场价格风险和违约风险之分。其中：市场价格风险也称价差风险，是指债务人信用评级下降导致债券价格下降的风险；违约风险是指证券发行人无法按期支付利息或偿还本金的风险。一般而言，政府发行的证券违约风险小，金融机构发行的证券次之，企业发行的证券风险较大。

2. 利息率风险

利息率风险是指利息率的变动引起证券价格波动，使投资人遭受损失的风险。证券价格将随利息率的变动而变动，且与利息率呈反向变动：银行利率下降，证券价格上升；银行利率上升，证券价格则下跌。由于证券价格会随利率变动，未来利率变化的不确定性导致证券产生贬值的风险，即利息率风险。不同期限的证券，利息率风险不一样，期限越长，风险越大。

3. 购买力风险

购买力风险也称通货膨胀风险，是指通货膨胀使证券到期或出售时所获得的货币资金的购买力降低的风险。在通货膨胀情况下，货币贬值、物价普遍上涨，企业生产经营的外部环境恶化，购买力风险（即投资的实际收益下降）难以回避。但需要说明的是，随着通货膨胀的发生，变动收益证券比固定收益证券风险要低，因此，普通股票被认为比公司债券和其他有固定收入的证券能更好地避免购买力风险。

【讨论题 10-7】为什么购买力风险对不同证券的影响是不同的？为什么最容易受其损害的是固定收益证券，如优先股、债券？

因为它们的名义收益率是固定的，当通货膨胀率升高时，其实际收益率明显下降，所以固定利息率和股利收益率的证券购买力风险较大。同样是债券，长期债券的购买力风险要比短期债券大。相比之下，浮动利率债券或保值贴补债券遇到通货膨胀时风险较小。

对普通股票来说，购买力风险相对较小。当发生通货膨胀时，由于企业产品价格上涨，股份公司的名义收益会增加，特别是当企业产品价格上涨幅度大于生产费用的涨幅时，公司净利润增加，此时股利会增加，股票价格也随之上涨，普通股股东可得到较高的收益，可部分减轻通货膨胀带来的损失。

4. 流动性风险

流动性风险是指投资人无法在短期内以合理价格出售证券的风险。当投资者持有欲出售的证券但在短期内无法以合理的价格出售时，投资者可能遭受预期收益减少的损失或者丧失新的投资机会。在较短期内能以市价大量出售的证券，其流动性高、流动性风险小；反之，证券的流动性较低、流动性风险高。

5. 期限性风险

证券期限长而给投资人带来的风险叫期限性风险。一项证券投资到期日越长，投资者面临的不确定性因素就越多，承担的风险也就越大。

（三）证券投资风险种类

1. 系统性风险和非系统性风险

按照风险是否可分散，证券投资风险分为系统性风险和非系统性风险。

（1）系统性风险是指未来全局性不确定因素对投资企业实现证券投资目标的影响。产生系统性风险的因素可以涉及包括政治、经济、社会等方面的整体环境因素。系统性风险主要包括利率风险和通货膨胀风险。

（2）非系统性风险是指未来被投资者个体的不确定因素对投资企业实现证券投资目标的影响。证券投资的非系统性风险包括信用风险、流动性风险和提前赎回风险等。

2. 证券发行主体风险、证券市场风险和证券投资公司风险

（1）证券发行主体风险主要来自各个证券发行公司，包括经营性风险和违约风险等。经营性风险是指证券发行公司因经营管理不善、工作失误而对投资公司实现证券投资目标的影响，例如资金使用效率不高、资金分配不合理等，导致其资产减少而使证券投资者遭受损失，公司的预期收益受到影响；违约风险是指证券发行公司违反了相关约定，而对投资公司实现证券投资目标的影响，例如证券发行公司没有依据证券发行时的契约或承诺支付利息并偿还本金等。

（2）证券市场风险属于系统性风险，不能被投资者所控制，通常受到政治、经济、法律、利率、通货膨胀、投机活动和投资者的心理预期等因素的影响。证券市场风险通常包括利率风险、购买力风险和外汇风险等。

（3）证券投资公司风险是指证券投资公司自身的原因而对其实现证券投资目标的影响，例如决策失误、投资操作人员或者相关的管理人员出现职责的滥用和侵占等行为给企业带来损失的风险。

五、投资风险的防范和控制

（一）流动资产投资风险的防范和控制

1. 货币资金的管理

企业应完善货币资金内部控制制度，以严谨的资金使用计划控制货币资金收支。规范的收付款流程能有效地减少企业的操作风险。企业应按照规定的程序办理货币支付业务，严格执行货币支付业务的审批制度，保证真实性与合法性，防范法律风险。具体防范和控制措施如下：

（1）采用成本模型、随机模型等管理方式，合理确定最佳现金持有量，编制科学现金预算，对现金进行严格控制。

（2）编制和严格实施现金预算。对货币资金收付时间、金额、费用标准进行控制，保证货币资金收支的计划性、安全性。

（3）采用提前收款、推迟付款以及采用货币资金集中管理模式、收支两条线管理模式等，减少货币资金占用额度，提高货币资金使用效率，防范错弊风险。

（4）严格按照国家有关规定，加强银行账户的开立、审批、核对、清理等管理，降低法律风险。

（5）完善货币资金收付控制措施。做好货币资金的审批、复核、款项收付、记账、对账以及保管等方面控制，谨防货币资金收付风险。

2. 应收账款风险防范和控制措施

有研究表明，如果企业建立有效的存货管理措施，并对其实施事前、事中和事后的全面控制和管理，可以减少约80%的呆账、坏账损失等风险，如果只采用事前控制，也可以防止约70%的拖欠风险①。

（1）提高对应收账款风险的防范意识。做好应收账款风险程度的估计和预判，按照风险程度对应收账款风险进行分类管理，根据应收账款风险类别分别制定应收账款风险管理计划。

---

① 白杰松. CFO 实战：狙击应收账款六部曲 [J]. 首席财务官，2011（11）.

（2）由于应收账款风险与应收账款规模呈正相关关系，企业利用商业信用实现的销售额越大，承受的应收账款风险就越高。企业确定信用标准时，要在扩大销售与降低违约风险、收账费用之间作出一个双赢决策。

（3）根据企业经营特点，增设应收账款总量预警指标和比例预警指标，完善预警机制和跟踪分析机制。

（4）建立应收款项台账管理制度。按照客户设立应收款项台账，详细反映各个客户应收款项详细信息。加强合同管理，对债务人执行合同情况进行跟踪分析，谨防坏账风险发生。

（5）建立应收款项催收责任制度、应收款项年度清查制度和坏账核销管理制度。

3. 存货风险防范和控制措施

有效的存货风险防范和控制，可以降低存货占用水平，节省资金，获得机会收益。存货风险防范和控制具体措施包括：

（1）制定科学合理的存货决策。企业不可能没有存货，但存货不能过多。存货决策主要是对订货方式和订货批量进行决策。科学合理的存货决策就是保证存货量既要基本满足生产需要，又能尽可能地节约资金占用的决策。

（2）编制科学合理的存货预算、采购计划，形成全面和整体化的存货预算控制体系，谨防存货积压或短缺风险。具体而言，制定科学合理的采购预算，加强采购批量的控制，节约采购费用；准确确定存货的品种以及相应替代品，做好存货品种的预算；根据存货数量控制的合理水平编制存货数量预算。

（3）优化存货管理流程，降低验收程序、验收方法不规范导致的存货质量、技术规格、数量偏差以及账实不符的风险。

（4）完善库存存货管理制度。严格存货盘点清查制度，确定盘点周期、盘点流程等管理措施，核查存货数量和质量，及时发现存货减值迹象。谨防存货被盗、毁损、流失、浪费等风险。对于确已出现变质、毁损、报废或流失的存货，要分清责任和原因，及时做出处理。谨防存货报废处置责任不明确、审批不到位可能导致的企业利益受损等风险。

（二）项目投资风险的防范与控制

任何项目投资都有风险，而且贯穿项目投资的始终，失败的项目投资风险管理可能导致项目投资的全盘失败。加强项目投资风险防范与控制具有重要的意义。

项目投资风险防范和控制的措施如表 10-3[①] 所示。

表 10-3　项目投资风险防范和控制的措施

措施	内涵	举例
减缓风险	通过缓和或预知等手段来减轻风险，降低风险发生的可能性或减缓风险带来的不利后果，以达到风险减少的目的	技术引进或设备引进时，要进行考察论证、进行人员培训，确保其可靠、高效；装备引进后，精心安装、科学调试，降低不确定性
预防风险	以工程技术为手段，消除物质性风险威胁。工程法预防风险有多种措施	为了防止山区区段山体滑坡危害高速公路过往车辆和公路自身，可采用岩锚技术锚住松动的山体，增加因为开挖而被破坏的山体的稳定性
	防止风险因素出现。在项目活动开始之前采取一定措施，减少风险因素	在山地、海岛或岸边建设，为了减少滑坡威胁，可在建筑物周围大范围植树栽草，同排水渠网、挡土墙和护坡等措施结合起来，防止雨水破坏主体稳定，这样就能根除滑坡风险因素
	减少已存在的风险因素	施工现场若发现各种用电机械和设备日益增多，及时换用大容量变压器就可以减少其烧毁的风险
回避风险	指当项目风险潜在威胁发生可能性太大，不利后果严重，又无其他策略可用时，主动放弃项目或改变项目目标与行动方案，从而规避风险的一种策略	水利枢纽工程、核电站、化工项目等
转移风险	将风险转移至参与该项目的其他人或其他组织，所以又叫合伙分担风险	工程保险和工程担保
接受风险	即风险自留，是指有意识地选择承担风险后果，以其内部的资源来弥补损失	将项目发生的损失列为该项目的一种费用

---

① 沈建明. 项目风险管理 [M]. 北京：机械工业出版社，2006.

续表

措施	内涵	举例
储备风险	指根据项目风险规律事先制定应急措施和科学高效的项目风险计划，一旦项目实际进展情况与计划不同，就动用后备应急措施	单独在项目预算中列出预算应急费；在关键路线上设置一段时差或浮动时间，压缩关键路线各工序时间；制定技术后备措施，包括技术应急费和技术后备时间

（三）证券投资风险的防范与控制

未来是不可预测的，它具有不确定性。没有人能够持续运用主要的证券分析结果成功地预测股票市场、利率、汇率或者信用风险、操作风险以及系统性事件。然而，来自不确定性的证券投资风险是可以防范和控制的。投资者应认真对待证券投资风险，利用各种方法了解风险、识别风险，寻找风险产生的原因，然后制定风险管理的原则和策略，运用各种手段规避风险、转嫁风险，减少风险损失，力求获取最大收益。

根据证券市场风险的特点，证券投资风险的防范与控制措施包括：

1. 建立证券投资组合

投资组合是指投资者为提高投资收益水平，弱化投资风险，而将各种性质不同的投资有机结合在一起的过程。投资组合会产生风险吸纳效应和收益释放效应。前者是指个别投资与其他投资有机组合在一起，其风险会被稀释或吸收，从而使总投资风险相对降低；后者是指个别投资与其他投资有机地组合在一起，各投资之间存在的功能联动关系导致效益联动，推动总投资收益超出各单项投资收益的累加。在通货膨胀的情况下，没有一种资产能够有效地防止损失，投资者需要认真地分析股票、债券、不动产、艺术品、黄金等的走势，调整其中的组合，才能最大限度地减少损失，防范风险。

2. 选择交易活跃的证券

投资前，企业应尽量选择交易活跃的证券，交易活跃即流动性强。流动性强的证券，容易在市场上找到对手，成交的价格也较为理想，交易成本也低。证券具有较高的流动性，对于持有者显得尤为重要，这意味着证券易于变现，变现代价也小。

3. 系统风险防范

证券投资系统风险包括市场风险、利率风险和购买力风险等。系统性风险的诱因多发生在企业外部，具有一定的周期性、不可分散的特点，主要采取以下风险防范措施：

（1）避开购买力风险。购买力风险又被称为通货膨胀风险，一般通过通货膨胀率反映其风险高低。它的高低对利率和金融资产价格及其收益都会产生很大影响。各种证券和银行存款都会因购买力风险遭受损失。为此，在通货膨胀期内，要投资抗通货膨胀能力强的资产，例如房地产、黄金、艺术品等；转变投资策略，例如将长期债券和优先股转为普通股（购买力风险对股票影响比债券要小）、投资于多种动产与不动产等实质资产。

（2）回避利率风险。利率即为货币的价格，其变动必然会引起证券交易各方收益的变动。对于证券发行公司来说，如果贷款利率提高，证券发行公司的利息负担加重，利润随之减少，投资者分红自然减少，导致证券市场交易价格下跌、交易数量变小、资金供给变少；如果贷款利率降低，则结果相反。对于投资者而言，如果市场利率上升，新债的收益率高于已上市流通的债券，其价格会下降；反之，已上市债券的价格会上升。根据利率变化的结果，防范证券投资风险的战略是：利率上调前，顺市出售股票，将股款转为银行存款；利率下调，及时买入股票。但不应因小的波动而频繁进出。

（3）防范和转嫁市场风险。市场风险具有数据充分和易于计量的特点，可采用防范和转嫁风险的措施包括：掌握股价变动趋势，选购预期收益稳定增长的股票；搭配周期股，以相互抵减风险弥补损失；选择买卖时机，当股价低于标准差下限时买进，当股价高于标准差上限时卖出；注意投资期限，正确判断目前经济在循环周期中所处的位置，确定合理的投资期限。

4. 非系统性风险防范

（1）财务风险。防范财务风险的重要前提是做好证券投资决策前的风险评估。可以被定性和定量评估是财务风险的主要特征之一。应利用各种技术手段，对被投资企业资产负债进行分析，判断其风险大小，明确自己的投资对策，把投资转向债务负担轻、偿还能力强、股息红利高的企业，以回避财务风险损失。

（2）经营风险。企业经营的实质就是谋求外部环境、内部条件、企业目标这三者之间的动态平衡。经营风险实质上是破坏这三者相互平衡的因素。企业要规避证券投资经营风险，投资前认真分析投资对象目前经营情况、竞争中地位和盈利趋势。要掌握每种证券价位循环变动的规律，回避市场风险。

在通货膨胀期内要避开购买力风险，并充分掌握被投资公司自有营运资金的比例，谨防因利率升高而殃及证券价格。

（3）技术风险。技术风险又称交易系统运作风险，例如证券投资基金的基金托管人、注册登记机构或代销机构等的运行系统出现问题时，给基金管理人带来损失的风险。为防范风险，企业要合理运用量化工具，识别和评估所有产品、活动、流程和系统中的操作风险，确定应对操作风险所需要的资本准备，避免风险事件发生所带来的损失。

（4）信用风险。证券公司的资信等级与投资者承担的信用风险呈负相关。一般来说，证券发行人的资信等级越高，信用风险可能性越小，收益越有保证，但此类债券的利率会相对较低；相反，发行人的资信等级越低，债券按期偿还的风险就越大，作为补偿，其利率会相对较高。为此，企业应按照信用等级高低决定采用的防范措施，要避免与信用等级低的企业发生投资关系。

【关键词汇】

公司风险	business risk	市场风险	market risk
全面风险管理	total risk management	法律风险	legal risk
融资风险	financing risk	经营风险	operational risk
投资风险	investment risk	购买力风险	purchasing power risk
融资租赁风险	financial leasing risk	系统性风险	systemic risk
项目投资风险	project investment risk	非系统性风险	non systemic risk
信用风险	credit risk		

【思考与练习】

一、思考题

1. 什么是企业风险？你是如何看待企业风险的？

2. 为什么要对企业风险进行分类？企业风险可以分为几类？它们划分的依据和标志是什么？

3. 企业全面风险管理？全面风险管理目标包括哪些内容？

4. 什么是债务融资风险？简述债务融资风险影响因素。

5. 与其他融资风险相比，融资租赁风险的特点主要表现在哪些方面？

6. 什么是股权融资风险？简述股权融资风险主要来源。

7. 简述项目融资风险的内容和类型。

8. 流动资产投资风险分析主要包括哪些内容？

9. 简述项目投资风险防范和控制的措施。

10. 简述证券投资风险防范和控制措施的主要内容。

二、单项选择题

1. 下列各项中，投资于国债时可不必考虑的风险是（　　）。

A. 违约风险　　　　　　　　　B. 利率风险

C. 购买力风险　　　　　　　　D. 再投资风险

2. 下列事项中，能够改变特定企业非系统性风险的是（　　）。

A. 竞争对手被外资并购　　　　B. 国家加入世界贸易组织

C. 汇率波动　　　　　　　　　D. 货币政策变化

3. 下列各项风险中，具有可控性的是（　　）。

A. 法律风险　　　　　　　　　B. 战略风险

C. 汇率风险　　　　　　　　　D. 市场风险

4. 下列各项中，属于影响所有公司的因素引起的风险（　　）。

A. 社会文化风险　　　　　　　B. 非系统风险

C. 系统风险　　　　　　　　　D. 纯粹风险

5. 甲公司管理层决定将其全部的应收款项以应收总金额的80%出售给乙公司，由乙公司向有关债务人收取款项，甲公司不再承担有关债务人未能如期付款的风险。甲公司应对此项信用风险的策略属于（　　）。

A. 风险降低　　　　　　　　　B. 风险转移

C. 风险保留　　　　　　　　　D. 风险规避

6. 某钢铁公司铁矿石原料主要依赖进口，下列各项中，属于其市场风险的是（　　）。

A. 产品风险　　　　　　　　　B. 信用风险

C. 流动性风险　　　　　　　　D. 汇率风险

7. 下列风险中，不属于市场风险的是（　　）。

A. 商品价格风险　　　　　　　B. 利率风险

C. 信用风险   D. 汇率风险

8. 企业所面临的下列风险中，最便于管理的是（   ）。

A. 财务风险   B. 项目风险

C. 操作风险   D. 法律或合规性风险

9. 甲研究机构证实，乙上市公司的主打产品含有对人体健康有害的成分。研究结果被媒体披露后，乙公司股价大跌，购买该产品的消费者和经销商要求退货，企业经营陷入危机。该案例中，乙公司面临的风险属于（   ）。

A. 运营风险   B. 市场风险

C. 产业风险   D. 财务风险

三、多项选择题

1. 下列各项中，属于公司债券投资应考虑的风险有（   ）。

A. 违约风险   B. 利率风险

C. 购买力风险   D. 变现力风险

2. 下列各项中，属于企业风险的有（   ）。

A. 战略风险   B. 财务风险

C. 市场风险   D. 运营风险

3. 下列各项中，属于风险管理总体目标的有（   ）。

A. 合规合法   B. 高效运营

C. 市场风险   D. 审计报告真实可靠

4. 智博书店面对网上售书模式的兴起，投资开辟了"网上书城"，优化图书结构和经营模式，取得了显著效果。下列各项中，属于智博书店规避的风险有（   ）。

A. 市场风险   B. 运营风险

C. 产业风险   D. 战略风险

5. 下列关于风险管理的表述中，正确的有（   ）。

A. 有效的风险管理有助于节约融资成本

B. 有效的风险管理可以帮助管理层减少危机管理

C. 企业的成功可以归结为识别和管理伴随着机会和收益的可能风险

D. 风险评估技术中，敏感性分析确定的关键因素是外生的、非可控因素

6. M 国某地区地震频发，当地居民防震意识强，住房采用木质结构。多数家庭加装了地震自动关闭煤气仪器，以防地震灾害。根据上述信息，该地区居民采取的风险管理策略工具是（　　）。

A. 风险控制　　　　　　　　B. 风险转移

C. 风险规避　　　　　　　　D. 风险转换

7. 甲上市公司为钢铁生产企业，其 60% 以上的铁矿石从巴西进口。该公司长期债务中，长期银行借款占 80%。下列各项中，属于甲上市公司在日常经营中面临的市场风险有（　　）。

A. 利率风险　　　　　　　　B. 流动性风险

C. 商品价格风险　　　　　　D. 股票价格风险

8. 下列各项关于风险评估的表述中，正确的有（　　）。

A. 风险评估包括风险辨识、风险分析和风险评价三个步骤

B. 风险定性评估时应统一制定各风险的度量单位和度量模型

C. 企业应当定期或不定期对新风险或原有风险的变化进行重新评估

D. 风险评估应将定性方法和定量方法相结合

9. 某矿业集团近期收购了厄瓜多尔铜矿进行投资，集团风险管理部派李辉驻该铜矿担任中方管理人员，并负责该铜矿的风险管理工作。下列各项中，李辉可以用以应对该铜矿政治风险的措施有（　　）。

A. 与当地职工建立良好关系

B. 向国际保险公司对该项目政治风险投保

C. 当厄瓜多尔出现自然灾害时，主动进行捐助

D. 在原料、零配件的采购上适当以当地企业优先

10. 下列各项中，属于企业经营风险的有（　　）。

A. 最优存货数量水平把握不准所导致的存货储备不足

B. 存货的入库、出库、结存记录不真实

C. 存货质量把关不严退款退货

D. 廉价处理库存材料使企业蒙受重大损失

11. 下列各项中，导致企业货币资金风险的有（　　）。

A. 未能有效执行内部牵制原则　　B. 掌握供应商情况不充分

C. 存货储备不足　　　　　　　　D. 多余现金获得的收益低于贷款利率

12. 下列各项中，可能导致存货风险的有（　　）。

A. 市场价格的不确定性　　　　B. 掌握供应商情况不充分

C. 存货储备不足　　　　　　　D. 战略合作伙伴关系不坚固

四、案例分析题[①]

成都自来水六厂在项目完工前后，对于项目风险分担重点考虑了原水供应、净水销售、金融风险、法律风险和不可抗力风险，并采取了切实可行的防范措施。

1. 生产过程中的原水供应风险。生产过程中的原水供应风险由成都市政府承担，在特许权协议中明确规定，如果原水供应不足，使项目公司无法履行其提供规定数量的净水及按照成都市自来水总公司的调度供应净水的义务，此原水量不足应被视为不可抗力事件。如果原水量不足不是由自然不可抗力事件导致的，成都市自来水总公司应支付实际供应的净水量的运营水费、原水费和额外不可抗力付款。

2. 净水销售风险。按照购水协议，净水销售风险由成都市政府、成都市自来水总公司承担。其中，成都市政府是首要义务人，即保证在特许经营期内按协议确定的购水价和生产能力所确定的数量，从项目公司购买净水。

3. 金融风险。①利率风险。在成都自来水六厂 BOT 项目中，法国里昂信贷银行和日本进出口银行对法国联合水务集团的融资贷款利率为 LIBOR+2%，为规避利率风险，项目公司制定了利率管理承诺，即通过安排对冲贷款额度，也就是订立利率风险控制协议，来控制定期贷款下至少 80% 未偿债务的利率波动风险。②汇率风险。在建设期，根据建设合同，承包商承担所有由外汇汇率变动引起的建设成本上升的风险。建设完工以后，由成都市政府、项目公司和贷款人共同承担汇率风险。如在特许权协议和购水协议中规定的运营水价浮动部分，即包含一个考虑了美元与人民币汇率变化的汇率系数。③外汇兑换风险。根据协议，由外汇短缺所造成的风险由项目公司自己承担。对于外汇汇出风险，则由成都市政府和项目公司或贷款人共同承担。因为人民币在经常项目下可兑换，所以成都自来水六厂 BOT 项目中的外汇汇兑问题得到了一定程度的解决。④通货膨胀风险。在成都自来水六厂 BOT 项目中，整

① 张青. 项目投资与融资分析［M］. 北京：清华大学出版社，2020.

个特许期内的运营水价由投标人在标书中确定，投标人需自行为整个特许期内的通货膨胀作出假设，由此项目公司承担了实际通货膨胀与假设不相同而带来的风险。

4. 法律变更风险。该风险由成都市政府承担。根据特许权协议，如果因法律变更，项目公司无法履行其重要义务或履行重要义务按照适用法律成为非法行为，此项法律变更将被视为不可抗力事件，项目公司有权终止履行其义务。如果因法律变更阻止项目公司履行其义务连续超过 90 天，项目公司和成都市政府应协商决定继续履行特许权协议的条件或同意终止协议，任何一方有权在法律变更事件后 180 天经书面通知终止协议。在此情况下，成都市政府将需支付项目公司相当于项目公司未偿还的本金加累计利息，以及股本投资额的终止补偿金，该终止补偿金将视个别情况而包括项目公司最长达 5 年的"净预期利润"的现值。

5. 不可抗力风险。项目公司自费购买在运营期内的保险，包括一切财产险、机器故障损坏险及业务中断险，以保障自然不可抗力事件导致的损失及其引起的利益损失。如果在运营期内，非自然不可抗力事件使项目公司无法履行使成都市自来水总公司获得规定数量及标准质量的净水的义务，则成都市自来水总公司应支付实际供应的净水量的运营水费、原水费和额外不可抗力付款。因此，该项目融资设计了非常详尽的风险分担方案。

问题：

（1）你认为本项目中还存在哪些风险？

（2）对该 BOT 融资项目影响较大的风险有哪些，为什么？

（3）你认为可以采用哪些措施和手段来预防和降低这些融资风险？

主要参考文献

［1］ 中华人民共和国财政部，中国证券监督管理委员会，中华人民共和国审计署，等 . 企业内部控制规范 2010 ［M］. 北京：中国财政经济出版社，2010.

［2］ 中华人民共和国财政部会计司 . 企业内部控制规范讲解 2010 ［M］. 北京：经济科学出版社，2010.

［3］ 刘玉挺 . 企业内部控制规范论 ［M］. 上海：立信会计出版社，2012.

［4］ 财政部会计资格评价中心 . 高级会计实务 ［M］. 北京：经济科学出版社，2010.

［5］ 中国注册会计师协会 . 公司战略与风险管理 ［M］. 北京：经济科学出版社，2015.

［6］ COSO. 企业风险管理：整合框架（2013）［M］. 北京：中国财政经济出版社，2014.

［7］ 杨晖 . 投融资学 ［M］.3 版 . 上海：上海财经大学出版社，2017.

［8］ 中国注册会计师协会 . 财务管理 ［M］. 北京：中国财政经济出版社，1998.

［9］ 财政部会计资格评价中心 . 财务管理 ［M］. 北京：中国财政经济出版社，1994.

［10］ 财政部会计资格评价中心 . 财务管理 ［M］. 北京：中国财政经济出版社，2020.

［11］ 戴大双 . 项目融资 ［M］.3 版 . 北京：机械工业出版社，2018.

［12］ 财政部企业司 . 企业财务风险管理 ［M］. 北京：经济科学出版社，2004.

［13］ 阿特利尔 . 财务管理基础 ［M］.6 版 . 北京：机械工业出版社，2014.

［14］ 张青 . 项目投资与融资分析 ［M］. 北京：清华大学出版社，2012.

［15］ 任淮秀 . 项目融资 ［M］.2 版 . 北京：中国人民大学出版社，2013.